中山大学
农学院发展简史
1924—2024

主　编　程月华　　副主编　李秀花

·广州·

版权所有　翻印必究

图书在版编目（CIP）数据

中山大学农学院发展简史 / 程月华主编，李秀花副主编. ― 广州：中山大学出版社，2024.11.
ISBN 978-7-306-08236-7

Ⅰ. G649.286.51

中国国家版本馆CIP数据核字第20240K88K6号

ZHONGSHAN DAXUE NONGXUEYUAN FAZHAN JIANSHI

出 版 人：	王天琪
策划编辑：	粟　丹
责任编辑：	邱紫妍
责任校对：	杨文泉
封面设计：	曾　斌
出版发行：	中山大学出版社
电　　话：	编辑部　020-84110283，84111996，84111997，84113349
	发行部　020-84111998，84111981，84111160
地　　址：	广州市新港西路135号
邮　　编：	510275　　　　　　传　真：020-84036565
网　　址：	http://www.zsup.com.cn　E-mail：zdcbs@mail.sysu.edu.cn
印 刷 者：	广州市友盛彩印有限公司
规　　格：	787mm×1092mm　1/16　20印张　320千字
版次印次：	2024年11月第1版　2024年11月第1次印刷
定　　价：	58.00元

如发现本书因印装质量影响阅读，请与出版社发行部联系调换

谨以此书献给中山大学一百周年华诞

（1924 — 2024）

本书编委会

主　编：程月华

副主编：李秀花

编　委：陈素玲　陈玥如　高梓涛

2024年11月12日，在中山大学世纪华诞之际，中山大学农业与生物技术学院（以下简称"中大农学院"）也迎来建院百年庆典。早在100年前，伟大的民族英雄、伟大的爱国主义者、中国民主革命的伟大先驱孙中山先生亲手创办中山大学的前身国立广东大学时，就将广东公立农业专门学校作为三大支柱之一并入其中，设为农科学院，即农学院（2024年更名为"农业与生物技术学院"）的前身。本书从奠基初创、蓬勃发展、抗战烽火、迁徙办学、复员广州、解放新生、调出共建、复办重振八个阶段，概要梳理了中大农学院的百年发展历程，既是对先贤们的致敬与缅怀，也是对继承者的激励与鞭策。

100年前，中大农学院应岭南农业发展之需而生，与孙中山先生爱国革命思想、国家和民族的召唤，以及地方发展和

民众需求，具有千丝万缕的联系。建院初期，以首任院长、我国土壤学科的先驱、著名土壤学家邓植仪先生为首的拓荒者，在继承发展祖国优秀传统文化的同时，注重借鉴国外先进办学经验，不断探索办中国式农业教育的道路。时任领导知人善任、坦诚相待，延揽了一批学术造诣专深、有远大抱负的知名教授，如丁颖、陈焕镛、张巨伯、蒲蛰龙等，他们长期在此执教，创建了我国最早、成绩卓著的土壤研究所、稻作育种场等机构，推动了农学院的稳步壮大和岭南农业的长足发展。

抗战时期，中大农学院践行"读书不忘救国，救国不忘读书"的精神，随校迁徙到云南澄江、湖南宜章、粤东梅州等地，边抗战边办学。当年中大师生迁徙所到之处，都得到了当地民众克服时艰的无私接纳和倾力支持。中大农学人冒着战火硝烟、克服各种困难，在坚持人才培养与科研创新的同时，始终铭记迁徙地各界人士的尊师重教之风和接纳滋养之恩，为地方推广先进技术、普及文化知识、丰富种养结构、提高生产效率，与地方建立了深厚的鱼水情谊。1945年，英国著名科学家李约瑟考察了战乱中的中大农学院，并在其著名论著《科学前哨》中赞誉："也许这是我在中国游历期间，所见到的在研究和教学方面最大、最好的一所学院。"

经过邓植仪、丁颖、陈焕镛等农科先贤近30年攻坚克难和坚韧不拔的奋斗，中大农学院从创建初期的三个学系，至1949年发展到八个学系和多个科研试验机构；培养了以"中国稻作学之父"丁颖院士、"半矮秆水稻之父"黄耀祥院士、"南中国生物防治之父"蒲蛰龙院士为代表的一大批卓越人才，有力地推动了广东农业教育从低层次走向高层次、多元化，为广东近代高等农业教育的开创、巩固、发展做出了重要贡献，被誉为"中国近代农业科学家与教育家的摇篮"。

1952年，中山大学根据国家高校院系调整的整体布局，将农学院调出，共建华南农学院和华中农学院等，仅将植物保护、草学等专业保留在生物系续办，弦歌不辍，薪火相传。此后，农学院校友们始终秉承"博学、审问、慎思、明辨、笃行"的校训，在不同的工作岗位上继续推动国家农业科教进步，在学科发展的历史画卷上镌刻了浓墨重彩的篇章。

2018年，中山大学贯彻党的十九大精神，立足保障国家粮食安全、推动乡村振兴战略的时代重任，在深圳校区整建制复办农学院。农学院在不断培养创新拔尖人才、产出自主创新成果的同时，不忘来时路，积极寻访抗战办学老区、推进产学研合作，以农科先贤们的家国情怀和辉煌业绩激励师生。农学院根据地方发展需求，发挥学科特长，通过党支部共建，设立"科技小院""乡村振兴工作站"，选派科技特派员，组建"百千万工程青年突击队"等形式，开展实用技术培训、科研联合攻关、教育奖助帮扶等，展现了红色基因传承与社会责任担当。

2024年，农学院为了进一步契合深圳校区办学定位，深度服务于粤港澳大湾区的经济发展，促进现代农业科学与前沿生物技术、信息技术和工程技术等交叉融合，围绕学校的总体办学方略，主动作为，对学科和专业布局进行了重大调整，正式更名为"农业与生物技术学院"，赓续百年办学的红色基因，守护庄严神圣的大学精神，开启了中山大学"百年农科"新的历史征程。

"雄关漫道真如铁，而今迈步从头越。"近两年来，习近平总书记多次指出，"农业强国是社会主义现代化强国的根基"，"强国必先强农，农强方能国强"。农业与生物技术学院站在新的百年征程起点上，在学校的领导和地方的支持下，在承载厚重历史财富的同时，加快高端人才培养和科技自主创新，赓续抗战帮扶情谊，反哺地方人才培养，让高校的发展成果惠及民众，为奋力推进民族复兴、乡村振兴伟业贡献力量和智慧。

编　者

2024年7月于深圳

目 录

第一章 清朝末期至民国初期的广东农业（1908—1923） … 001
- 第一节 孙中山的重农思想 … 002
- 第二节 农业教育逐步兴起 … 004
- 第三节 广东公立农业专门学校的创建 … 008

第二章 奠基初创（1924—1932） … 015
- 第一节 国立广东大学的创办 … 016
- 第二节 农科学院概况 … 019
- 第三节 易名国立中山大学农科学院 … 030
- 第四节 学生运动 … 043

第三章 蓬勃发展（1932—1936） … 047
- 第一节 迁校石牌 … 048
- 第二节 学院管理 … 052
- 第三节 农林场经营 … 054
- 第四节 科研工作 … 063
- 第五节 学术交流 … 073

第四章 抗战烽火（1936—1938） ... 077

第一节 日军入侵 ... 078
第二节 战时教学 ... 082
第三节 战时科研 ... 086
第四节 内迁准备 ... 090
第五节 抗日团体 ... 094

第五章 迁徙办学（1938—1945） ... 099

第一节 一迁云南澄江 ... 100
第二节 二迁湖南宜章 ... 122
第三节 三迁粤东粤西北 ... 142

第六章 复员广州（1946—1949） ... 151

第一节 抗战胜利 ... 153
第二节 机构调整 ... 158
第三节 教学科研 ... 160
第四节 校园文化与社会服务 ... 167
第五节 科研成果 ... 169
第六节 图书馆建设 ... 170
第七节 社团活动 ... 171

第七章 解放新生（1949—1952） ... 183

第一节 军管时期 ... 184
第二节 过渡时期 ... 188
第三节 制度建设 ... 195

第八章 调出共建（1952—2017） ... 197

目 录

第九章　先贤伟业（以采访时间为序） …… 201

第一节　丁颖：殚精竭虑育良种 …… 202
第二节　李灏：义无反顾推改革 …… 206
第三节　黄承先：舍生取义闹革命 …… 210
第四节　黄耀祥：矢志不渝中国粮 …… 214
第五节　侯过：绿化国土树丰碑 …… 219
第六节　陈焕镛：舍生忘死护标本 …… 223
第七节　蒲蛰龙：以虫治虫创伟业 …… 227
第八节　庞雄飞：昆虫世界展雄才 …… 233
第九节　邓植仪：终生无悔耕沃土 …… 239

第十章　复办重振（2018年至今） …… 249

第一节　深圳校区建设 …… 251
第二节　农学院复办重振 …… 254
第三节　更名提升 …… 269

第十一章　学院大事记 …… 275

第十二章　校友印记 …… 279

第一节　早期办学部分杰出校友（按出生时间排序） …… 280
第二节　复办后师生名录（以到岗时间、毕业时间为序） …… 299

后　　记 …… 303

编撰鸣谢 …… 305

- 第一章 -

清朝末期至民国初期的广东农业

（1908—1923）

第一节　孙中山的重农思想

农业是国民经济的基础，中华民族自古以来就有重视农业的传统。近代以来，"以商立国""以工立国"的思潮涌动，洋务大员对兴办新式军工、新式民用工业兴致盎然，对农业的现代化却视若无睹。农民的贫困、农业的落后和农村的衰败，是19世纪末中国社会的基本现状，而西方列强的侵略无疑是雪上加霜。中国社会的重农传统不断受到挑战，农业的基础地位开始动摇。然而，幸得关注国家与民族命运的孙中山先生对"三农"问题时时记怀。孙中山认为洋务运动有严重的缺陷，即没有发展农业措施，并指出，政府如果不关注"三农"问题，中国就不能达到富国强兵的目的。孙中山有过"弃医从农"的想法（图1-1），但最终因走上民主革命道路，而没有实现振兴中国农事之志，但"三农"问题一直是他关注的头等大事，也是助推他救国救民的强大动力。

图1-1　1886年孙中山学医时的照片

图片来源：易汉文、崔秦睿、闫红丽编著：《中山手创　巍巍上庠》，中山大学出版社2015年版，第76页。

1891年前后，孙中山撰写《农功》一文，表达了治理中国农业的基本思想和解决"三农"问题的见解，如"化瘠土为良田""详察地利，各随土性,分种所宜""良法不可不行,佳种尤不可不拣""综理农事,参仿西法,以复古初"以及"重赏严罚,以兴事劝功"等。他认为,大力推广应用农业科技知识对提高农业产量、提升农民的生活质量、改善农村的落后面貌有着十分重要的意义,"农学既明,则能使同等之田产数倍之物,是无异将一亩之田变为数亩之用,即无异将一国之地广为数国之大也。如此,则民虽增数倍,可无饥馑之忧矣"。他进一步指出:"以农为经,以商为纬,本末备具,巨细毕赅,是即强兵富国之先声,治国平天下之枢纽也。"①

1894年,孙中山又写下八千多字的《上李鸿章书》,提出"人能尽其才,地能尽其利,物能尽其用,货能畅其流"的治国纲领,强调"所谓地能尽其利者,在农政有官,农务有学,耕耨有器也"。用今天的话来说,就是只有实现农业现代化,才能实现"地能尽其利"的目的。他指出:"窃以我国自欲行西法以来,惟农政一事,未闻仿效,派往外洋肄业学生,亦未闻有入农政学堂者;而所聘西儒,亦未见有一农学之师;此亦筹富强之一憾事也。"他分析了中国农业衰败和农民贫困的原因,同时重申了农业的重要地位,认为农业是"富强之大经,治国之大本",建议清政府仿效西方资本主义制度,兴办学校,培育人才,设立农官,发展农业生产等。

孙中山始终关注"三农"、关心国计民生,为了促进农业的发展,孙中山极力主张在农业中使用机器进行生产,把农业机械化看作农业增产的根本途径;积极倡导科学种田,认为农业的生机在于科学,必须把农业生产置于科学指导之下,才能充分挖掘农业潜力,提高土地单位面积产量,从而解决我国人多地少的矛盾。由此可见,孙中山的治国理政思想比洋务派要高明许多。亡羊补牢,为时不晚。他认为现在仿效西法,确立农桑之大政还是来得及的。

---

① 中国社会科学院近代史研究所:《孙中山全集》第一卷,中华书局1981年版,第6页。

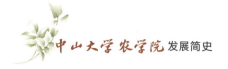

第二节 农业教育逐步兴起

在旧中国的传统社会中,教育存在严重的不平等性。政治、经济占统治地位的阶级掌握了教育的领导权,其子女能接受良好的教育,而广大劳动人民及其子女则基本上被剥夺了受教育的权利和机会。从清末到民国初年,我国正处在民族灾难深重和历史更替、社会变革的大动荡年代,与此同时,近现代中国教育方兴未艾。1908—1926年,广东近代高等农业教育经历了由农林讲习所、广东公立农业专门学校,到国立广东大学农科学院的艰苦创业阶段,逐步兴起,渐入正轨。

一、农林讲习所的创建

甲午战争失败后,国内有识之士纷纷要求改革"空虚无用"的教育,废除科举制度,提倡实用科学,停办书院,改办学堂。孙中山认为,保守、盲从、迷信、见利必趋等思想之所以存在于国民之中,教育不普及是一个重要原因。孙中山尖锐地批判了传统教育的不平等性,认为合理的教育制度应该是,无论富贵贫穷都可接受教育,只有全体国民都拥有受教育的平等权利和机会,才能提高全体国民的素质,民族才能兴旺,国家才能富强。孙中山指出,对农民的教育而言,振兴中国农业"所缺者"就是"农民之新知识",必须"对数量上占优势的农民灌输新观念",使农民学习、掌握"科学的道理";从改造乡村社会着眼,对农民进行"本党主义"教育,使农民认识国民革命的重要性。维新派康有为、梁启超、严复、谭嗣同等人认为,要救亡图存,必须从兴办学堂入手。光绪皇帝接受了维新变法的主张,于光绪二十三年(1897)下诏书兴农学,命各省督抚劝谕绅民兴办农学堂。光绪二十九年(1903),清政府颁行《奏定实业学堂通则》《奏定实业教员讲习所章程》等，各省督抚据此纷纷筹办各种农业学堂。

广东为配合推行"新政"，于光绪三十四年（1908）设立劝业道（掌管全省农工商业及交通事务），同年9月委派美国康奈尔大学农学博士唐有恒负责规划筹建广东省农事试验场及其附设的农林讲习所（图1-2）。10月，筹办处成立，选定广州市东门外鸥村（今区庄）前面、犀牛尾右侧为场址暨讲习所所址。讲习所的课室、实验室、图书室等相继动工兴建，随后又添建了礼堂、膳堂。

宣统元年（1909）7月，两广总督袁树勋批准试验场和讲习所章程，并转咨清廷农工商部。同年10月22日，该部批复："查所呈拟订试验场及附设讲习所各项章程，本部详加核阅，均甚周妥，应即照准立案。相应咨复转饬，切实兴办可也。"[①] 随后，讲习所制定并公布了《考录入学章程》，该章程规定：学制为三个学期，招生名额暂定100人，以录取本省考生为主；新生可免缴学费、宿费；中途退学及犯规黜退者须追缴学费，每学期缴银50两。

图1-2　广东省农事试验场及其附设的农林讲习所

图片来源：由华南农业大学中国农业历史遗产研究所提供。

---

① 〔清〕区柏年等编：《广东农事试验场第一年报告书》，清宣统二年（1910）石印本。

宣统二年（1910）初，农林讲习所开始招生，报名人数1300余人，由劝业道道尹陈望曾亲自主考。初试录取300名，三日后复试，正式录取新生100名，备取20名。为了解决当时高雷、钦廉、琼崖等经州县选送的各考生因路途遥远而无法参加考试、未能入学的问题，劝业道特命讲习所添招校外生，发给讲义，不必入堂听课，可在外自习，其学制、课程、考试等与在校生一样。孙中山为教育农民、发动农民，曾多次去农林讲习所做报告，用通俗易懂的语言启发农民、开导农民。

二、农林讲习所的发展

宣统二年（1910）2月25日，广东省农事试验场附设的农林讲习所正式开学，所长由试验场场长区柏年兼任。按教学计划，开设有农业总论、土壤、稼穑、农具、虫害、养蚕法、培桑、植物学、动物学、气候学、畜牧学、农艺化学、物理学等课程，教材多由教师参考外文课本自行编写。当年的教师有留英归国的利寅、留日归国的关乾甫和陈颂硕等。

同年3月，为了解决建立实业学堂万分紧缺的师资问题，师资力量较强又有全省农事试验场为依托的农林讲习所，刚开学就奉命改为农业教员讲习所，先办学制两年的简易科，培养实业教员，并由两广总督转咨农工商部、学部立案。

农业教员讲习所根据《奏定实业教员讲习所章程》的规定，参照高等农业学堂农学科应设科目，增开了人伦道德、算术及测量术、园艺学、兽医学、水产学、森林学、农产制造学、农业理财学等课程。曾拟将学制改为三年，因学生反对，遂仍按学部咨文所定的两年毕业。原由区柏年担任的场长兼所长职务，改由主任农师唐有恒接替。

《奏定学堂设立章程》中《各学堂阶级程度系统图》（通称《癸卯学制图》）申明，实业教员讲习科与优级师范学堂、高等学堂同等，即属于高等教育性质，学生毕业后均得请奖"附贡"（相当于举人的副榜）。农业教员讲习所属实业教员讲习科范畴，也属于高等教育性质。因此，农业教员讲习所是广东省创办最早的近代高等农业学校。

农事试验场因添加林业试验项目，于宣统二年（1910）改名为广东省农林试验场。翌年，为培养林业师资和技术助理，农业教员讲习所增招林学科新生100人，并于1911年2月更名为农林教员讲习所。原农业班改称农学科，与新招的林学科平列。林学科仍属简易科性质，学制两年，按高等农业学堂森林学科设置30门课程，其中实验科目六门。

1911年10月武昌起义后，农林试验场及其附设的农林教员讲习所曾奉命停办，学生全部被遣散。至1911年11月广东成立军政府后，试验场及讲习所划归实业司管辖，随之决定复办。1912年1月，讲习所召回农学科学生复课，仍委派唐有恒为监督；4月，第一届农学科学生60人修业期满，于4月19日举行毕业典礼。因时局仍然动荡，林学科则于1912年底才召回原有学生33人回校复课。1914年3月，林学科学生修业期满，于3月26日举行毕业典礼。1912年4月，唐有恒调往北京，此后，试验场场长兼讲习所所长职务先后由陈颂硕、利寅、黄遵庚担任。

三、改办高等农林讲习所

1912年，广东当局因高等农业人才极其缺乏，经实业司议定将农林教员讲习所改称为高等农林讲习所，招收中学毕业及同等学力的学生，以培养高等农业专门人才；学制三年，课程设置参照原农林教员讲习所农学科课程，教授高等专门学科；8月开始招生，由实业司主考，录取正取生71名，备取生12名，9月10日开学；后来将学制改为两年，称高等农林讲习所选科班。

讲习所为适应教学和试验示范需要，积极充实场内设施，改善办学条件，扩大试验场地，增辟林场，还增聘了学问优长、热心教育的虞叔昭、谭学卫、冯启豫等到所任教，加强了师资队伍建设，为创办农业专门学校打下了基础。

为了缓解广东农林建设专门人才紧缺的状况，适应各县农林生产的需要，讲习所本着面向生产、面向基层的宗旨，发掘试验场、讲习所师资和设备的潜力，先后举办了多种短训班：培养中等技术助理人才的农业班

（学制两年）、培养育苗植树技术人员的林业技术训练班（学制四个月）、培养蚕业改良人才的蚕业实习简易科（学制半年）、培养畜牧兽医和肉类检验技术人才的畜牧兽医讲习班（学制一年半）。

讲习所自创办以来，包括农林教员讲习所及高等农林讲习所选科班、农业班和短训班，毕业生总数为262人，为广东农业教育、科学研究、生产、推广培养了一批多层次的拓荒者，为振兴广东农业奠定了基础。

第三节 广东公立农业专门学校的创建

一、艰苦创业

广东省政府为了适应农业教育和农业生产发展的需要，决定在高等农林讲习所基础上，筹建农业专门学校。1913年，广东省实业司会同教育司责成广东农林试验场场长兼高等农林讲习所所长利寅，根据北洋政府教育部1912年10月颁布的《专门学校令》，草拟将高等农林讲习所改办为农业专门学校的筹建计划，报经省民政长批准后转呈教育部立案。1914年2月20日，教育部批复：须按《专门学校令》另行招生后再改办农业专门学校，其原有学生则仍按照讲习所办理。

1915年，新任场长兼所长黄遵庚根据教育部的指令，并经广东巡按使同意，决定是年暑假开始招生，学制定为三年。惜因当时南北军阀混战不已，又逢百年未遇的"乙卯年大水灾"，致使考取学生人数过少，难以开班，影响波及次年。招生计划连续两年落空，直至1917年秋，始招取农学科新生62人。至此，高等农林讲习所完成历史任务，广东公立农业专门学校（以下简称"农专"，如图1-3所示）宣告正式成立。校址仍在原讲习所（今广州市区庄前面），黄遵庚为首任校长。

/第一章/ 清朝末期至民国初期的广东农业（1908—1923）

图1-3　广东公立农业专门学校

图片来源：《华南农业大学百年校庆丛书》编委会编：《华南农业大学百年图史》，广东人民出版社2009年版，第18页。

由于国内政局动荡，财源枯竭，加上当局一贯不重视农业教育，农专建校后又遇上层出不穷的意外事件，使农专"几无日不在风雨飘摇之中，危而复安，明而复暗"。

1917学年第一学期开学伊始，校舍即被滇军借住，占地约为校区的1/3。军人与学生共处，给学校管理带来很大不便。第二学期即将开学时，又因滇军召集官佐延后出发，使学校不得不推迟至3月中旬开学。1918年7月将届期考之际，军政府以农林试验场为开府之地，农专校舍亦在征用之列，乃由军政府拨款建盖茅棚于试验场前门左侧之石马岗，作为临时课室和学生宿舍，期考只得延至第二学年开学时进行。这样的棚厂办学又经两载，直至1920年才在石马岗建成一幢楼房，用作课室、实验室、办公室及教职员宿舍，棚厂仍作为学生宿舍。当时，教育经常费和教职员工资亦时有拖欠，教职员基本生活常受影响。1922年，因积欠薪金四五个月，七间省立学校的教职员于9月30日发表宣言，一致罢教，至10月11日省府答允清发欠薪后始复课。

1920年6月，省署改委邓植仪接任试验场场长及校长。1921年3月，广东省省长公署应试验场场长邓植仪之请，将蚕业巡回讲习所拨归农校兼办，其修业年限为6～12个月。是年暑假，添设林学科，招生一个班，修业年限为四年。1923年7月，广东省地方农林试验场及其附设观测所，以及前所属各区模范苗圃，均改归学校管理。所有政府历年指定造林地，如南华山、鼎湖山、白云山等处，面积三万亩[①]以上，以及划定面积3000余亩的罗浮山试验场所，均由农专学校进行规划。[②]

1921年添设林学科时，农专为了扩充学校房舍、设备、图书等，曾提出25万元的预算计划，此项计划虽经省府批准，终因政局动荡而无法实施。为解决校舍紧缺问题，农专组织了"筹款建筑委员会"，邀请廖仲恺、谭延闿、孙科、伍朝枢等为发起人，沈鹏飞、利寅、黄枯桐、张农等为筹款委员，于1923年向社会各界人士发起募捐。经全校师生共同努力和社会热心农业教育人士的捐助，共筹得款项万余元，其中农专全体教职员认捐一个月工资共约4000元。

1923年，广东省财政厅将省农林试验场抵押给商办的广东银行换取贷款，后因无力偿还贷款，竟将农专农场的50亩地混入省农林试验场，由广东银行公开拍卖。省长徐绍桢命令农专克日将农场交出，校舍亦限日搬迁，致使农专办学之基础受到动摇。这一严重摧残农业教育和农业科研事业的行径，激起了农专广大师生极大的义愤。全校师生员工团结一致，奔走呼吁、请愿，坚决反对，据理力争，学校始获保存。

二、巩固和发展

"新学术新事业创办之初，非得惨淡经营，终鲜有效。"这是农专校长邓植仪教授对创业艰辛的深刻体会。农专在开办初期，虽然遇到来自各方面的干扰，时刻处在风雨飘摇之中，但为了振兴中华农业，争得办学的基本条件，全校师生以百折不回、奋勇向前的精神，采取了多种措施，促进了农专的发展，并巩固了基础。

---

① 1亩=666.67平方米。
② 《国立广东大学概览》，国立广东大学1926年，第4页。

（一）改进招生办法，设法增加生源

生源不足，是当年农专遇到的一个非常棘手的问题。1917年秋，招收农学科正取新生80名、备取生34名，但实际入学人数仅为62人，开学一年内因事退学者竟超过半数。1918年秋，原定继续招生80名，终因报考者不多，可录学生人数过少而暂缓开班。

为了增加生源，学校先后采取如下措施：一是对持有中学或甲种农业学校毕业文凭者，免试入学。二是要求由省长训令各县知事，对有志学习农业科学的历届中学毕业生，可由各校直接函送农专，无须入学考试。三是从1919年开始，农专五年内所招学生均免收学费。四是自1920年起，要求各县按入学资格选送一两名学生入学，由农专为地方定向培养农业人才。

这一系列措施，不仅鼓励学生报考农业学校，还促使各县重视培养农业人才，对缓解招生困难起到了一定作用。

（二）增聘知名学者，加强师资建设

农专建校第一年，教师中除利寅是英国留学生、钟建宏毕业于上海复旦公学外，其余都是日本留学生。由于当时教学任务较重，教师不足，按教学计划开设的课程未能全部落实。

1920年，邓植仪接管农专后，增聘了欧华清、张天才、邝嵩龄、缪任衡、沈鹏飞、戴芳澜、黄国华、黄枯桐等知名专家学者来农专任教，教师队伍有了较大发展。他们为农专的巩固和发展做出了重要贡献，其中不少人后来都成为国立中山大学农学院的骨干教师和学科带头人。

（三）改进教学工作，提高教学质量

为了解决新生基础参差不齐的问题，从1919年开始，农学科的学制改为四年，其中预科一年、本科三年。课程特点：一是以大农学课程为主，门类较多，知识面广；二是重视基本技能训练和实践教学环节，对实习、实验独立设课，从一年级至三年级，每年均开设农场实习课，以提高学生

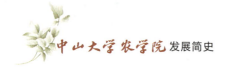

学农的兴趣以及理论联系实际和解决生产问题的能力。

1923年,农专曾计划将农学科、林学科扩充改设农艺、园艺、蚕桑、农业化学、畜牧、病虫害、森林生产、森林经营、林政等系,后限于条件不足,未能独立成系,只作为学科下设的门(专业)。同年5月,经校务会议讨论,农专决定从1923—1924学年起,三年级实行选科制、学分制,共修148学分;取消预科,改为本科四年制。

(四)开展校际交流,实现教学协作

农专校长邓植仪一向认为,要改变中国农业落后面貌,农业界必须团结合作才能取得良好效果。1923年,广东公立农业专门学校、南京东南大学、北京农业大学三校拟订了交换教授和互转学生等合作协议。据此,农专派出蚕桑学教授黄国华作为交换教授,赴东南大学农科担任蚕桑学教授,并参与筹划全国蚕桑业等事宜;派沈鹏飞、张天才两位教授到北京农业大学执教,北京农业大学聘请张天才担任教务主任兼畜牧系主任,沈鹏飞担任森林系主任。东南大学农科则派昆虫学教授张巨伯来农专任教。校际相互交换教授不仅促进了师资队伍建设,而且推动了国内三所重要农业院校间学术和教学管理经验的交流,建立了良好的协作关系。

(五)创办《农声》旬刊,推动学校发展

1923年5月25日,农专学生会出版了《农声》旬刊创刊号,办刊宗旨:一是将研究所得公之于众;二是给农民以农业科学新知识;三是对学校工作提出批评和忠告,以促进学校发展。此外,在维护农专权益、呼吁社会关注农业教育、推动农专改大运动等方面,《农声》都发挥了重要作用。经过师生共同努力和学校的支持,《农声》后来成为中山大学农学院定期向国内发行的农业科学杂志。

三、改大运动

1922年底,农专学生为了促使政府当局重视农业教育,进一步推动广

/ 第一章 / 清朝末期至民国初期的广东农业（1908—1923）

东现代高等农业教育从低层次向高层次发展，在教师的支持下发动了要求将广东公立农业专门学校改办为广东农业大学的改大运动。这一运动的开展，首先是受五四运动的影响，学生们更关心国家大事，关心学校的改进和发展；其次是因为全国第八次教育联合会议决议提出全国划分出八个农业大学区，广东系其一，并建议全国农业专门学校酌量改办大学。会后，广东省教育委员会曾召集广东各专门学校校长会议，对改办大学问题进行了讨论。国内几所农业专门学校亦在积极筹划改为农业大学，这对广东农专师生开展改办大学的活动起了很大的促进作用。

1922年12月14日，广东农专学生会成立了由20人组成的"广东农专改大运动委员会"，负责推动改大运动，推举张农为委员长，李乃常为事务部长，叶九东为交际部长，彭师勤为宣传部长。委员会成立后，即与教员举行联席会议，共同商讨改大事宜，并积极宣传农业教育的重要性、扩建农业大学的必要性。农专学生会连续出版了两期《农专改大运动特刊》，发表宣言，阐述农专改办农业大学的三点主要理由：一是通过改办农业大学来培养高级农业专门人才，提高农业科学技术水平，更好地发挥广东地处亚热带、物产丰饶的优势，促进农业发展；二是通过改办农业大学，为广东及西南各省有志学农的高中毕业生提供升学和投身农业建设的必要条件；三是广东应竭力落实全国第八次教育联合会议决议，不负全国教育家的重托。同时，详细阐述农专改办农业大学已具备的条件：有一定的房舍、场地、设备；有一支以知名教授邓植仪、沈鹏飞、戴芳澜、黄国华、欧华清等为骨干的较强的师资队伍；有多年办学经验，在全国高等农业院校中享有较高声誉。因此，根据需要与可能，农专改大既是社会公众的要求，又具备一定的基础，乃是教育发展的必然趋势。

1922年底，农专经过全体教职员及学生大会讨论通过，正式向广东省教育委员会递交了要求将农专改为农业大学的呈文，明确提出："振兴农业之道，首宜注重农业教育。"1923年初，广东省教育委员会批示同意，但又以经济困难为由，不能即时实现。直至是年11月，农专才接到广东省教育厅准予农专筹备改办大学，并责成邓植仪校长从速进行筹备的指令。1923年12月5日，广东农科大学筹备会正式成立，公推邓植仪为筹备会会

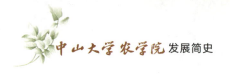

长,张天才、沈鹏飞、欧华清、黄枯桐、利寅、邝嵩龄、张介弼、谭保廉、黄作明、张福达、方继祥、麦业、陈鹿宾、钟宝璜诸教授为筹备员,并请学生代表列席会议。至此,农专改办农业大学的筹备工作在邓植仪的主持下逐步开展。

- 第二章 -

奠基初创
（1924—1932）

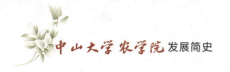

> 中山大学农学院的前身国立广东大学农科学院，是由广东全省农事试验场附设农业讲习所发展而来，是我国近代高等农业教育史上创建最早的学校之一，也是广东近代高等农业教育的发端。①

第一节 国立广东大学的创办

孙中山先生作为中国近代民主革命的伟大先行者，致力于推翻清朝的统治，追求民主与自由。而广东地区作为革命活动的重要战略地点，对于孙中山先生来说具有特别的意义。他意识到，教育是实现革命目标、培养革命人才的重要途径。1923年2月，驱离了军阀陈炯明后，孙中山从上海返广州就任陆海军大元帅，在调兵遣将并亲自出征以统一广东混乱局势的繁忙日子里，深感为革命事业培养高级专门人才的重要性和迫切性，遂分别于1924年1月24日和2月4日颁布大元帅令，下令创办陆军军官学校（即黄埔军校）和国立广东大学〔将国立广东高等师范学校（以下简称"高师"）、广东法科大学（以下简称"法大"）、农专合并〕。这便是当时闻名于世、并称"一文一武"的两所学校，也是孙中山重视教育、重视培养人才的实践。

---

① 王浩主编：《华南农业大学校史》（第2卷），广东科技出版社2009年版，第1—9页。

一、合校方案

国立广东大学由高师、法大、农专合并建成,由于这三所学校创办较早(高师和法大均创办于1905年),均有一定的办学规模和经验,具备兴办最高学府的条件。国立广东大学筹备处在1924年3月3日召开第一次筹备会议时,便按国立大学的规模通过了国立广东大学组织大纲。根据大纲精神,本科分设文、理、法、农、医科学院,将高师改为文科和理科;法大改为法科;农专改为农科;另筹建工科和预科,后又决议设置师范特科。三校合并的具体方案如下:

(1)高师、法大、农专学生依照所学学科,归入国立广东大学各学院学科。

(2)原有三校在校学生归入大学之后,其待遇照旧,至各校原定毕业时为止。原有三校之休学学生在准予复学期限内,可返本大学各科继续完成其学业,但不得超过1925年10月。

(3)原有三校在校学生不愿履修大学课程者,仍按未改大学以前各校之课程修业。修毕时只得国立广东大学某学院某科毕业证书,不给学位。

(4)以上(2)(3)两条,仅于1927年7月以前适用。

(5)原有三校在学学生归入大学以前已修之科目由各学院审查后,认为所授予大学程度相当时,准其免修;其不相当者,由各学院酌量情形,另定办法。

(6)原有三校已毕业学生,一律为国立广东大学同学会会员。

(7)未改大学以前,原有三校毕业生如欲得本大学学位者,准其补习大学课程;其应补习之科目及学分,由各学院规定之。

(8)凡前在原有三校毕业、现在本大学转任教职员者,如欲履修大学课程,亦可酌量选修,每学期至多不得超过6学分;如欲多选科目者,应酌量情形,改为兼任教职员。①

---

① 参见《三校合并办法》,载《广州民国日报》1924年5月14日。

合并办校之后，未转入国立广东大学的三校学生仍旧依照各校原有的章程、课程读至毕业。

二、办学运行

国立广东大学的创建不仅引起了国内外学界的关注，也得到了当时中国革命领袖们的支持。他们认为，只有通过教育的力量，才能培养出具有国际化视野和创新思维的人才，为中国的现代化建设做出贡献。因此，孙中山先生的举措得到了广泛的赞誉和支持，国立广东大学也成为众多革命志士展示才华的舞台。然而，当时的社会环境充满动荡和变革，加上缺乏资金的支持，致使国立广东大学的发展受到了很多制约。令人钦佩的是，无论面临怎样的困难，孙中山先生始终没有放弃对教育事业的追求，为保证筹备工作的开展和国立广东大学的开办，亲自筹措资金。

1924年6月9日，孙中山任命邹鲁为国立广东大学首任校长。同年6月21日，国立广东大学举行校长就职和学生毕业典礼，孙中山委托总参议胡汉民代表大元帅在会上宣读了训词："学海汪洋，毓仁作圣，大学毕业，此其发轫。植基既固，建业立名，登峰造极，有志竟成。为社会福，为邦家光，勖哉诸君，努力自强。"在孙中山的大力支持下，国立广东大学的筹备工作于1924年8月基本完成，定于1924年9月15日正式上课。至此，以文科、理科、法科、农科、工科和预科组成的一座华南高等学府，巍然屹立于珠江之畔。

当时，学校没有举行开学典礼与成立典礼。后经校务会议复议，将开学典礼及成立典礼日定于1924年11月11日，这一日也成为国立广东大学的校庆日（中华人民共和国成立后，为纪念孙中山先生，校庆日改为孙中山先生的诞辰日11月12日）。孙中山先生创办的国立广东大学（图2-1），成为中国近代教育发展的重要里程碑。

/第二章/ 奠基初创（1924—1932）

图2-1　20世纪20年代位于广州文明路的国立广东大学正门（今广东省立中山图书馆、广州鲁迅纪念馆入口）

图片来源：由华南农业大学中国农业历史遗产研究所提供。

第二节　农科学院概况[①]

合并为国立广东大学后，农科学院分设农艺学、林学、农艺化学三系与农业专门部[②]，1925年便配齐了各系、部负责人：院长邓植仪，农艺学系主任欧华清，农艺化学系主任利寅，推广部兼林学系主任黄植。[③]

农科学院结合农科办学指导思想和具体情况，制定了一系列规章制度。为培养一专多能人才，制定了《农科专门部学生选修学科暂行规则》，实行主科和副科制，并鼓励成绩优秀学生在修习规定学科外加修学科。

[①] 王浩主编：《华南农业大学校史》（第2卷），广东科技出版社2009年版，第10-14页。
[②] 吴定宇主编：《中山大学校史（1924—2004）》，中山大学出版社2006年版，第15页。
[③] 《国立广东大学概览》，国立广东大学1926年。

为了更好地发挥教授会议在办学中的作用,制定了农科学院教授会议、各系教授会议细则。

为使农场更好地适应教学、科研需要,制定了《第一农场办公规则》,规定农场职员有助理实习、采集及制作标本之责。

为了推动推广工作的开展,《农科推广部简章》规定:"本院教授、讲师均为本部顾问,协助本部事务之进行。"

为了改良蚕种,推广和普及蚕桑科学知识,促进蚕业发展,制定了《农科学院附设第一蚕种改良所简章》和《国立广东大学巡回蚕业讲习所简章》等。

农科学院创建初期所制定的一系列规章制度,把办学思想具体化、制度化,使办学有章可循,加强了学院的管理,促进了学院的发展。

(一)学生培养

国立广东大学分预科、大学本科及研究科,修业年限预科为两年、本科为四年。每年8月起至次年7月底为一学年。每学年分两学期,第一学期为8月至次年1月,又称"上学期";第二学期为2月至7月,又称"下学期"。

为适应当时国内正在改革的中学学制(四年制和六年制并存),国立广东大学各科(院)的本科都设置了两年制预科,帮助新生打好进入本科学习的基础,在预科修业完毕、成绩合格的同学可直升本科。预科采用年级制,各组学生的必修课程是国文、第一外国语、第二外国语、数学、数学演题、政治概论、体育。理科组、农科组和工科组还开设了物理、化学,理科组的预备数理化科与工科组还开设了机器画(即机械制图),理科组的预备生物地质科、农科组及医科组还开设了动物、植物、自在画(即绘图)课程。[①]

1. 本科生部

农科采用年级制与选科制相结合的办法,内含农学和林学两部,农

---

① 《国立广东大学概览》,国立广东大学1926年。

学部设农艺学和农艺化学两系,林学部设林学系。农艺学系下分农艺、园艺、蚕桑、畜牧、病虫害、农业经济六门;林学系下分森林生产、森林经营、森林经济三门。学生入学时须选定攻读农学部或林学部其中一部,课程分为必修课和选修课两种。第一、二学年分别修读农学部、林学部规定的公共必修课,第三学年再按选定的系、门(今专业)修读有关专业课,第四学年需在教师指导下撰写毕业论文(共8~10学分)。除了撰写论文,农学部、林学部学生须分别修满144和141学分(每一学分按每一学期每周讲授一小时或实习两小时以上计算),毕业时授予农学士或林学士学位(图2-2)。

图2-2 国立中山大学农林科十六年度(1927年)毕业摄影纪念

图片来源:《华南农业大学百年校庆丛书》编委会编:《华南农业大学百年图史》,广东人民出版社2009年版,第78页。

2．农业专门部

农业专门部学制四年,其中一年为预科。设农学科与林学科两科。修读的学科可分为主科和副科,前者至少占总学分的2/3;农学科学生要副修林学科,林学科学生亦要副修农学科。毕业时不授予学士学位,只发给农业专门部毕业证书。

3．蚕桑讲习科(即蚕桑讲习所)

蚕桑讲习科学制一年,考生学历无严格的规定,以便于农民子弟报考入学,结业时只发给结业文凭。

此外,农科学院为培养农村小学农科师资和农业技术人才,还附设过乡村小学教员农业讲习班，学制一年。省里要求中山、潮安、梅县、茂名、曲江、文昌等32个县，各选送两名现任乡村小学教员或农事机关职员（必须是该县原籍人）带薪到班学习，毕业后保证派回原选送县工作。

学生入学时应缴学费，学费为全年总数平分两学期缴纳。农科组预科费用：学费24元/年；每名学生入学时一次缴纳保证金10元，毕业时发还；入学时一次缴足全年杂费（包括体育费、实习费、图书费、制服费、学生会费、医药费、寄宿费）总数。本科费用：学费30元/年；实验费按实验的学分计算，每学期每1学分收费1元；其余收费依照预科规定征收。[①]

（二）师资建设

1924年8—9月，学院先后聘请了丁颖、侯过、曾济宽、黄晃、韩旅尘、邓其志等教授十余人。丁颖、侯过入职后不仅成为学科带头人，而且是推动学院发展的中坚力量。在建院初期，全院教职员共约50人，绝大部分教授是自欧、美、日归国的留学生。

教学工作由教授、讲师、助教及助理员承担，教授是教学、科研以及学术交流的骨干力量。《国立广东大学规程》规定：教授由校长提出，经聘任委员会审查合格后聘任。除有特别情形及特定情况外，第一次聘任以一年为期，续聘至四年者任期无限期，但经大学校务会议议决，可由校长解除聘约。教授为专任教职，在不妨碍本校教课范围内且经大学校务会议同意，方可在校外兼任教务或其他职务。《本校教员待遇细则》规定：教授兼任校内职务，不另支薪水，根据其在校年期进级，每三年期满月薪递进一级，如校长认为必要时可特为进级。教授连续服务满六年者，经所属分科教授会议同意，可休息一年，照支全薪。教授在职满20年退职后，可享受年金。学校为了促进与其他国立公立大学的教学与学术的交流，还制定了《本校交换教授暂行规章》，对校际教授的交流、交换做了详细的规定。

讲师的聘任手续与教授聘任规定相同。讲师聘任以一年为期，薪俸

[①]《国立广东大学概览》，国立广东大学1926年。

按教课课时计算。续聘时，凡未特别明确年期的，其聘约亦以一年为期。助教经各系教授会或各分科学长的提议，由校长提交聘任委员会审查合格后，由校长聘任。助教在所属分科教授指导下，助理实习事务并得分任教课。助理员依各分科学长的提议，由校长任用，由所属学系教授管理，助理实习事务。

《本校教员兼课条例》规定：专任讲师如在校外或本校附属学校兼课，必须先得到校务会议许可，如同意其兼课者即改为讲师。专任讲师每周任课最多不得超过15小时；讲师在本校所授科目，同一学期不得超过三科，讲师每周授课时间，无论校内外，总计不得超过20小时。①

（三）科技推广②

1. 科研工作

学院着重进行改良稻作、蔗作、柑橘类果树、养蚕、造林等研究，稻作研究水平后来在国内处于领先地位。

农科学院十分重视在农业专门学校时期进行的广东农业概况的调查研究工作，并将其列为重点项目继续进行。至1925年，完成了43个县的分县调查，并刊行了《广东农业概况调查报告书》；1925年，刊行了《番禺增城东莞中山糖业调查报告书》。这些调查报告不仅为发展广东农业生产提供了重要的基础资料，改变了过去对广东农业概况无可查考的落后状况，而且为广东农林行政部门制订农业建设规划和措施，为农业工作者开展科研、教育、推广等工作提供了宝贵的参考资料。侯过教授编著的《测树学》、曾济宽教授编著的《造林学》，被国立广东大学出版委员会列入大学丛书。《农声》也经常刊载学术论文，其中不少是由农科专业的学生撰写、翻译的，如谢申的《电白甘蔗状况的调查》、姚碧澄的《乳牛饲养论》、彭梦奇的《安化红茶问题》等。

为发展广东蚕桑生产，改良蚕种，提高蚕丝质量和出口竞争力，蚕桑

---

① 《国立中山大学规程集》，国立广东大学1926年，第5-13页。
② 王浩主编：《华南农业大学校史》（第2卷），广东科技出版社2009年版，第12-13页。

系积极开展蚕种改良和蚕病防治试验研究（图2-3），培育优良品种20余个。在蚕病防治方面，农科学院着重进行蚕粒子病、蚕细菌学的研究，以及各品种蚕发育及其形状的比较试验等。

图2-3　农科学院的养蚕室及调桑室

图片来源：《华南农业大学百年校庆丛书》编委会编：《华南农业大学百年图史》，广东人民出版社2009年版，第65页。

2. 推广工作

学院设有推广部，组织较健全，工作包括调查、科普、技术咨询、优良种苗繁育推广、化验、病虫害防治、乡村农业教育和农事讲习会等。

学院重视蚕桑良种的培育和推广，先后在高州、梅县、清远等县举办修业期为一年的蚕业巡回讲习所，为地方培养养蚕技术人才。林业推广工作主要由设在各区的模范苗圃负责，就地培育优良苗木，就地分送并做技术指导，宣传植树造林的重要意义。

此外，推广部还编印了一批《农林浅说》宣传册，向农民传播农业科学知识，免费赠送给农民，赠送范围扩及外省，深受欢迎。

（四）研学活动

学校在清远设立第一蚕种改良所，选制健全的蚕种，间接或直接按产价分配给农民；每届毕业生必赴顺德考察蚕业和农民养蚕状况。为了扶助广东各县兴办蚕业，每年由农科学院派出教员分赴各地，教授蚕桑应用技术，普及和改良蚕桑新品种。学校还与地方合办巡回蚕业讲习所。林学会注重联络感情，活动包括研究、调查、演讲、办刊、推广等。农科学院还新设制糖学科，聘请留美制糖专家周厚枢主持研究推广糖业制造。[①]代表性研学活动如下：

（1）组织学生参加农林场的扩建工作。在石牌第二农场创建初期，场长常带领学生到农场实地检验土质，测定农场道路，划定作物区、牧场和建筑基地等。

（2）组织学生到校外生产一线做实地考察、调查、实习（如图2-4为农科学院师生考察菲律宾宿务糖厂煮糖部留影）。一是组织进行农村经济状况、乡村作业情况的调研，提出改良措施。二是到校外农林场实习。组织林学系学生到庐山演习林场实习；组织园艺组学生到果园调查，学习果园设计，采集制作标本。三是赴境外考察、参观、实习。派毕业班学生黄干桥、梁济亨赴日本考察农业教育，对日本全国农业教育系统、农业推广及农村教育等进行考察；组织学生赴香港植物园采集重要标本，参观香港大学、民生植牧公司、南洋兄弟烟草公司制造总厂等。

图2-4　农科学院师生考察菲律宾宿务糖厂煮糖部留影

图片来源：《华南农业大学百年校庆丛书》编委会编：《华南农业大学百年图史》，广东人民出版社2009年版，第77页。

[①] 吴定宇主编：《中山大学校史（1924—2004）》，中山大学出版社2006年版，第25页。

（3）结合学院承担的任务，组织学生进行实习。粤汉铁路公司曾委托农科学院代为制订英德县滑水山林木开采规划，为此，侯过教授带领林学系学生前往实地测量，并制订开采计划。①

（五）社团活动②

1. 政治活动

国立广东大学学生社团活动是在当年国共两党结成统一战线的条件下开展的，因此存在各种政治派别。1923年，中共广东区委员会设立了党团学生运动委员会，领导学生运动。国立广东大学成立后，在学生中发展了党员和团员，开展党团活动。农科学生黄承先就是1925年春参加共产主义青年团，同年转为共产党员的。1925年10月，黄承先被推选为国立广东大学农科学院学生会主席，并负责《农声》的编辑出版工作，配合开展农民运动，成为农科学院学生运动的主要领导者和组织者。在支持省港大罢工斗争中，农科学生潘先甲（潘云波）曾在省港罢工委员会负责组织工人武装纠察队，保卫省港罢工委员会领导机关的安全和维持社会治安。

国立广东大学农科学院学生会活动能力较强，关心国内动荡的政局，积极支持孙中山先生的政治主张。1924年11月9日，国立广东大学学生会举行欢送孙中山北上大会，农科学院学生张农代表校学生会致欢送词，农科学院学生还参加了11月13日晚广州市各界举行的欢送孙中山北上的提灯游行。1924年12月，农科学院学生会支持孙中山倡导的国民会议，向全国发出快邮代电，并提出了颇有见地的五点建议。

2. 维权活动

农科学院学生在关心和维护学校权益方面，继承了农专时期的优良传统。当得知广州市政府计划将农科学院农场1/3的场地开辟为马路时，

---

① 王浩主编：《华南农业大学校史》（第2卷），广东科技出版社2009年版，第12页。
② 王浩主编：《华南农业大学校史》（第2卷），广东科技出版社2009年版，第13页。

学生会特上书孙中山先生，要求令饬广州市政厅厅长撤销原议，维护了学院权益，保住了实习场地。学生会还不定期编辑出版特刊，如《国立广东大学经费运动号》《国立广大农科开校七周年纪念号》等，为学校的发展出谋献策。

3. 学术活动

学生会学术性活动活跃，经常邀请校内外专家教授做专题演讲，组织同学开展学术讨论，交流学习心得和学术观点，以及组织同学到附近农村向农民做农业科普知识演讲等。学生会主编的《农声》旬刊，辟有论坛、特载、研究、译述等栏目，专供学生发表学术性论文。

各系的专业性学术团体，组织形式多样，如蚕桑研究会、林学会、畜牧团等，经常邀请本学科教授专家做学术报告，组织专业生产调查、出版刊物等。畜牧团还在校内建立了小牧场，为同学提供更多的实习机会。组织开展不同形式的专业性学术活动，有利于锻炼学生的组织能力，建立密切的师生关系。

（六）设备及场地①

1. 广阔的辖地

农科学院占地广阔，包含学院、附属第一农场及白云林场、苗圃等，共约占地400亩（图2-5）。广东省政府在1920年指定学院管辖三万多亩造林地的基础上，1922年4月，划定罗浮山试验场地3300余亩，隶属学院管辖之苗圃八区，面积400～500亩；1924年8月，为农科学院划定第二农场（后为国立中山大学石牌时期的校址），面积2700余亩。

---

① 《国立广东大学概览》，国立广东大学1926年。

图2-5 农科学院校园全景

图片来源:《华南农业大学百年校庆丛书》编委会编:《华南农业大学百年图史》,广东人民出版社2009年版,第46页。

2. 新式建筑

农科学院原来只有一幢两层楼房校舍(图2-6),其余多为临时性葵蓬茅舍,条件很差。经过师生们的努力争取,在东山石马岗校区内增建了学生宿舍和三层楼房校舍各一幢,初步改善了教学和住宿条件。院区空气清爽、花木环绕,具有田舍气息的茅亭草屋布局其中,颇具专业特色和天然情趣(图2-7)。

图2-6 农科学院校舍

图片来源:《华南农业大学百年校庆丛书》编委会编:《华南农业大学百年图史》,广东人民出版社2009年版,第46-47页。

a. 学生宿舍　　　　　　　　　b. 院区

图2-7　农科学院学生宿舍与院区

图片来源：《华南农业大学百年校庆丛书》编委会编：《华南农业大学百年图史》，广东人民出版社2009年版，第46—47页。

3. 农林场扩建

国立广东大学成立后，孙中山先生认为，国立广东大学校舍分散在市内，不适于办学，也难以发展，即命邹鲁校长择定广州市东北郊的石牌官地为新校址。由广州市财政局会同市工务局和农科学院测绘、划定石牌之北边小鸡岗、十字岗和南边之鹿眠岗、陶仙岗、疴屎岗等地及沿岗湖泽，面积共2718.7亩，作为农科学院第二农场场地，并由市财政局颁发管业执照。

1925年春，农科学院派人办理勘界收用事宜，并组织师生实地测定场内道路，划定农区、林区、畜牧区和建筑基地等，开始制订建场规划。其间，石牌乡一些人阻挠建场工作，无理殴伤邓植仪院长、邝嵩龄、黄晃、欧华清教授，梁唯一、黄秋助理员和学生张农、姚碧澄等八人。可见，开辟第二农场任务之艰辛，但其意义又十分重大。第二农场不仅改善了农科学院自身教学、科研、推广的工作条件，而且为国立广东大学的拓展及后来国立中山大学定址石牌建立新校区，发挥了开路先锋的作用。

石牌第二农场建立后，随即在场内划定林区，增辟苗圃，繁育苗木，并着手在场内造林。1926年4月，国民政府又将北江滑水山拨归国立广东大学农科学院管理，林科实习场地得到了进一步扩大。

4. 图书、设备

建院初期，农科学院尚未建立图书分馆，仅有一间图书室（图2-8），所有中外书籍共约4000本，图表约500幅，杂志约70种，连同原来农业专门学校及试验场出版物50~60种，图书总计仅有7000余册。仪器、机械标本等设备千余件，综合价值约两万元。为改善教学科研条件和适应第二农场创建的需要，农科学院得到学校特别拨款，特向日、美两国订购三千多元书籍，以及一批设备和新式农机具，这在当时算得上是"巨额采购"了。

图2-8　农科学院图书室

图片来源：《华南农业大学百年校庆丛书》编委会编：《华南农业大学百年图史》，广东人民出版社2009年版，第47页。

第三节　易名国立中山大学农科学院

1925年3月12日，孙中山先生在北京病逝。同年3月30日，为纪念孙中山先生，廖仲恺等提议将国立广东大学更名为国立中山大学。同年8月，国立广东大学第38次校务会议通过了改名提案，并正式备函由邹鲁送呈国民会议及广东人民代表大会。

1926年6月19日,国民政府批准褚民谊、陈树人、宋子文、陈公博、蒋中正、金曾澄、许崇清、马洪焕、郭沫若、邓植仪等40人组成筹备中山大学委员会,另外特聘林伯渠、孙科、蔡元培、吴稚晖、顾孟余、蒋梦麟、张伯苓等30人为筹备委员。8月17日,国民政府下令将国立广东大学易名为国立中山大学(图2-9),任命戴传贤为校长。10月,国立中山大学由校长制改为委员制。委员会第七次会议议决中山大学英文名称为Sun yatsen University,并经国民党中央委员会政治会议议决通过。郭沫若订定了国立中山大学的校歌。

1927年3月1日,国立中山大学举行了第一次开学典礼,由此步入发展史上的第一个鼎盛时期。

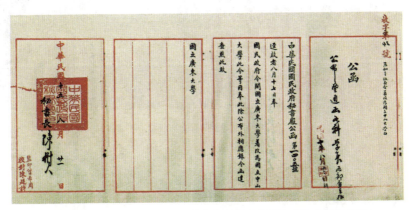

图2-9 国民政府批准将国立广东大学易名为国立中山大学的公函

图片来源:易汉文、崔秦睿、闫红丽编著:《中山手创 巍巍上庠》,中山大学出版社2015年版,第13页。

一、办校精神

大学初创,其精神也由此发轫。对于国立广东大学的办学精神,孙中山先生明确为"为社会福,为邦家光""以学问求革命"。1924年1—8月,孙中山先生曾十余次到国立广东大学系统演讲关于"三民主义"的内容(图2-10),勉励青年学子"立大志,做大事"。同年6月21日,国立广东大学校长邹鲁遵令在原广东高师礼堂就职，国立广东大学前身之国立广东高等师范学校、广东法科大学、广东公立农业专门学校三校合行毕业典礼。孙中山先生亲撰毕业训词，并委派时任大元帅府总参议的胡汉民以大元帅名义代为宣读。正如陈树人在毕业典礼上致辞所说："现三院能于广东最艰难困苦之际合组大学，实由大元帅注重教育所致。"

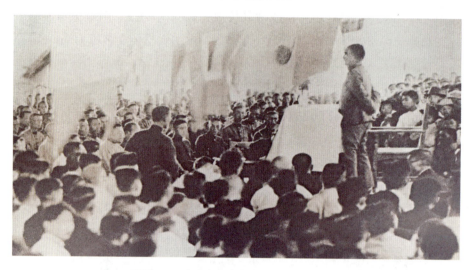

图2-10 孙中山先生在国立广东大学演讲

图片来源：易汉文、崔秦睿、闫红丽编著：《中山手创 巍巍上庠》，中山大学出版社2015年版，第66页。

（一）校训

1924年11月11日，国立广东大学举行开学典礼。当日，孙中山先生由于应冯玉祥之邀北上，未亲临开学典礼讲话，因此委托广东省省长胡汉民代致其为国立广东大学亲笔题写的校训：博学、审问、慎思、明辨、笃行。训词谓曰："学海汪洋，毓仁作圣。大学毕业，此其发轫。植基既固，建业立名。登峰造极，有志竟成。为社会福，为邦家光。勖哉诸君，努力自强。"

"博学、审问、慎思、明辨、笃行"出自《礼记·中庸》，原文是"博学之，审问之，慎思之，明辨之，笃行之。有弗学，学之弗能，弗措也；有弗问，问之弗知，弗措也；有弗思，思之弗得，弗措也；有弗辨，辨之弗明，弗措也；有弗行，行之弗笃，弗措也。人一能之己百之，人十能之己千之，果能此道矣，虽愚必明，虽柔必强。"当时，学校非常注重"大学与社会相结合"和"实行党化教育"。朱家骅委员在国立中山大学开学典礼上指出："我们中山大学是要为革命的利益，为革命的工作，使成为中国建设革命的事业的中心，使大学与社会结合。"因此，学校在制定新章程时，特别强调了以下三点：①由大学教授组成的评议会来主持大学一切事务，使教授与大学能有非常密切的联系，共同担负责任，使大学民主化、科学化。②适当地分配基本科目、辅助科目、实地工作、外国语等，使学者能够教学相长，教研并进。③使大学与社会相联系。

（二）大学精神

学校精神可概括为"读书不忘革命，革命不忘读书"。

时任教务主任的周树人（鲁迅）在国立中山大学开学典礼上的致词中对此做了解读：中山大学并不是今天开学的日子才起始的，30年前已经有了。中山先生一生致力于革命、宣传、运动，失败了又起来，这就是他的讲义。中山先生给后人的遗嘱上说"革命尚未成功，同志仍须努力"，中山大学就是"努力"的一部分。他教导学生们说：中山大学的青年应该以从读书得来的东西为武器，向一切旧制度、宗法社会的旧习惯、封建社会的旧思想进攻——这是中大青年的责任。

二、农科学院初具规模

国立广东大学易名国立中山大学后，农科学院名称随之改为国立中山大学农林科学院，秉承办校精神，同步得到较快发展。沈鹏飞任农林科学院主任兼林学系主任，邝嵩龄兼任农学系主任，利寅兼任农林化学系主任，唐启宇兼任推广部主任，李乃尧兼任农场主任。1926年2月间，农林科学院在丁颖教授等的带领下，在广东茂名县公馆圩设立了南路稻作育种场，面积60余亩，于1927年3月开始经营。农林科学院组织系统见图2-11。

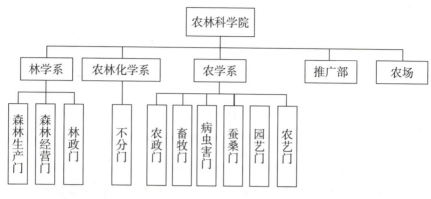

图2-11 农林科学院组织系统（1926年）

图片来源：吴定宇主编：《中山大学校史（1924—2004）》，中山大学出版社2006年版，第68页。

留美回国的邓植仪院长的办学指导思想是：农林院校除造就农林科技人才外，还负有解决地方农林生产技术问题与改进农林事业之责；教学、科研与成果推广应同步进行。这对学院的发展和管理体制的建立，起着积极的推动作用。通过模仿美国教学、科研、生产三者结合体制办农科，增设农林试验场、推广部，通过教学出人才，通过农林试验场出科研成果，通过推广部应用到生产上去。

当时，农林科学院的组织管理体制基本完备，分为教务、研究、经营（生产）、推广4部分，分别掌理教务、试验研究、农林生产和农林科技推广事宜。1927年9月，林学家沈鹏飞接任院长。

1928年11月，国立中山大学教务会议通过的《农科学则》规定：本科学制分大学本科及农业专门部两级，各以四年为普通毕业期限。大学本科以"造就高深学术研究人才"为宗旨，"专门部注重实用之训练"，学制均为四年。旧制中学毕业或完成新制高中一年级或相当程度可投考专门部。专门部毕业生经国文、外文考试及格，可以入大学本科三年级肄业。修足规定的60学分之后，可以毕业。专门部于1931年度停招，改设两年制专修科。从1927年至1930年短短的三年多时间里，国立中山大学农林科学院（1929年更名为"农科学院"）先后创建了稻作试验场、农林植物研究所和土壤调查所。在此期间，学院在农场及稻作育种方面取得了较为显著的成绩。农科学院继续开垦经营第二农场：开垦荒山200亩，种植各种果树、苗圃、森林及豆类、竹笋、咖啡等作物；开垦水田十亩，试种植农艺系改良的小姑山、银粘两个新稻种。因该农场远在石牌，交通非常不方便，于是学院向学校申请拨款修筑了公路。

1931年，国立中山大学农林科学院更名为国立中山大学农学院。

（一）科研成果

1. 稻作试验场三足鼎立

当时广东粮食不足，每年需要进口大量洋米。如何通过开展稻作试验研究，提高水稻产量，解决粮食不足的问题，引起了丁颖教授的高度重视。在他的积极建议下，经国立中山大学批准，在迁校石牌前在省内先后建立了3个稻作试验场。

（1）南路稻作育种场。

1927年春，丁颖教授亲自在稻田多、产量低的茂名县公馆圩附近租田20亩，创建了南路稻作育种场。《国立中山大学农科南路稻作场成立宣言》明确提出：改良广东稻作从高州入手，因地制宜，先谋解决茂南地区稻种问题，次图解决南路稻作改良上的其他问题。1932年2月，又购得民田60亩，作为固定的场地。该场经过多年试验研究，先后拟定了改良广东稻作计划书、救荒办法意见书；育成了"夏至白18号""矮仔仆2号""晚白粘3号"等优良品种，这些良种的产量一般比原种增产两成左右，受到当地农民的欢迎。

（2）沙田稻作试验场。

1931年4月，在东莞县虎门沙角成立沙田稻作试验场，进行咸水沙田稻作耕作法、土壤、肥料及育种等试验，通过对品种耐淹性、抗咸性的观察，选出了一批优良品种。

（3）石牌稻作试验总场。

为了加速稻作科研工作的开展和适应教学工作的需要，1930年春，国立中山大学在石牌南边岗收买民田86亩（后扩充为120亩），设立了稻作试验总场（图2-12），计划将其建为广东稻作研究中心，并按照广东省自然生态区域，分区建立水稻育种、栽培研究基地，就地调查、检定、采集栽培较广、产量较高的原产品种，加以选育推广。在丁颖教授的亲自主持下，总场次第开展了育种、栽培、病虫防治、生态环境、稻种起源、稻种分类等方面的试验研究。经过几年的艰苦工作，先后选育出"黑督""白谷糯""东莞白""银粘""竹粘""丝苗""齐眉""香糯""香粘"等水稻优良品种，其中有些品种在两广地区得到推广，数十年来一直深受农民的赞许。

图2-12　石牌稻作试验总场

图片来源：《华南农业大学百年校庆丛书》编委会编：《华南农业大学百年图史》，广东人民出版社2009年版，第60页。

2. 农林植物研究所发展迅速

1928年秋，农林科学院采纳陈焕镛教授的建议，筹建植物研究室，由陈焕镛负责主持。建室的宗旨是：对广东植物进行全面的调查研究，编撰《广东植物志》，作为改良及发展广东农林事业的根据。该室于1929年12月扩建为植物研究所，1930年4月正式定名为农林植物研究所。

该所是在经费紧缺、人力及图书、仪器匮乏的条件下筹建的，当时除员工工资外，每月经费仅有数百元毫洋。为了改变规模小、设备简陋的状况，陈焕镛除尽力争取中华教育文化基金董事会拨款补助外，还将其本人在校所得全年薪金五千余元毫洋悉数捐给该所作为设备费。经过全所人员的艰苦努力，组织机构日臻完善，建立了标本室、图书室、采集队、植物标本园和实验室，科研队伍逐渐壮大，研究工作蒸蒸日上。图2-13为农林植物研究所展览室。

/第二章/ 奠基初创（1924—1932）

图2-13 农林植物研究所展览室

图片来源：《华南农业大学百年校庆丛书》编委会编：《华南农业大学百年图史》，广东人民出版社2009年版，第67页。

1930年，农林植物研究所为开展对外学术交流，创办了植物学专刊。该刊定名为Sunyatsenia，以纪念和缅怀孙中山先生，是我国最早发行的英文版植物学杂志，其学术水平堪与国际上权威植物学杂志媲美。随着植物分类研究工作的开展，标本室逐渐满足不了科研需求，加上当时农民烧山垦荒日甚，不少野生植物被焚毁。为使稀有珍贵植物免遭绝种之灾，1931年秋，农林植物研究所克服了重重困难，在东山石马岗农学院院区内建立了植物标本园，栽植植物标本1.5万多号。

3. 土壤调查所成绩卓著

1930年10月，广东建设厅农林局、农矿部广州农产物检查所及国立中山大学农科学院为了解决因广东土壤状况不明，改进广东农业的规划受阻等问题，采纳了邓植仪教授的建议，联合建立了广东土壤调查所，专司广东土壤情况的系统调查研究之责。该所隶属于建设厅农林局，经费由建设厅与农产物检查所共同拨付，所址则设在国立中山大学农科学院。邓植仪教授受聘为首任所长，高、中级科技人员主要由农科学院教师兼任。1932年9月，广东省政府将该所改隶国立中山大学农学院。土壤调查所是我国最早建立的、成绩卓著的土壤研究机构之一。

广东全省农业概况调查工作始于广东公立农业专门学校时期，1925年仅完成了对惠阳、潮安等43个县的调查，编撰出版了《广东农业概况调查报告书》。至1932年才调查完毕全省农业概况，先后编印了《广东农业概况调查报告书续编》（上、下卷）。至1938年，该所不仅基本摸清了广东土壤概况，取得了不少土壤科研成果，而且培养了一批著名的土壤学专家。农学院坚持十余年的这项调查工作，其调查成果既是发展广东农业的重要基础，也是研究广东农业问题的可贵参考资料。

此外，农学院还编撰出版了一批专项调查报告书，如《广东柑橘类调查》《广东虫害初步调查报告》《滑水山森林调查报告书》《水稻灌溉水调查报告》等。

4. 西沙群岛调查彪炳史册

西沙群岛历来就是中国的领土，资源丰富，在国防上占有重要地位。1928年，国民党政治会议广州分会决定组织一次对西沙群岛的调查，并成立委员会主持调查工作，任命国立中山大学农林科学院院长沈鹏飞教授为委员会主席。沈鹏飞在其主编的《调查西沙群岛报告书》中指出，这次调查的目的、意义，一是为了巩固我国领土主权；二是通过调查，将该岛地理、气候、物产资源、交通等情况，逐一披露于国人，以引起国人对该岛的重视，促进开发、利用其资源的研究或经营（图2-14）。参加调查的成员共15人，除民政厅、实业厅、建设厅以及军队、两广地质调查所人员外，国立中山大学派丁颖教授、陈焕镛教授、林纯煦助理员等四人参加（图2-15）。

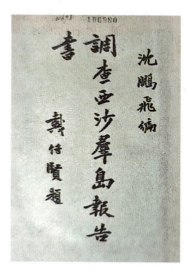

图2-14 沈鹏飞主编的《调查西沙群岛报告书》

图片来源：《华南农业大学百年校庆丛书》编委会编：《华南农业大学百年图史》，广东人民出版社2009年版，第68页。

/ 第二章 / 奠基初创（1924—1932）

图2-15　1928年6月，西沙群岛资源科学调查队全体成员合影，二排左五为丁颖

图片来源：《华南农业大学百年校庆丛书》编委会编：《华南农业大学百年图史》，广东人民出版社2009年版，第68页。

在极其艰苦的条件下，丁颖教授等对全岛情况进行了调查（图2-16），并着重详细考察研究了日本人在林岛所留残余遗迹，撰写了《日人经营林岛之过去情形》，揭露了日、英、法等国侵犯我国领土主权，掠夺林岛磷矿资源的行径。国立中山大学农林科学院还对开发西沙群岛提出了重要建议。同年，国民党政治会议广州分会决定将西沙群岛磷矿交给国立中山大学管理和开采，采矿收入供发展农林教育之用。当时国立中山大学农林科学院曾悉心规划开采该矿，但终因一校财力、物力、人力所限而没有实现。1929年，国立中山大学将该岛磷矿管理权移交回广东省政府。

图2-16　丁颖教授（左）在西沙群岛考察，上方为国立中山大学校旗

图片来源：《华南农业大学百年校庆丛书》编委会编：《华南农业大学百年图史》，广东人民出版社2009年版，第68页。

（二）林场建设

农林科学院除在校内农场设有森林股经营管理苗圃、造林外，在迁校石牌之前，还创建了广州白云山第一模范林场和乐昌武水演习林场等。

1. 第一模范林场实至名归

1927年，经时任国立中山大学农林科学院院长兼林学系主任沈鹏飞建议，广东省政府将白云山部分山岭划归农林科学院经营管理，1928年将其定名为国立中山大学农林科附设第一模范林场。林场面积初为1.5万余亩，首任林场主任是德国林业专家G·芬次尔教授，顾问是德国林业专家H·阿善罗教授。第一模范林场教职工合影见图2-17。办场宗旨：一是应用科学经营方法，营造有规则的用材林、保安林（即水源林）、风景林，以改变原来白云山荒山秃岭、水土严重流失的状况，使之绿化，涵养水源，美化和保护生态环境，以做示范；二是执行"生产教育"的主张，增加学校经济收益和为师生提供试验研究及演习基地。

图2-17　第一模范林场教职工合影

图片来源：《华南农业大学百年校庆丛书》编委会编：《华南农业大学百年图史》，广东人民出版社2009年版，第63页。

（1）垦荒造林。

第一模范林场开办前，白云山90%的面积为荒山秃岭。农林科学院先后邀请G·芬次尔、侯过、H·阿善罗等教授和一些技术人员进行规划，1929年春开始垦荒造林，至抗日战争前夕林场已具规模。场地面积扩展为2.18万亩，并在白云山黄婆洞修建一座二层楼房——松涛别院，作为林场办事处；建有总长50多千米的大小林道，将林场划分为27个林区，设苗圃六处,林木标本园一处,林木试验区八处。为把白云山建成可供人们游览的森林公园,农林科学院修建了一些亭台楼阁和小桥水榭,如松风亭、水月阁、白云楼(今明珠楼)、怡云阁、沧浪亭、听泉亭、观瀑亭等,使这里逐渐成为白云山的游览中心区。经过多年艰苦造林,第一模范林场终于取得了明显成绩。至1937年春,白云山已有各种林木284万多株,昔日荒山秃岭已披上了绿色盛装,四季苍翠。

(2)试验研究。

林场开办初期,即按G·芬次尔教授的设计,设立林木试验区,进行了马尾松、杉木造林试验,马尾松与橡木或苦楝混交林试验,桉树引种试验和造林选种、造林方法等比较试验。根据试验结果,编印了一些专题研究报告,为制订造林计划、措施提供了科学依据。林木标本园栽植有林木标本210余种,以适应科研和实习的需要。

(3)教学实习。

林场演习是林学系三年级学生第一学年的必修课,四学分。学生利用每周一天和暑假一个月到林场演习,掌握采种、选种、育苗、造林、抚育及林木保护等基本技能和拟订造林计划,林场派员协助教师进行技术指导(图2-18为学生实习使用的新式农具)。

图2-18 学生实习使用的新式农具

图片来源:《华南农业大学百年校庆丛书》编委会编:《华南农业大学百年图史》,广东人民出版社2009年版,第59页。

2. 潮州苗圃稳步发展

潮州苗圃设在潮安城南关外，面积200余亩，原隶属东江行政公署，1927年夏拨归国立中山大学农林科学院管理。该苗圃的作用：一是为地方培育有价值的优良苗木，供造林需要；二是科学造林，为地方林业示范。该苗圃编辑出版了《新苗月刊》《潮州乡土造林主要树木》和免费赠阅的《林业浅说》等期刊，都受到群众的好评。

为了扩展业务，学院于1929年在揭阳建立了揭阳分圃及紫陌林场，1932年又设立潮安虎脚林场。

（三）农事咨询与科普教育

1. 农技推广机构的便农服务

为普及农业科学知识，推广部特设立农民咨询处，由教授解答农民提出的生产疑难问题，还将历年来较为重要又带普遍性的咨询问题，编辑为《农林顾问汇刊》并出版，以供从事农林业者参考，很好地发挥了农林界函授顾问的作用。图2-19为推广部设立的展览室。

图2-19 推广部设立的展览室

图片来源：《华南农业大学百年校庆丛书》编委会编：《华南农业大学百年图史》，广东人民出版社2009年版，第67页。

农林科学院还设有广东农产品陈列所，向群众公开展出优特产品，引导国人重视农业，重视农业科学技术；设有蚕业巡回讲习所，传授蚕业科学技术知识；举办农民夜校，讲授农业科学技术知识，以提高农民的文化、科技素质。

2. 《农声》月刊传播知识

国立广东大学成立后，《农声》（图2-20）从第81期起，由学校拨款补助，增加了篇幅，充实了内容，后改归推广部刊行，并设《农声》编辑处。1928年秋，《农声》改为月刊，明确"以传输农林学识，发展农林业"为宗旨，聘请农林科学院知名教授为编辑和撰稿人，期刊质量得到进一步提高，曾出版"农林化学""昆虫"等专号。

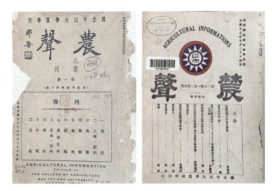

图2-20 《农声》期刊

图片来源：由华南农业大学图书馆提供。

第四节 学生运动

大革命时期（1924年1月—1927年7月，亦称"第一次国内革命战争时期"），是中国革命史上的重要时期，也是中国现代史上具有里程碑意义的时期。中国革命力量在中国共产党的领导下，通过武装斗争和群众运动，推翻了北洋军阀的反动统治，实现了第一次国共合作，推动了国民革命的高涨。

在这一时期前后，国立中山大学农林科学院的学生运动虽与全国学生运动有共同目标并紧密相连，但由于农科的发展历史、学科性质的影响，形成了自身鲜明的特点：学生运动与农民运动相结合，与开创广东现代高等农业教育相结合，在多年的斗争实践中弘扬了革命精神，逐渐形成了反帝反封建的革命传统。

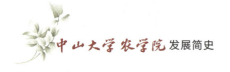

一、与农民运动相结合

在大革命时期,由于广东是革命策源地,农民运动蓬勃发展,国立中山大学农林科学院学生从关心到参与农民运动,勇立潮头,走在全国农科学生前列。

国立中山大学农林科学院学生认为,组织、发动、开展农民运动是国民革命进程中的一项重要工作。农民运动的开展,首先要搞好宣传工作,既要向农民宣传,以唤起他们参加革命斗争的积极性;又要向全国农科学生宣传,号召大家积极支持、参与农民运动。为此,他们借助学生会刊行的《农声》,积极宣传农民运动的重要意义与时事动态,号召学生运动必须与农民运动相结合。1925—1926年,《农声》发表有关农民运动的文章和报道共20余篇。其中,木乔的文章《国民革命与农科学生的革命运动》明确提出,农林科学院学生的革命工作,第一步是农民革命运动,号召农林科学院学生宣传、发动农民,组织农民协会、农村青年团、农业协作社、农民自卫军等;第二步是农村改造,要求农林科学院学生必须掌握并应用丰富的农业科学知识和技能,改良农村经济组织,发展农村生产,普及农业教育。

1926年5月1日,广东全省第二次农民代表大会(以下简称"省农代会")在广州举行,旨在加强工农联盟,扩大巩固农民协会组织,促使政府早日出师北伐,统一中国。农林科学院师生高度关注、积极支持这次大会,并有学生会代表列席大会。学生会主席、共产党员黄承先作为省农代会筹备处工作人员,积极沟通农林科学院学生会与省农代会之间的联系和合作。《农声》专门出版了"参加广东全省第二次农民代表大会"特刊号,黄承先撰写了《参加广东全省农民代表大会的意义》一文,强调农林科学院学生必须与省农代会团结一致、共策进行。

当时,农林科学院学生会向大会提出了五项具体提案:①提议国立广东大学农林科学院学生会选派正式代表出席广东全省农民代表大会案;②提议广东省农民协会执行委员会应与国立广东大学农科员生合组全省农业改进会案;③提议各县农民协会宜速筹办农村合作社案;④提议各乡区农民协会宜速办农民补习教育及简易农业学校案;⑤提议组织农村巡回演讲团案。大会对这些提案非常重视,评价很高,并一致通过。彭湃代表热忱希望国立广东大学农林科学院的革命师生,不仅要为农民消灭农作物的小害虫,还要和农民一起消灭"大害虫";鼓励师生到农民群众中去,积极参加反帝反封建的革命斗争。

农林科学院学生会还注意引导和组织学生到农民运动实践中去锻炼,发动同学利用寒暑假回乡开展宣传农民、组织农民协会和传播农业科学技术知识等革命活动。

农林科学院学生运动与农民运动紧密结合这一特点的形成,除受共产党的熏陶影响外,还与当年许多农林科学院学生来自农村,学农、爱农、务农及与农民有较深厚的感情直接相关。

二、推动农科发展

为维护广东农专的权益和基础的办学条件,在推动农专扩建为国立广东大学农科学院和加速国立中山大学农学院发展的过程中,农科学院学生发挥了积极作用,做出了重要贡献。

1923年,农专学生会开展反对当局拍卖实习农场、迫迁学校的斗争。当时,广东省要将农专实习农场公开拍卖,以偿还所欠广东银行的债务,命令农专限日交出校舍。当局这一破坏农业科教事业的行径,激起了农专师生员工极大的义愤,学生会公开向社会发表宣言,向政府请愿质问,要求保留实习场地,以维教育;向承商提出警告并登报声明,实习农场场地纯属农专校产,不容拍卖。在开投之日,全校学生奔往总商会阻止开投。经过半个多月的不懈斗争,终于保住了原实习农场的50亩场地,使学校得以继续办学。

为谋求农林科学院加速发展,1925—1928年,学生会又先后协助学校力向政府请拨石牌荒地万亩,开辟为第二农场(即后来中山大学石牌时期的校址);请拨白云山两万余亩荒山,创建第一模范林场。

三、参加爱国运动

农林科学院学生不仅重视农民运动和关心农业教育的发展,而且具有强烈的爱国精神和革命的献身精神。他们关心国家的安危,积极参与国家政治生活,敢于提出自己的政治见解。

1923年6月,农专学生会曾为日兵惨杀我国留日学生和长沙学生,致函广州学生联合会,提议组织抵制日货运动;致电长沙学生联合会,表示慰问和声援;通电全国,要求一致抗日,禁止买卖日货与实行武力对待凶手;举行抗日宣传活动,组织学生冒雨游行、演讲并散发抗日传单。

1924年,为响应孙中山召开国民会议的号召,国立广东大学农林科学院学生会向全国各报馆发电,力促早日召开国民会议,并提出了几点颇有见地的主张:第一,会议地点须脱离军阀肘腋下之范围;第二,会议时间以1925年1月为最适当;第三,会议事项须先由各团体提出大纲,公之于众,以避免包办舞弊之积习;第四,出席资格以正式之各团体代表充之,尤宜尊重工农代表,凡握有军政大权者尽弃之;第五,在会议期内,须停止一切军事行动。

1925年3月12日,孙中山先生逝世,农林科学院学生参加了广州市举行的追悼大会,敬送一挽联:"惟我公操节冠群,毕竟终身殉革命;望吾辈赤诚为国,莫教强寇入中华!"他们还印发了悼念传单,歌颂孙中山坚韧不拔的革命精神,表达对革命先行者的深切悼念,以及以孙中山为立身模范、矢志抵御强寇、振兴中华的决心。

1926年9月14日,为抗议英帝国主义的炮舰在我国领海、内河横冲直闯,干涉我国内政,《农声》第77期发表了黄承先的评论《打倒英国的炮舰政策》,揭露了英帝国公开援助军阀吴佩孚,阻碍革命势力发展的罪恶行径;号召农工群众联合起来,团结一致援助北伐,打倒英国的炮舰政策。

大革命失败后,国立中山大学农科优秀共产党员和进步学生同国民党反动派进行了英勇不屈的斗争。他们经受了考验和锻炼,有些学生被开除学籍,有的则为革命献出了宝贵的生命,用鲜血弘扬了农科学生的光荣革命传统,为国立中山大学农科史谱写了光辉的一页。

- 第三章 -

蓬勃发展
（1932—1936）

第一节　迁校石牌

20世纪30年代初，国立中山大学校园是由原来的国立广东高等师范学校、广东法科大学、广东公立农业专门学校和广东公立医科大学（以下简称"医大"）的校园组成。四个校园分散在广州市不同街区：高师在文明路贡院，法大在天官里后街，农专在东山，医大在南堤。校舍均已破旧且地处闹市，并不适宜师生修习学问。建校之初，邹鲁校长即建议孙中山先生指定石牌为建筑新校的校址。他认为，该地属于城市郊区，远隔闹市，不但风景清幽，而且地盘广阔，如果加以合理的设计，一定能创造非常好的求学环境。

1932年2月，邹鲁重任国立中山大学校长，决心建造新校区。因建校所需经费十分庞大，且主要依靠政府拨款，限于战事、经济不振等多方面的因素，所以政府无法一次拨齐所有的建校款项。学校经过运筹，制订出建设新校的"六年计划"，即新校工程（部分工程如图3-1所示）分三期进行，每期两年，总共六年。

图3-1　建设中的图书馆总馆

图片来源：《华南农业大学百年校庆丛书》编委会编：《华南农业大学百年图史》，广东人民出版社2009年版，第53页。

/第三章/ 蓬勃发展（1932—1936）

第一期工程于1934年9月完成。该年秋天，农、工、法三学院迁入新校开学；11月11日，举行了新校落成（图3-2）及文、理两学院奠基典礼。

图3-2 石牌校区全景

图片来源：《华南农业大学百年校庆丛书》编委会编：《华南农业大学百年图史》，广东人民出版社2009年版，第55页。

第二期工程于1935年秋季如期完成，文、理两学院及校本部迁入新校。原在广州市法政路的附属初级中学则迁入大学旧校址，与高中部分用校舍。至此，学校已初具规模，时人有"中山大学校，半座广州城"之赞。

第三期工程因政府拨款不能如期到位，第二期工程又积欠了大量建筑费用，一度被迫延期。1936年，邹鲁组织拟定《国立中山大学建设经费案》，申请在原有经费的基础上再追加经费，并连同孙科、居正、叶楚伧、许崇智、林云陔、李文范、刘纪文等八位委员共同署名，向中华民国国民党五届一中全会提交议案。此议案获准通过，得政府拨款100万元。经费的补发及追加，基本解决了第三期工程的经费需求，使工程得以继续。正当建校工程顺利开展时，"七七事变"爆发，神州大地烽烟四起，次年广州陷落，国立中山大学不但被迫中止第三期建校工程，而且被迫在烽火中迁校，辗转于罗定、澄江、坪石、东江等地。

邹鲁校长到任不久，即开始大力推进农学院发展，并于1932年10月接管广东土壤调查所。1933年5月，学校公布了新的组织大纲，将评议会改为校务会议，分设文、法、理、农、工、医六个学院，以及附属高中、初中

- 049 -

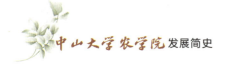

和小学,分别设置教务、事务两处及其所属各部馆。

农学院原址在东山石马岗,在石牌校区建设中,第一期最先进行建设,其预算建筑费113万元,设备费50万元(以广东毫券计算)(表3-1)。

表3-1 农学院耗资千万元以上的工程项目单

建筑名称	承建人	工程费(单位:元)
农学馆	珠江公司	216526000
化学馆、农产制造室、温室3座	锡源公司	199431730
农场主任办事室、总务股、农艺股3座	源记成公司	32290780
蚕学部调桑室、简易蚕室、男女宿舍、厨房、工人厕所共6间	宏益公司	85324690
蚕学馆冷藏库1座	源记成公司	32986680
石牌稻作试验场	大来公司	20800000
森林股工厂、产品室、农器室共3座	源记成公司	21052540
茶研究部工场1座	张泗记	24000000

资料来源:吴定宇主编:《中山大学校史(1924—2004)》,中山大学出版社2006年版,第78页。

第一期(1933年3月—1934年9月)建成建筑:农学馆及农科研究所(图3-3),农学院简易蚕室、调桑室及附属房舍数座,稻作场、办公室及附属房舍数座,男女宿舍,植物标本园。

第二期(1934年10月—1935年10月)建成建筑:农林化学馆一座(图3-4a),园艺温室一座(图3-4b),农场总务股办事处、森林股办事处、农艺股办公室、蚕学馆各一座(蚕学馆立体构造图见图3-5),农场贮藏室及农场主任办事室各一座(图3-6为农场主任办事室兼宿舍),乳牛房一座。

第三期计划建筑因战事未能建成。

图3-3　农学馆及农科研究所

图片来源：《华南农业大学百年校庆丛书》编委会编：《华南农业大学百年图史》，广东人民出版社2009年版，第50页。

a. 农林化学馆　　　　　　　　b. 园艺温室

图3-4　农林化学馆、园艺温室

图片来源：《华南农业大学百年校庆丛书》编委会编：《华南农业大学百年图史》，广东人民出版社2009年版，第51页。

图3-5　农学院蚕学馆立体构造图

图片来源：《华南农业大学百年校庆丛书》编委会编：《华南农业大学百年图史》，广东人民出版社2009年版，第51页。

图3-6　农场主任办事室兼宿舍

图片来源：《华南农业大学百年校庆丛书》编委会编：《华南农业大学百年图史》，广东人民出版社2009年版，第52页。

第二节　学院管理

一、机构壮大

1935年6月1日，教育部核准国立中山大学成立研究院（图3-7），内分文科、教育、农科三个研究所，每所暂设二部。当时全国仅有国立中山大学、北京大学、清华大学三所大学设有研究院，每所大学的研究院数目都是三个。国立中山大学校内原有的文史、教育、农林植物三个研究所以及广东土壤调查所依类归附，研究院的院长由校长兼任。研究院于同年8月在粤、沪、平招收研究生。农科研究所设农林植物学部和土壤学部。同年秋，农学院增设蚕学系。

/ 第三章 / 蓬勃发展（1932—1936）

图3-7 国立中山大学研究院大楼

图片来源：《华南农业大学百年校庆丛书》编委会编：《华南农业大学百年图史》，广东人民出版社2009年版，第53页。

到1936年，农学院已扩建设立了农学系、农林化学系、林学系、蚕桑系、农场、气象观测所、农业推广部，创办了学校三大研究所之一的农科研究所。另外，农学院还设有较多附属单位，包括农场、模范林场、稻作试验场、农林植物研究所、土壤调查所、气象观测所、蚕种改良所等。

农学系主要分农艺、园艺、畜牧、病虫害和农政五门；下设石牌、南路、沙田、东江、韩江五个稻作试验场。林学系于农林科学院时期分设森林生产、森林经营、林政三门，其后不分门；下设第一林场、第二林场和潮州苗圃。农林化学系初不分门，后分土壤肥料和农产制造两门，另设农业专修科。

到1937年，农学院已有教授19人、副教授1人、讲师12人、技术助理职员26人、事务助理职员7人。农学院与当时医学、工学、理学、法学、文学五个学院相比，发展速度较快。

二、学则规范

据1933年公布的《农学院学则》，学院实行年级及学分混合制。各门课分为必修课及选修课，其中选修课又分主课、副课及自由选习课。本科一、二年级及专修科二年级除修习规定之必修科目外，须修选习科目。选

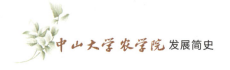

习科目的规定是：主课门内选修课目学分数最少须占选修总学分的1/2，副课门内选修学分数最少须占规定选修学分总数的1/3，其余分数可自由选习。学生须修满32学分、70学分、112学分，方能相应依次升入二年级、三年级和四年级。本科学生须在8学期内，除修足规定学分外，还须完成平时及假期之农场实习与工作、研究论文、农场或林场的经营报告，成绩及格才能够毕业。专修科学生不得直接升入本科，须在校四学期，修满期内规定的学分，并修足暑期课程规定的学分，才能够毕业。

课目成绩分平时成绩及期考成绩，平时成绩至少占该课目学期成绩的50%。学习一年才能完成的课目，以两学期的平均成绩作为该科成绩。补考成绩只能代替期考成绩，仍须与平时成绩合算才能作为该科目的学期成绩。每学期补考一次，在每学期开课后两个星期内进行。学生所习课目在一学年内有三门必修课不及格的，则该学年所得学分作废，学生留级补习；有五门必修课不及格者着令退学。凡留级补习到第二年仍不能升级者，着令退学。

三、研究院招生

国立中山大学研究院奉教育部命令，于1935年开始招收研究生，研究院招考人数较少，其招考非常严格。招生名额每部两名、每系四名。1935年9月1—3日，在本校和上海交通大学以及北京大学三处招考。农科研究所共录取三人，其中农林植物学部两名、土壤学部一名。

第三节　农林场经营

这一时期，农学院在农场经营、林场经营、稻作研究、农林植物研究及土壤研究等方面，富有成果。

/第三章/ 蓬勃发展（1932—1936）

一、农场扩建与经营

国立中山大学对农学院扩建农林场工作曾提出三点要求：一是对农林事业负有研究、改良、示范之责；二是要贯彻"生产教育"的主张，以期实现生产自给的计划；三是要把石牌第二农场建成全国模范农场，即不仅要成为最佳农事试验场及经济农场，还要成为风景秀丽的公园。沈鹏飞院长和邓植仪、张农两位教授都兼任过场长，直接参与了农林场的扩建规划和建设。

农学院的农场原分第一农场（图3-8）及第二农场，第一农场设在东山石马岗原农学院旧址。国立中山大学迁进石牌新校区后，该场已停办。农学院遂专心致力于第二农场（以下统称"农场"）的建设。

图3-8　第一农场

图片来源：《华南农业大学百年校庆丛书》编委会编：《华南农业大学百年图史》，广东人民出版社2009年版，第56页。

（一）经营面积广袤

国立中山大学农场创办于1925年，起初面积为2700余亩，至1937年扩充达12100亩。农场位于广州之东、偏北，南邻石牌乡，北连长湴村，东出东圃，西抵燕塘，面积宽广。场内大小岗峦星棋罗列，土质多属砾质土壤，有机质尤其缺乏。

根据国立中山大学新校区建设的需要，1929年邓植仪场长协同学校相关部门，划定十字岗、马鞍岗、南边岗、天牛岗、玉堂岗等处共1800余亩，作为学校新校舍建筑区；其余场地则根据地势、土质和涵养水源、培植地力等因素，划分各股经营。为使地尽其力，以土岗种果树、山坡栽竹及其他作物，砾岗种松，山谷间则栽植蕉与蔗，平地则种水稻及蔬菜。

迁校石牌之后，农学院开辟了东江稻作试验场和韩江稻作试验场。

（1）东江稻作试验场。

1935年春，在惠阳县梁化圩附近，成立了东江稻作试验场，进行水稻选种、栽培和品种比较试验，以及野生稻出穗特性的观察研究。

（2）韩江稻作试验场。

1935年秋，在梅县第四区大沙河唇，成立第四个分场韩江稻作试验场。该试验场曾搜集过一些学老禾、割头禾、塘埔矮、晗哈等品种，进行品种的比较试验。

（二）管理机构健全

根据系科和业务性质，农场下设总务、农艺、园艺、蚕桑、畜牧、森林六股（原称"部"）（表3-2），除总务股外，各股又分设研究区和经营区。农场设场主任一人，各股设主任技师一人，技师、技佐、技术员各若干人。按《国立中山大学农学院农场组织章程》规定，场主任和主任技师都从教授中聘任。林家齐、温文光、杨邦杰、刘荣基、侯过等教授都担任过主任技师，他们多为系、门负责人，这样既有利于加强农场技术力量，又有利于场系间紧密结合，促进农场的发展。

表3-2 各股经营情况

序号	股别	经营项目
1	总务股	文书统计、营业购置、交通治安、肥料运输与工人管理
2	农艺股	以稻、蔗、茶为主，茶园共200亩，植蔗65亩，稻田106亩
3	园艺股	以经营果树、园艺为主
4	蚕桑股	以栽桑为主
5	畜牧股	种植牧草及饲料作物；繁殖乳牛，发展乳业，改良猪种、鸡种
6	森林股	造林、补植，经营香蕉、荀竹等附属作物

/ 第三章 / 蓬勃发展（1932—1936）

为加强对农场的经营管理，国立中山大学于1936年修订公布了《农学院农场组织章程》《农学院农场办事细则》《农学院农场生产物品保护规则》《农学院农场工人服务规则》等一系列规章制度，明确规定农场应遵守以下规定：学术研究、农林蚕桑畜牧等的生产经营和学生实习；各股生产收入可提拨百分之若干，作为各股研究扩充费用；各股要协助本院教授试验研究，以及指导学生在场实习；凡偷窃或暗藏农场产品的，给予重罚。

（三）基本设施完备

新场地原属岗陵起伏的丘陵地，土地荒废已久，人迹亦甚罕至。自1925年被收用后，经过十余年艰苦的拓荒垦殖，农场面貌焕然一新。

1. 修筑道路

至抗日战争前夕，场内道路的修筑已次第完成，纵横交错，支干道均已具备，全场可通汽车的道路约有55千米。道路均以我国各省及河流、湖泊名字命名，如浙江路、四川路、琉球东路、黄河东路、洞庭环湖路等。在道路两旁栽植行道树（如大叶桉、相思树等）九万余株。

2. 水利建设

农场离珠江较远，无法引用河水灌溉，因而就山谷形势，选择低洼处，修建了六个供灌溉用的蓄水池塘，分别命名为洞庭湖、鄱阳湖、洪泽湖、巢湖、昭阳湖、青海。场内各山谷的四周均筑有水沟。

3. 开辟肥源

开办伊始，农场便在东山建立垃圾厂，收用东山全区垃圾做堆肥；在沙河建立公厕，每年免费收用的肥料达六万担[①]。

4. 修建房舍

场内修建了农场主任办事室兼宿舍、股办事处、职工宿舍，并建有场警室、车房、农具室、农产品贮藏室、温室、乳牛房、耕牛房、猪舍、禽舍等，有些建筑物一直保留至今。1935年，学校为了表彰张农教授为农场

---

① 1担=0.05吨。

建设所做的贡献，特意为其建设一座宿舍（图3-9）。

图3-9　农场主任办事室兼宿舍

图片来源：《华南农业大学百年校庆丛书》编委会编：《华南农业大学百年图史》，广东人民出版社2009年版，第57页。

5. 垦殖荒地

1935年，全场荒地已尽数开辟种植，农学院特将当年的5月1日作为农场垦殖完成日，兴建启新亭（图3-10）以资纪念。场内除大面积造林外，以种植水稻、茶、蔗、荔枝、菠萝、桑树、笋竹等为大宗；畜牧方面，以饲养荷兰乳牛、猪、力行鸡等为主。从1935年开始即有少量产品收成，以后逐年增加，产品质量优良，如"中大菠萝""中大香蕉""中大竹笋"等，当年在广州市场上被誉为优质名牌产品。

图3-10　启新亭

图片来源：《华南农业大学百年校庆丛书》编委会编：《华南农业大学百年图史》，广东人民出版社2009年版，第61页。

（四）研究成果丰硕

迁校石牌之后，农学院开辟了东江稻作试验场和韩江稻作试验场，分别进行水稻选种、栽培和品种比较试验，野生稻出穗特性的观察研究，以及搜集学老禾、割头禾、塘埔矮、晗哈等品种进行比较试验。在丁颖教授的亲自领导下，经过十年的艰苦努力，农学院稻作试验得到迅速发展，取得了丰硕成果，稻作试验场成为广东稻作研究中心，为发展广东水稻生产做出了重大贡献，在我国稻作界享有很高的声誉。

（五）科教实践互促

1. 承接学生实习

农场工作是农学院一年级学生必修课程之一，开设此课程的目的在于给学生以农事基础训练，如进行开垦、整地、栽培、收获、贮藏、育种、繁殖等实地练习（图3-11为农学院学生在农场使用机械进行开垦、整地工作），并培养学生的劳动精神。农场工作安排在每周星期六全天进行，共四个学分。学生因事请假而缺课的，须于寒暑假期间补足课时。

图3-11 农学院学生在农场使用机械进行开垦、整地工作

图片来源：《华南农业大学百年校庆丛书》编委会编：《华南农业大学百年图史》，广东人民出版社2009年版，第59页。

2. 引进优良品种

园艺股于1928年从美国购入华盛顿脐橙、油利卡柠檬等果苗，并引进夏威夷菠萝进行引种试验；农艺股在场内试种爪哇蔗；蚕桑股向浙江和日本征集桑品种百余种；畜牧股试养意大利蜂，购进荷兰乳牛，试种美国牧草，积极繁育乳牛和改良猪种、鸡种；森林股则在场内苗圃播种美国松、美国槭、缅甸合欢、台湾相思、红豆树、凤凰木等。

二、林场概况与经营

（一）场区建设

这一时期，农学院设有两处模范林场，一处演习林场。

1. 第一模范林场

第一模范林场于1927年春开办，由政府拨广州白云山一部分山岭为场地（图3-12），自1929年春开始造林，到1937年4月，计有各种林木284万余株。设林木标本园1处，计有林木标本210种。有自制种子标本142件，自制林木标本49件。

图3-12　在白云湖白云楼上所观的第一模范林场全景

图片来源：《华南农业大学百年校庆丛书》编委会编：《华南农业大学百年图史》，广东人民出版社2009年版，第62页。

第三章 / 蓬勃发展（1932—1936）

2. 第二模范林场

1933年6月，农学院筹建了惠州西湖第二模范林场。场地面积共9200余亩，是由广东省政府划拨的山地，但截至1937年政府始终没有拨给经费，一切开支均由第一模范林场经常费项下支付，实际上其相当于第一林场的分场，常简称为"惠州分场"。在极为困难的条件下，林场于1934年春开始造林，至抗日战争前夕，造林面积达1380余亩，苗圃20余亩，培育大小苗木4万余株。

3. 乐昌武水演习林场

该场离乐昌城西北35千米，面积1.2万余亩，创办于1935年。1936年，该场开始营造杉木林，并进行香菇繁殖试验；1937年夏，农学院准备在莫家寮购入160余亩杉木林和4000余亩细梨坑荒山，后因广州沦陷，国立中山大学西迁云南而停办。

（二）科技推广

1. 优良稻种的推广

1927—1935年，农学院育成和推广的优良稻种如"东莞白""中山一号""黑督""竹粘"等共有22种，其适应力及产量均较当地品种优；推广范围除两广和福建外，华北农民亦有来函索种的。农学院为了观察已育成稻种易地栽培的变化情况，于1933年制定了《育成稻种委托试验办法》，该办法规定：凡各农事机关、农业学校、农事团体及农家，同意委托试验办法的，均可要求发送稻种进行委托试验。试验取得良好效果的，双方可商定推广办法。

2. 优良蚕种的推广

农林科学院为了推广优良蚕种，于1926年及1928年先后在清远（后迁三水）及茂名两处，创设蚕种改良所和南路蚕业试验场（图3–13为南路蚕业试验场同人合照）。目的都是选择经过研究改良的优良蚕种，销售给蚕农饲育，并进行技术指导，以促进当地蚕业生产的改良与发展。由于经费不足，南路蚕业试验场于1935年停办，三水蚕种改良所的业务扩展也受到了影响。

3. 农业知识的推广

鉴于我国农业教育不发达，农民缺乏农业科学知识的现状，农学院特编辑出版了一套《农林浅说》，赠送给农民阅读。1933—1935年，共赠阅《农林浅说》七万余册，遍及20个省。

图3-13　南路蚕业试验场同人合照

图片来源：《华南农业大学百年校庆丛书》编委会编：《华南农业大学百年图史》，广东人民出版社2009年版，第64页。

第四节　科研工作

农学院一向认为科研成果是"教材之渊源,推广之资料",为推动全院科研工作的开展,设立了由教授和技师共同组成的农林研究委员会,由院长兼任委员会主席。

农学院在昆虫、蚕桑、肥料、森林、茶、果树、畜牧、农产品加工等方面,做了不少调查研究,取得了较好的成绩。其成果有《广东农业调查报告》《番禺、东莞、中山、增城糖业调查报告》《广东蚕业调查报告》《广东化学肥料营业施用调查报告》《广东虫害初步调查报告》《广东柑桔类调查报告》《模范林场之马尾松造林、油桐造林、樟树造林、桉树造林之研究》《广东广宁森林调查报告》《气候观测所报告》《西沙群岛调查报告》,并续出《农声》月刊。在邓植仪、丁颖、张巨伯等教授的带动和指导下,农学院培养了不少专家学者,如著名的昆虫学专家蒲蛰龙、赵善欢,土壤学专家谢申、陆发熹,水稻专家梁光商,植物分类学专家蒋英,园艺专家黄昌贤等。

一、各学科的研究调查工作

（一）茶作、蔗作研究

农学院鉴于茶作、蔗作在南中国农业生产中的重要地位,在教学、科研、生产上都给予相当重视,如开设茶蔗改良法课程,在农场辟有茶园（图3-14）、蔗园（图3-15）,设有茶蔗研究部、制茶工场和制糖工场,以期通过教学与科研、理论与实践的结合,开展茶、蔗改良的研究。在茶作科研方面,进行了茶树分类、红茶试制等试验研究,试制成红茶、玫瑰红茶、菠萝红茶等,其中,质量优良的"石牌红茶"颇受人们称赞,农学院相继繁殖了可供推广的茶树品种百余种。在蔗作研究方面，农学院进行了广东蔗种的株选改良、外来优良品种的繁殖、甘蔗品种比较试验、甘蔗利用高地栽培试验等。

图3-14 农场农艺股之茶园

图片来源：《华南农业大学百年校庆丛书》编委会编：《华南农业大学百年图史》，广东人民出版社2009年版，第58页。

图3-15 农场农艺股之蔗园

图片来源：《华南农业大学百年校庆丛书》编委会编：《华南农业大学百年图史》，广东人民出版社2009年版，第59页。

（二）果树研究

农学院针对广东果树生产日趋衰落、许多优良果树品种逐渐变劣的状况，除进行广东果树栽培状况调查外，着重进行柑橘、荔枝、菠萝、香蕉等四大果树的栽培法和优良品种改良的试验研究。通过菠萝选种研究和品种比较试验，选出了檀香山种和台湾种为推广良种（图3-16）。出版的学术论著有温文光教授的《果树园艺学》《柑橘类果树栽培改良法》等。此外，农学院还刊印了一批科普读物（图3-17）。

图3-16　农场农艺股之黄皮、酸桃、菠萝混种果园

图片来源：《华南农业大学百年校庆丛书》编委会编：《华南农业大学百年图史》，广东人民出版社2009年版，第58页。

图3-17　科普读物

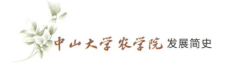

图片来源：由华南农业大学图书馆提供。

（三）昆虫研究

昆虫组的研究课题着重于稻作害虫方面，如螟虫、剃枝虫的生活习性及防治方法的研究等。此外，研究组还进行松毛虫形态解剖及生活史研究、鱼藤浸出液研究等，并积极进行昆虫标本的采集与分类工作。

（四）肥料研究

农林化学系根据广东土壤普遍带酸性、有机质含量低和不合理施用化学肥料等情况，组织了广东省进口化学肥料以及农田使用情况的调查，并在此基础上对进口化学肥料的施用进行各种试验研究。1933年，农林化学系编撰出版了《广东化学肥料营业施用概况调查报告书》。与此同时，还对西沙群岛海鸟粪的利用进行了分析和研究。

（五）农产品加工研究

农林化学系重视开展改进食品、衣料加工方法的研究。针对食品加工方法不科学、不经济的缺陷，农林化学系通过试验提出了新的加工方法，如黄豆制品、腊肠、腊肉等新的制法。经研究，试制成功一种白胶纱绸，提高了与暹罗绸、安南绫、人造丝等的竞争力。

（六）蚕桑研究

为发展广东蚕桑生产、改良蚕种、提高蚕丝质量和出口竞争力，蚕桑系积极开展蚕种改良，育成良种20余种，以及进行蚕病防治试验研究（图3-18为蚕桑股种植的荆桑），着重进行蚕微粒子病的研究。此外，还开展了蚕细胞学、各品种桑发育及其性状的比较试验等。为了研究我国各地气候与蚕的生理关系，蚕桑系曾与浙江省立蚕业试验场、中央大学农学院等相互交换蚕种，进行易地饲育试验。

图3-18 农场蚕桑股之荆桑

图片来源：《华南农业大学百年校庆丛书》编委会编：《华南农业大学百年图史》，广东人民出版社2009年版，第58页。

（七）畜牧研究

畜牧门对牛、猪、鸡品种改良的研究有：本地猪与外国约克猪杂交的试验，至1937年已培育出第三代改良种；本地鸡与力行鸡杂交试验，抗日战争前已培育出第三代改良鸡种（图3-19）。在饲养方法研究方面，进行了猪的干饲与湿饲比较试验（图3-20）和本地家禽孵化法改良研究等。

图3-19 农场畜牧股之第三代改良种鸡

图片来源：《华南农业大学百年校庆丛书》编委会编：《华南农业大学百年图史》，广东人民出版社2009年版，第58页。

图3-20 农场畜牧股之广东稚猪饲养试验

图片来源：《华南农业大学百年校庆丛书》编委会编：《华南农业大学百年图史》，广东人民出版社2009年版，第58页。

（八）森林研究

林学系对森林开展的研究主要有：一是林业情况调查研究，先后进行了广东林业调查、广东木竹材供需状况调查、广东全省木竹材工艺利用调查，以及肉桂、八角调查等。二是森林经营研究，开展杉木、苦楝、柚木等的木材性质及弹性强弱试验，赤松与广叶杉混交林试验，树木防沙功效试验和疏伐试验等（图3-21）。三是林产利用研究，有林产精油原料定量试验、各种木材干馏原料的利用价值比较试验、松脂采集法比较试验等。

图3-21 农场森林股之行道树

图片来源：《华南农业大学百年校庆丛书》编委会编：《华南农业大学百年图史》，广东人民出版社2009年版，第58页。

（九）农政研究

农政门着重开展广东农村经济调查研究。1937年在《农声》（"农政"特辑）中发表了《花县农村经济概况调查》，对农产分类、土地分配、农业经营、租佃制度、雇佣制度、农产贸易、农村金融等做了详细记述，提出了保障佃农生活、严禁高利贷、使耕者有其田等观点。

综上所述，农学院各学科开展的试验和调查研究密切结合广东农林业生产，不仅促进了教学质量的提高，而且有力地推动了各学科的发展。其中，特别是稻作学、植物分类学和土壤学，在国内处于领先地位。同时，又带动了院内学术团体的发展，农艺研究会、园艺研究会、畜牧研究会、养蜂研究会，以及研究农林学术问题的劲社、植社等相继成立。这些群众性学术团体定期邀请院内外专家、教授做专题学术报告，活跃了学术气氛，调动了学生进行科学研究的积极性。

二、农科研究所的研究工作

（一）稻作研究所

水稻试验工作主要由丁颖教授领导进行，由林亮东、谢申、赵善欢等协助（图3-22）。其试验研究工作分为六项：①稻种改良工作（图3-23为农场农艺股的优良稻种），如纯系分离育种、交配育种试验，水稻自然杂种试验，水陆稻品种比较试验，育成品系比较试验，特性观察及分类研究。②土壤肥料试验。③气候关系试验。④耕作法试验，如早造直播试验、沙田秧距与植株试验、密植试验等直播法与移植法比较试验。⑤稻热

图3-22 丁颖（右三）、中央农业研究所水稻专家柯象寅（左四）与国立中山大学稻作试验员工合影

图片来源：《华南农业大学百年校庆丛书》编委会编：《华南农业大学百年图史》，广东人民出版社2009年版，第60页。

病与胡麻叶枯病等病害调查及防治试验。⑥稻螟虫、标葱蝇等虫害调查及防治试验。

图3-23 农场农艺股的优良稻种

图片来源：《华南农业大学百年校庆丛书》编委会编：《华南农业大学百年图史》，广东人民出版社2009年版，第59页。

（二）农林植物研究所

该所发端于1928年秋设立的植物研究室，为发展广东农林事业，1929年扩建为农林植物研究所，既对植物分布开展科学调查，也对经济植物进行研究。陈焕镛教授于1933年受聘为农学院林学系教授兼农林植物研究所主任（图3-24），1949年后曾多次代表我国出席国际会议，在领导和规划植物研究方面做出过卓越贡献。该所的蒋英教授是著名的植物分类专家。

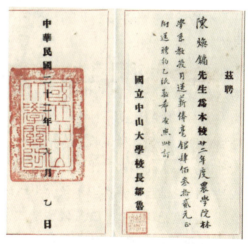

图3-24 陈焕镛受聘为国立中山大学农学院林学系教授的聘书

图片来源：由中国科学院华南植物园提供。

1. 标本采集

广东地处热带、亚热带，植物种类繁多、分布广。为摸清全省植物分布状况，由陈焕镛、蒋英、陈念劬、侯宽昭、黄志等组成四个采集队，分赴各地采集标本。采集队走遍了广东大部分地区。至1934年初，采集队共出发109次，采集标本3.1万余号，共约31万份；还掘取了不少苗木，栽植于标本园内。在采集过程中，采集队发现了不少新科、新属、新种，当时该所广东标本室所藏广东植物标本共192科、1102属、2935种，科属数和种数均超过了香港植物园约50年间共收集的数量。

农林植物研究所成立5年内，共发出交换标本3.7万余份，收回交换标本3.3万余份。国内交换机构主要有静生生物调查所等十多处，国外有美国哈佛大学木本植物园、英国皇家植物园、爱丁堡皇家植物园、法国自然历史博物院、德国柏林博物院、奥地利维也纳博物院等。通过标本交换，研究所还换得一些珍贵的书刊。国内外一些研究机构还寄来不少珍贵标本要求定名。可见，当时农林植物研究所已具有较高的学术水平和声誉。

2. 标本园建设

1934年秋迁至石牌新校区后，建立了面积较大的植物标本园。其中苗圃60余亩，有苗木5万盆。该园的规划设计，体现了陈焕镛对研究开发祖国热带亚热带植物资源和植物园的早期设想，把植物分类学研究和发展华南农林植物生态生物学研究结合起来，把科研、教学、引种和驯化等融为一体。园中栽植有各种珍贵的兰科植物、蕨类植物、天南星科和芭蕉科的野生植物、蝶形花科的葛藤、高大的棕榈科植物砂糖椰子、生长迅速的含羞草科象耳豆，以及海南珍贵树种海南黄檀等。园边鱼塘周围种下了杉木科落羽杉和水松，在苍翠草地上点缀着一丛丛黄花夹竹桃和紫茉莉科的宝巾花，校园内原来荆棘丛生的荒地变成千姿百态的庭园式植物标本园。但令人遗憾的是，1938年，这个标本园毁于日本侵略军之手。

3. 植物科学研究

出版英文研究专刊 *Sunyatsenia*（《中山学报》，抗日战争前夕出至第三卷），英文著述 *Outlines of Chinese Plant Families*（《中国植物各科纲要》），其中的《双子叶植物》《单子叶植物》《裸子植物》及《蕨类植物》等均已出版；中文专著有《广东栽培植物图谱》，陈焕镛著《中国经济树木学》，陈焕镛、胡先骕合著《中国植物图谱》等。为编撰《广东植物志》，农林植物研究所在广泛调查和采集大量标本的基础上，对广东各种植物的形态、分布地域、在进化程序中的地位等展开了系统的研究。专科植物的研究工作如陈焕镛对山毛榉科的研究，蒋英对夹竹桃科、萝藦科的研究，侯宽昭对楝科的研究等，都取得了丰硕成果。

4. 植物图谱绘集

1927—1937年，陈焕镛、胡先骕合著的《中国植物图谱》共五大册，是研究我国植物的一部重要参考书。标本室还组织专人绘集了栽培植物图谱、兰科植物图谱和广东植物图谱等。

总之，经过几年的艰苦努力，农林植物研究所不仅有了较快的发展，而且成为我国植物分类学研究中心之一。

（三）土壤调查研究所

该所于1930年秋成立之初隶属农林局，1932年秋拨归国立中山大学农学院，由院长邓植仪兼所长，聘彭家元教授为技正、谢申等为技士。

1. 广东全省土壤调查研究

为了能及早了解全省土壤概貌，邓植仪教授于1931年夏开始，带动该所历时3年，对广东94个县、面积60余万平方千米的土地进行了调查和土样化验，对各县土壤肥沃程度进行了分析和统计工作，并将结果陈列于室（图3-25），以供参观和研究。1934年，其撰写出版了《广东土壤提要初集》。

2. 土壤专题研究

在土壤实地调查的基础上，研究所进行了关于广东重要土区土壤胶体物质的物理及化学性质的检定和研究；开展关于广东各种土壤的利用、施肥、管理等的专题研究，发表了一批论文。1934年，农学院编辑出版了《土壤肥料论丛》。1934年暑假，邓植仪教授对长江、黄河流域各省土壤和农业状况进行了实地考察,并写成报告书。此外,还有邓植仪、彭家元合著《土壤学》,邓植仪著《广东土壤提要初编》,彭家元著《广东土壤肥沃度概述》等学术成果。

图3-25　土壤物理实验室

图片来源:《华南农业大学百年校庆丛书》编委会编:《华南农业大学百年图史》,广东人民出版社2009年版,第65页。

3. 学术团体

为了推动国内土壤肥料科技工作的学术交流,1934年经邓植仪、彭家元与陈方济等倡议,组织了中华土壤学会。该学会和会刊《土壤与肥料》(季刊)编辑处均设在国立中山大学农学院,邓植仪、彭家元等主持学会和会刊的编辑工作,广东土壤调查所是该学会的团体会员。

第五节　学术交流

在广州沦陷前,国立中山大学与国内外的高校和学术机构保持着紧密的合作与交流,其活动之频繁,开拓了学校对外交流史上的新局面。学校大力支持老师的学术交流,规定学校聘任的"长期教授继续服务满5年以上者，得出外考察1年，照支全薪"①，农学院教授考察交流情况如表3-3所示。图3-26为1935年广东乡村工作第一次讨论会出席人员留影。图3-27为温文光教授（左一）在潮安溪口考察雪柑。

表3-3 农学院教授考察交流情况

交流类别	时间	参加人员	地点	交流主题
国际	1931年	陈焕镛	英国	第五次世界植物大会
国际	1935年5月	邓植仪	英国	第三次国际土壤学会及国际教育大会
国际	1935年9月	陈焕镛	荷兰	国际植物学会第六次会议
国际	不详	不详	日本	寄赠矢也真山旱禾等稻种，以作交换
国内	1934年2月	杨邦杰	南京	成立全国经济蚕桑改良委员会
国内	1935年	不详	广东	广东乡村工作第一次讨论会
国内	1936年夏	邓植仪	浙江	应邀在浙江大学农学院讲演《农村与城市的关系》

资料来源：吕雅璐主编：《抗战烽火中的中山大学》，中山大学出版社2017年版，第32—36页。

图3-26 1935年广东乡村工作第一次讨论会出席人员留影

图片来源：《华南农业大学百年校庆丛书》编委会编：《华南农业大学百年图史》，广东人民出版社2009年版，第75页。

---

① 总办公厅编印：《国立中山大学法规集》，国立中山大学1937年5月。

/ 第三章 / 蓬勃发展（1932—1936）

图3-27　温文光教授（左一）在潮安溪口考察雪柑

图片来源：《华南农业大学百年校庆丛书》编委会编：《华南农业大学百年图史》，广东人民出版社2009年版，第68页。

在此期间，陈焕镛教授等积极参加相关国际学术活动，提高了我国植物学在国际上的学术地位。陈焕镛教授在1930—1935年期间先后参加了第四届太平洋科学会议、第五届和第六届国际植物学会议，并在第五届国际植物学会议上做了题为《中国近十年来植物科学之发展概况》的发言，在第六届国际植物学会议上被正式聘为植物分类学组执行委员及植物命名法规小组副主席。

1933年，广东省军垦区第一糖业选派学员赴菲律宾考察，为改良本国糖业和发展农村生产做准备。

1935年7—8月，邓植仪教授应邀出席了在英国牛津大学举行的第三次国际土壤学大会，彻底改变了第一次、第二次国际土壤学大会没有中国科学家参加的落后状况。他在会上介绍了广东土壤调查研究工作的概况、成就和我国土壤科学的发展情况，论述了我国夏禹治水后，曾辨别九州的土壤，并比较其肥力而制订赋贡之法，弘扬了我国古代农业科学文化，促进了各国代表对我国土壤学科的了解，提高了我国土壤学科在国际上的学术地位。同时，他顺道考察了南洋及英、美、比、荷、丹麦、瑞士、德、意、法等14国的土壤和农业情况。

此外，农学院坚持发行《农声》月刊，到1936年已出版发行206期，订阅和赠阅对象达千户之多；另有28种农业浅说类的刊物出版发行，随时赠予农民观阅，向文化水平不高的农民普及农业常识，以收农业改良推广之效。推广部还设立了农民询问处，凡各处农民及农业团体对于农事有所询问，都分别答复或加以指导，同时将问题和答复刊登于《农声》月刊，以收农事推广之效。[①]

[①] 吕雅璐主编：《抗战烽火中的中山大学》，中山大学出版社2017年版，第45-46页。

第四章

抗战烽火
(1936—1938)

第一节 日军入侵[①]

1936年初，日本帝国主义加快了侵略我国的步伐，国内形势日益严峻。

一、日军空袭

抗日战争爆发后，日军接连轰炸广州（图4-1、图4-2），国立中山大学石牌新校区亦遭受日机多次空袭（图4-3），整个学校的教学、科研秩序受到严重干扰。农学院蚕学馆、农场主任办事室、农场办事处等附近先后被炸，农林化学馆则被炸弹击中，大屋顶部分被毁坏。1937—1938年，日机多次轰炸国立中山大学。1938年6月5日中午12时左右，日军向国立中山大学校园投弹两枚，当场炸死四人，伤数十人，校舍被毁，损失惨重（表4-1）。校长邹鲁通电全国，谴责日本帝国主义的罪恶行径，并表示国立中山大学的全体师生将不屈不挠，为取得抗日战争的最后胜利奋斗到底。

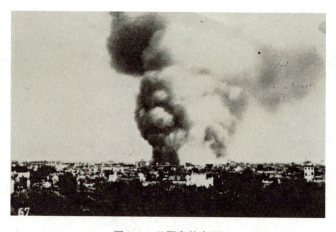

图4-1 日军轰炸广州

[①] 王浩主编：《华南农业大学校史》（第2卷），广东科技出版社2009年版，第39-41页。

/ 第四章 / 抗战烽火（1936—1938）

图4-2 遭轰炸后，防护团救护队员在广州街头瓦砾中救援

图片来源：《文史广东》"时代记忆"，2022年11月。

图4-3 国立中山大学被炸后的情形

图片来源：《华南农业大学百年校庆丛书》编委会编：《华南农业大学百年图史》，广东人民出版社2009年版，第103页。

表4-1　农学院设施遭受敌机投弹轰炸情况

日期	地点	弹类及数目	炸裂泥土阔度	炸裂泥土深度
1937年8月31日上午6时	蚕学馆西边竹林	炸弹三枚	一枚约30英尺[①]	20英尺
			两枚约20英尺	15英尺
1937年9月22日上午3时	农学院前面左边马路	燃烧弹一枚	约3英尺	约1英尺
	温室西边山脚	炸弹一枚	约15英尺	约7英尺
1938年3月1日上午7时半	农场主任办事室附近	炸弹三枚	均约12英尺	均约8英尺
	农场办事处附近	炸弹三枚	均约10英尺	均约6英尺
	森林股办事处附近	炸弹一枚	约12英尺	约8英尺

资料来源：吴定宇主编：《中山大学校史（1924—2004）》，中山大学出版社2006年版，第151页。

国立中山大学被日寇轰炸后，收到了陕甘宁边区民众抗敌后援会（图4-4）、陕甘宁边区主席林伯渠，抗日大学校长林彪、副校长罗瑞卿，以及中国学联的慰问电。

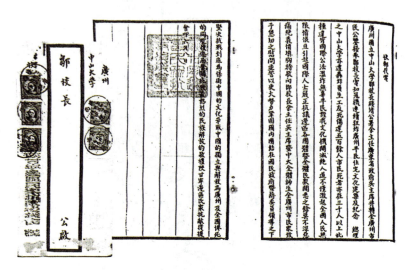

图4-4　陕甘宁边区民众抗敌后援会慰问电

图片来源：由中山大学博物馆（校史馆）提供。

[①] 1英尺=0.3048米。

二、防空措施

为了尽力减少日寇飞机轰炸造成的损失，国立中山大学各个学院均修建了防空壕。防空壕的壕身和壕拱全用四隅砖（厚度为两块砖，长44厘米）、士敏土（水泥土）砂浆砌成，结实程度超过德国制定的38厘米的标准。

早在抗日战争全面爆发之前，学校已有意识地面向师生进行防空知识宣传和技能训练。1935年12月9日的《军事训练部布告》指出："现代战术日新月异，由于空袭突飞猛进，都市危险倍诸乡村，以故城市人民对于防空常识，急宜普及，以备万一。"学校要求学生在听防空知识演讲时，穿着军服，打脚绑，扎皮带，模拟空袭实况进行训练。11—12月，国立中山大学学生近4000人集体参观了广东省防空展览会；学校在文明路旧校址大礼堂举行防空军训常识公开演讲，开放听音机、警报机、探照灯，发射通信弹、照明弹，学生穿着防毒面具、防毒衣帽鞋手套，分解高射炮模型，使用烟幕伪装、消毒药品等；《国立中山大学日报》分别登载《广东防空各种灯火、船舶灯火、车辆灯火管制规则》《防空工作急于一切》和《防空问题》等文章，向师生员工宣传日机轰炸时进行灯火管制的方法等防空知识。

日机轰炸期间，学校在灯火管制、师生的着装等方面均有规定。"为避免空袭视线见起，本校员生工警宜改穿灰黑或草青色服装，藉避危险。""现值非常时期，本校所设铜钟，已成为警报符号。自明日上课起，应予暂停鸣钟，只由各学院用手摇钟，以免淆乱听闻。""敌机夜袭时，不但电灯须先熄灭，即一切油灯蜡烛手电筒亦不得燃点照射。""嗣后遇空袭时，无论何人，不得故扬火焰，违者作汉奸论，拘解重办。"

1937年9月开学后，日机轰炸使上课时断时续。为保障师生生命安全，学校决定休课3周，农学院于10月25日复课。复课后两个月，谣传日军进攻华南，同时教育部又命令国立中山大学筹备迁校，因此学校提前休课一个月，为迁校做准备。学生则返乡或者留在市内，从事救亡工作。休课期满后，因时局暂时稳定，经请示教育部，学校获准暂在原校上课。

1938年5月和6月，日机的轰炸使国立中山大学多名师生员工伤亡，校产亦被毁，学校决定再次休假整理。四年级学生因时局关系，已分散到地方考试、结束学业。一、二、三年级学生则根据教育部的要求，根据学习和服务抗战并进的原则，暑假期间回乡或者留在市内，或者到抗战前线从事抗战动员和其他各项工作。在学校规定的上课期间，教授必须回校上课，否则学校停止发放薪水或解除聘约。

学校采取的一系列措施，有效地维护了学校的正常秩序，在抗战爆发后的第一年里坚持了正常的教学和科研。校长室秘书萧冠英在总结时说："廿六年度①的开始，适在战争发生之时。本校位处华南最前线，在敌机不间昼夜的狂袭之下，仍照部令力持镇静，维持课务。在学期之开始与终结，虽均被敌机狂炸，新旧两校中弹多处，颇受损失，然于课务亦无多大影响也。"

第二节　战时教学

一、本科教学

为了适应抗战需要，学校和学院均增设了战时课目（表4-2）。

表4-2　增设战时课目

课目	时数
农学院战时增设之课目	
农村服务	2
战时农村问题	2
全校战时增设之课目	
毒气学	
炸弹学	
军用化学	

资料来源：吴定宇主编：《中山大学校史（1924—2004）》，中山大学出版社2006年版，第158页。

---

① 注：1937年。

第四章 / 抗战烽火（1936—1938）

农学院随即积极着手筹划加强学生战备教育，决定："自下学期起，规定每星期六全日为训练备战教育工作时间；各生一律必修战备教育课程，不给学分，不修者不准毕业。"于是，学院自3月14日开始了基本训练。

抗战初期，农学院教学秩序虽受干扰，但1935年由国立中山大学派赴美国、日本深造的青年教师谢申、林亮东、罗彤鉴等人陆续返回农学院任教，师资力量有所加强，在校学生人数也有增加。

遵照教育部的规定，学校在抗日战争爆发初期接收了大量留日归国学生，以及各地转学学生与借读学生，分配至各个专业与年级（表4-3、表4-4）。

表4-3　农学院接收转学学生人数统计

系别	年级					系别合计	学院合计
	一年级	二年级	三年级	四年级	五年级		
农学	4	8	7	1		20	23
林学	1	1				2	
农林化			1			1	
蚕学							
合计	5	9	8	1			

资料来源：吴定宇主编：《中山大学校史（1924—2004）》，中山大学出版社2006年版，第155页。

表4-4　农学院接收借读学生人数统计

系别	年级					系别合计	学院合计
	一年级	二年级	三年级	四年级	五年级		
农学	3	1				4	4
林学							
农林化							
蚕学							
合计	3	1					
备注	1937年度下学期1938年7-7制						

资料来源：吴定宇主编：《中山大学校史（1924—2004）》，中山大学出版社2006年版，第155页。

学校文、法、理、工、农5个学院1937年入学的新生，原计划在入学之后全部进行军事化管理，以便于集中训练，但由于石牌校区屡次遭到日机袭击，文、法、理三个学院的学生迁入市内旧校上课，暂时予以走读，只对留在石牌校区的工、农两个学院的新生进行了军事训练。学校还有368名学生没有接受军事训练，经呈报国民军训会批准，于1938年5月26日进行了补试。

二、研究生教育

这一时期，学校坚持开展研究院招生与高等人才培养，下面以1937年度上学期研究生招考情况为例，以窥全貌。

1. 招生名额

中国语言文学部、历史学部、教育学部、教育心理学部、农林植物学部、土壤学部每部2名，共12名。

2. 报考资格

①国立、省立或立案私立大学文学院毕业生；②国立、省立或立案之私立文理学（独立学院）毕业生；③本校承认的国外大学相当学系毕业生。投考时须提交研究计划（须包含所欲研究的主要问题及其重要性、材料方法及步骤）。

3. 考试地点

设广州本校、交通大学（今上海交通大学）和北京大学三个考点。

由上可见，研究生招考对考生的资格有严格审定，对考生能力的要求也比较高，不但要求基础扎实，而且要求具备相当的科研能力，投考时须提交包含将要研究的主要问题、问题的重要性、材料、方法及步骤的研究计划。

4. 考试科目

（1）普通科目。

国文、外国文（英文、法文、德文任选一种）、党义、口试（内容为与所拟计划有关系的基本学科常识的问答）。

（2）专门科目。

农林植物学部：植物分类、植物生理学、组织学、植物生态学、口试。

土壤学部：理论化学、生物化学、土壤学、肥料学、口试。

5. 主修课程

农林植物学部：植物名词学、植物形态学、高等植物分类学、植物分类学法则、植物分类学史、拉丁文和采集及实习、书报讨论等。

土壤学部：土壤物理、土壤化学、土壤微生物学、植物营养、土壤管理、土壤分类、土壤讨论等。

6. 研究期限

研究期限暂定两年，每名年奖学金毫洋480元。学校提供住宿，免收学费，在校管训事宜一律适用本科生的规则。

另外，培养过程相当严格，不但要求修习完成所规定学分，而且要求每月提交研究报告以凭考核，所提交的论文应具有独创性，且为所主任和指导教授所认可。本校发给"研究生期满考试及格"证书，并依教育部所定学位授予法授予相当学位（表4-5）。

表4-5　1935—1938年毕业研究生统计

学部	届别	名字	性别	籍贯	入学前院校	研究题目	毕业年月
土壤学部	1	简浩然	男	广东南海	国立中山大学农学院农业化学系	根瘤细菌的研究	1937.6
	2	陆发熹	男	广东容县	国立中山大学农学院农业化学系	广东土壤盐基置换之研究	1938.6
农林植物学部	2	李日光	男	广东宝安	国立中山大学农学院	广东药用植物研究	1938.6
	2	王孝	男	河北北平	国立山东大学	广东蝶形花科之研究	1938.6
	2	陈璐斯	女	广东台山	国立中山大学农学院农业化学系	水松之研究	1938.6
	3	梁滨汉	男	广东番禺	国立中山大学农学院农业化学系	广东爵林科植物之研究	1939.7

第三节 战时科研

1938年3月30日，国民党临时全国代表大会通过了《战时各级教育实施方案纲要案》，高度重视高校的科研与国防紧密结合。1938年5月11日，教育部次长顾毓琇到国立中山大学演讲，强调要把自然科学应用于国防生产。目前我国自然科学的人才匮乏，我们研究自然科学的人更要加紧为国防的生产服务。[①]

在"九一八"事变后，国立中山大学的科研力量已开始朝着配合抗战转向。学校意识到必须结合坚持抗战和大后方开发的实际需要，加强工、农等实业类学科的科研，除了根据战时急需增设工学院及相关的学系，加大事关国防和大后方建设研究的投入，还瞩目于考察和研究国内外的重大历史、经济、政治、民族、社会、地理和地质等问题，成效颇著。

从1928年开始，国立中山大学各科系就开始重视西南边疆问题的研究。1932年，国立中山大学还成立了西南研究会，出版学术专刊《西南研究》，其目的是"为挽救国家危亡计，为发扬科学探讨计，为唤醒政府及民众注意西南边疆问题与设施计"[②]。抗日战争全面爆发后，国民政府西迁，高度重视西南边疆学，该学科的地位得到了空前提高。国立中山大学西南边疆问题研究的成果为中国边疆学的构筑奠定了坚实的基础，是中国边疆学构筑的学科源头。

农学院为解决抗战军民的衣食问题，着重派出教师深入农村开展调查研究，在农业科技的研究与推广上下了很大功夫，取得了相当大的研究成就，在国内外学术界都享有盛誉。科学研究成绩最突出的是水稻育种、植

[①] 易汉文主编：《金声玉振——名人在中山大学演讲录》，中山大学出版社2020年版，第124页。

[②] 《西南研究》创刊号，国立中山大学1932年。

物采集和土壤调查。

一、水稻育种

抗战前，广东粮食产量不足，每年进口粮食价值达一亿元[①]，因此，改良土壤、稻作，提高粮食产量，具有重大的现实意义。稻作研究所在丁颖教授的领导下开展工作，由林亮东、谢申、赵善欢等协助，通过野生稻与本地稻杂交，育成了抗寒、耐酸、高产的"中山一号""黑督四号""东莞十八号"等优质品种。广东省政府为了增加粮食产量，大规模推广优秀稻种，这些推广的稻种都是由国立中山大学农学院的农场育成的。

1936年，石牌稻作试验总场与全国稻麦改进所合作举办稻种检定，以改进我国稻种，这是学院与校外机构进行协作的创举。广东省的稻种检定由丁颖教授领导，稻作试验场担负技术责任，番禺、中山、新会、东莞等十个县参与协作，经费由稻麦改进所拨付。经稻作试验场派出科技人员会同县科技人员深入农村检定，选出优良品系，以供推广。这就是"优中选优，采于当地，还诸当地"的快捷改良稻种的方法。

为了探索水稻品种产量潜力，1936年，丁颖教授将华南水稻栽培品种"早银粘"和"印度野生稻"进行人工杂交，其后代出现了每穗几百粒，甚至有达到1400粒的稻穗，俗称"千粒穗"，引起国内外稻作界极大的关注。但当时丁颖教授考虑"千粒穗"种性不稳定，对栽培条件要求很高，认为其生产价值不大，因此就把这项研究搁置了。1937年，丁颖教授育成"中山一号"，并进行了稻热病及稻螟虫与标葱蝇的调查研究。

二、植物采集

1936年，农林植物研究所组织了贵州队、广东队、海南队和湖南试探采集队，各队人马分赴各地进行采集；采集植物标本的范围扩展到黔中、黔南一带，收获颇丰。1937年初，采集队又到湖南衡阳、广西龙州及十万大山一

[①] 吴定宇主编：《中山大学校史（1924—2004）》，中山大学出版社2006年版，第58页。

带进行采集。截至1937年3月底，经鉴定，该所腊叶标本归柜者近10万号。

三、土壤调查

土壤研究所经过8年艰苦努力，至1938年广州沦陷前，完成了番禺、南海、东莞、惠阳、高要、曲江等31个县的土壤详细调查，其中28个县的土壤调查报告书及土壤分布图已编撰出版；而高明、开平等六个县的土壤调查报告书，因广州沦陷而未及出版。这些报告书既对各县土壤情况、分类等做了详细阐述，又对各县地理概貌、农业生产概况及改进农业生产的意见等进行了系统叙述，使土壤调查与发展农业生产紧密地结合起来。其中，《番禺县土壤调查报告书》是将邓植仪亲自编撰的中文和英文两种文稿合编成册，以利于学术交流。图4-5为广东省部分县的土壤调查报告书。

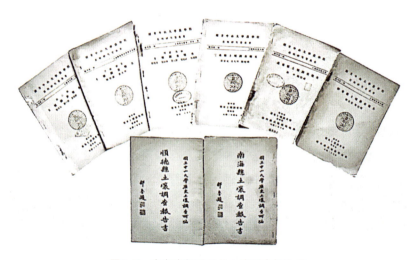

图4-5　广东省部分县的土壤调查报告书

图片来源：《华南农业大学百年校庆丛书》编委会编：《华南农业大学百年图史》，广东人民出版社2009年版，第69页。

此外，学院还派出教师前往高州、信宜、翁源、从化、番禺等十余个县开展病虫害调查，研究防治方法。蚕学系与广东蚕丝改良局合作，推广由该系育成的优良蚕种。农林化学系则对军粮的加工进行了研究，应对战时军粮之需。

四、科技推广

为配合抗战教育与研究，推动广东战时农业生产，农学院《农声》杂志出版了《农政特辑》和《战时粮食作物研究专号》（上、下），发表了不少专论。如邓植仪的《广东粮食问题》和梁光商的《战时增加广东粮食生产的方案》，为战时粮食增产献计献策。至1937年6月，《农声》月刊已出版208期，国内订阅者遍及20个省，国外也有少量订阅者，成为国内历史长、学术水平高、享有较高声誉的农林学术期刊。

1936年4月，国立中山大学设立乡村服务实验区，"图谋推广发展乡村事业，尤其希望通过大众教育来实施救亡工作"，农学院的师生广泛参与其中。在第一期的活动中，农学院共19人（农学系13人、林学系2人、农林化学系2人、蚕学系2人）参加，占参加服务总人数的11.2%；12人（农学系11人、林学系1人）参与暑期工作，占参加服务总人数的20%。第二期活动分为上、下两个学期开展，农学院共32人（上学期13人，下学期19人）参加，占参加服务总人数的12.2%。图4-6为乡村服务实验工作人员讨论的场景，图4-7为作材亭。

图4-6 乡村服务实验工作人员讨论场景

图片来源：《华南农业大学百年校庆丛书》编委会编：《华南农业大学百年图史》，广东人民出版社2009年版，第74页。

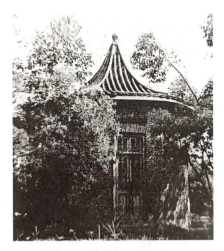

图4-7 作材亭

图片来源：《华南农业大学百年校庆丛书》编委会编：《华南农业大学百年图史》编，广东人民出版社2009年版，第61页。

第四节　内迁准备[1]

1937年"八一三"事变后，国民政府教育部签发了《战区内学校处置办法》，开始积极地促令和指导战区高校的内迁工作，中国的高校开始了一次规模空前的大迁徙。

早在1937年6月，邹鲁校长就饬令学校各学院、研究所、图书馆等各单位，将重要的图书、仪器和设备迁运到安全的地方储存。广州沦陷前，日军对广州进行了长达14个月[2]惨绝人寰的野蛮轰炸。国立中山大学遭受日军轰炸时，邹鲁校长虽远在重庆"协赞中枢"，但仍时刻不忘校务，一方面积极筹划迁校，以存中国高校的学脉；另一方面，为适应持久抗战国策的需要，保护学校珍贵图书、仪器和设备，以备将来持续发展抗战教育的需要。

一、经费节流

学校经费本来就不宽裕，抗日战争爆发之后，教育部规定从1937年9月份起经费按照七折支发，学校经费更陷困境。广州经常遭受空袭，需要花钱购置防空设备；学校筹备迁校，耗费日益增加；建设费停发之后，拖欠建筑商人和洋行订购书籍仪器机械费用，需要挪用经常项目费用来支付；各学院研究参考需要使用的图书杂志，仍然需要筹款购置。为此，学校采取了一些措施：一是暂停广东通志馆的工作，附小因为环境关系予以停办；二是教职员工的薪水除薪俸低的人照八五折发放之外，其余照七折发放；三是疏散了一批人员，约200人，减少支出2万元。尽管学校极力节省，但是每个月仍然不敷使用。

---

[1] 吕雅璐主编：《抗战烽火中的中山大学》，中山大学出版社2017年版，第77-81页。
[2] 1937年8月31日（首次空袭广州）至1938年10月21日（广州沦陷）。

1937年12月,因时局关系,学校筹备迁校,由于教育部未下拨搬迁费,学校又无可用经费,因此不得不减少教职员工的薪水。1938年1月份,教职员工的薪水以七折复七折发给(该办法声明以一个月为限)。由于筹备迁校,寒假延长,教职员工的工作较为简单,对于学校的此项措施,教职员工均表示理解。

二、转移校产

为应对战争时局的恶化,农学院和工学院是较早将学校的贵重校产迁运到校外寄存的单位。

(一)转移图书、标本

1937—1941年,在中国抗日战争中作为中立国的英国仍然刻意维持香港的中立地位,因此香港在当时被认为是比较安全的地方,内地大量的难民竞相涌入香港避难,内迁前国立中山大学也开始考虑将贵重校产转移到香港寄存。在广州沦陷前,石牌新校区的新图书馆正在加紧建设中,学校图书馆的旧藏已经整理完毕,正在等待迁入新馆,期待进入全新的发展轨道。国立中山大学是当时全国高校藏书最多的大学,当时全馆藏书21万册、杂志9万册。在广州沦陷时,图书馆上下昼夜赶装,随校西迁;来不及迁运的图书有十余万册,在广州沦陷时不幸落入日军手中。

1937年日军疯狂轰炸广州时,农林植物研究所所长陈焕镛教授为了保护十余年来师生历尽艰辛采集的植物标本,购置的珍贵图书、仪器,以及和各国著名大学交换的具有重要历史价值的标本和文件,特向学校请示将贵重校产暂时迁到香港九龙,得到了学校的批准。因当时到香港避难的市民众多,九龙的屋宇供不应求,该所几经艰辛才在九龙租到了一所货仓。1937年12月,该所租用广九铁路车皮,将所藏15万余号珍贵植物标本、4000余册中外文图书文献以及各种仪器设备等校产,分6批运送到香港九龙;其间因货车缺乏,直到广州沦陷前才运送完毕。

1938年9月,陈焕镛教授个人出资于香港建成一幢三层楼房,作为该所的香港办事处（图4-8），使标本能得到较好的保藏（图4-9），教学、科研工作亦得以继续进行。香港沦陷后，虽经历了十分艰险曲折的过程，但终于在广州光复后，全部标本、图书完好地回归农学院。该所是国立中山大学于抗战中唯一能完整保存标本、图书、仪器的单位，并且是我国战后植物研究机构复兴的主要基础之一。

图4-8　农林植物研究所在香港九龙的办事处

图片来源：由中国科学院华南植物园提供。

图4-9　国立中山大学农林植物研究所香港办事处的液浸标本室

图片来源：由中国科学院华南植物园提供。

（二）转移良种

1938年秋广州沦陷前夕，丁颖教授和梁光商、张伟勋亲自将石牌稻作试验总场繁育的数百个水稻品种种子和数百个甘薯种苗包装好，运往罗定县。他们把薯苗交由当地一位农学院学生家长栽种留种；又将稻种带到信宜县怀乡，向当地农民租田数亩，设立临时稻作试验场，由黄体昭负责雇工栽植留种。

农学院从欧洲、日本和安南（今越南），以及我国江浙、四川、山东等地搜集了大量优良蚕种，经过十余年的培育、改良，保存蚕种之丰富，在国内占有重要地位。为了转移保存这些宝贵的蚕种，必须解决冷藏库建设和桑叶的供应问题，为此，学院派员做了周密的调查准备，西迁云南时，在河内设立了蚕育种工作站，由唐维六、郑庭杏负责该站工作。

（三）筹划迁址

除转移贵重校产外，国立中山大学也积极筹划迁校。1937年12月，邹鲁校长向广东省政府请款，广东银行同意借出2.5万元国币作为国立中山大学迁校之用。12月22日，国立中山大学发出布告，决定学校暂时迁往广西上课，临时办事地点设在梧州南华酒店，并计划于27日起全校停课，全校筹备搬迁事宜。国立中山大学迁校的决定遭到了一些学生的强烈反对，他们认为"中大同学在广州各方面的救亡工作上，尽了他们最大的努力。尤其在各中学校纷纷迁往回乡之后，广州救亡工作的开展和支持，对落后干部的培养，中大同学负起了百之六十以上的任务"，迁校的决定"会直接打击广州全部的救亡工作"，"可能断送整个革命策源地的前途！我们誓死反对这次迁校"。由于时局错综复杂，又顾及学生的经济能力和交通问题，且柳州、南宁也屡遭日军的空袭，因此国立中山大学未能在原计划的时间内迁往广西，加上1938年1月23日教育部电令国立中山大学暂缓迁校，迁往广西办学的计划暂时终止。

为了寻找更好的新校址，1938年1月，学校展开对迁往广东罗定县的考察和论证，先后派出版部主任张掞教授、教务长邓植仪教授、理学院院长刘俊贤教授和工学院电工系主任刘均衡教授等人前赴罗定县勘察。

第五节　抗日团体[①]

抗日战争时期，国民政府在较长时间里，坚持"战时须作平时看"的高等教育政策，不倡导高校学生参军，学生的抗日活动以战时服务为主，并形成了相应的制度。战时学生服务一般分为后方服务和军需征调两种主要方式。后方服务，主要是指学生在课余开展抗日游行、抗日宣传、救护、救济、防空、慰劳和募捐等活动。军需征调，就是国民政府根据战争需要，直接征用学生为前线部队服务，经济、理工、医学等专业学生多从事此类战时服务工作。

在抗战前期，国立中山大学学生多从事后方服务。从1941年起，由于美国空军来华和中国远征军出国作战，国民政府多次面向高校征调翻译人才，国立中山大学学生在抗日战争中后期（尤其是在坪石办学时期）多服从军需征调。

为了抗日，国立中山大学先后成立了"战地服务团""御侮救亡工作团""抗敌后援工作团""抗战教育实践社""抗日先锋队"等组织，以抗日大本营之名蜚声中外。

抗日战争全面爆发后，国立中山大学的广大师生更是积极投身于各种团体组织的抗日活动之中，如召集广州市各大学教授讨论救亡会议、通电《九国公约》各签字国、捐款慰劳前方将士、收集废铜旧铁、募集公债、举行庆祝胜利大巡行等。

其中较为典型的便是募制寒衣活动。1937年11月29日，广州各界成立募制寒衣慰劳前方将士委员会，决定募制寒衣20万件慰劳前方将士，国立中山大学决定负责募制寒衣4000件。此次募制寒衣，一律照价折交现金，

[①] 吴定宇主编：《中山大学校史（1924—2004）》，中山大学出版社2006年版，第160-166页。

/ 第四章 / 抗战烽火（1936—1938）

统交市立银行代收，由该委员会代制。国立中山大学的教职员工和学生认捐棉衣，每件棉衣交纳国币1元8角，并参照全校员生人数和薪俸多少制订具体认捐办法。

一、地下党组织

国立中山大学中共地下党在抗战和国共第二次合作的新形势下，认真贯彻执行了党的"发展进步势力，争取中间势力，孤立顽固势力"的方针，团结进步师生，发展党的组织，扩大党的影响，推动了抗日救亡工作的开展。

根据农学院学生李康寿、廖衡的回忆，在1938年以前，农学院就有进步师生加入中国共产党，但未建立单独的党支部。1938年才开始建立中共工农学院支部，农学院学生陈荫生当选党支部委员，李家珍、杨瑾英是支部成员，1938年发展了农学院学生李康寿、廖衡和长涾村一位青年农民梁万益入党。党支部利用《农声》宣传党的主张，如陈任生的《中国农业之出路》一文，宣传了党的"耕者有其田"的土地政策，武装农民，组织人民抗日游击队等主张。与此同时，国立中山大学地下党领导的群众性组织也得到了发展。1938年初，国立中山大学成立了抗日先锋队，农学院学生吴灼年、伍丕舜等均为抗日先锋队成员。先锋队的活动形式多种多样，在岑村举办农民夜校，帮助农民了解抗战形势和学习文化。这些活动既宣传了党的主张，又锻炼了学生。

二、抗敌后援工作团

暑假期间，学校成立了广东民众御侮救亡会国立中山大学抗敌后援工作团，制订了严密的工作计划和行动纲领，并展开了实际行动，取得了一些成绩（图4-10为国立中山大学抗敌后援工作团团员陈珍代表全团向九十二军军长李仙洲将军献旗）。但由于广州的沦陷和国立中山大学的搬迁，抗敌后援工作团许多工作计划被打断，并没有全部实施。

国立中山大学抗敌后援工作团工作大纲规定：以在不违背课业进行下，实施救亡工作为主要方法，以拥护全面抗战为最高任务，以信赖政府、团结民众、长期抵抗、最后胜利为中心信念。基本原则是：以研究抗战，实践抗战，强化前方，稳定后方为第一原则；眼前需要与远大目标并重，政治训练与技术训练有严密步骤，由认识需要而实施训练，由经过训练而实行活动；遵守战时教育的指针，一切课程及知识要战争化，一切工作及行动要教育化。

图4-10 国立中山大学抗敌后援工作团团员陈珍代表全团向九十二军军长李仙洲将军献旗

图片来源：吕雅璐主编：《抗战烽火中的中山大学》，中山大学出版社2017年版，第92页。

抗敌后援工作团除根据抗战需要规定了基本工作外，还根据各院系学习内容与研究方向，明确了专项工作任务：理工学院工作团应偏重于机械技能之训练，如装驶车船、辟修桥路、装修电气、制造军用品、防空防毒等；农学院工作团应偏重于生产技能之训练，如园艺、造林、除虫、垦荒、种粮、水利、肥料等；医学院工作团应偏重于救护技能之训练，如急救、看护、治疗、手术、医药配制、毒气预防等；文学院与法学院工作团应偏重于宣传组织技能之训练，如演讲、戏剧、慰劳、调查、情报、出版及民众组织与训练等。

三、战地服务团

该团成立于1937年底至1938年初，校长邹鲁为名誉团长，邹鲁夫人梁定慧为团长。该团的宗旨是"动员知识分子参加前方工作及广集后方物力，济援战地苦难军民"。主要工作是北上慰问军队，以及在香港、澳门、南洋募捐药品、物资和钱款，转赠前方将士。

国立中山大学还组织了以农学院学生为主，有文、理、工学院学生参加的随军服务团,农学院李康寿、廖衡、林秀芳、莫少华等同学踊跃参加该团,李康寿任团长。该团的主要工作是协助增城驻军155师(师长李汉魂)政训处开展抗日宣传教育工作。他们通过演话剧、唱抗战歌曲、出版壁报和慰问军队等活动,激发军队和民众的抗日热情。

四、抗日先锋队①

"七七事变"后,中共广东省委决定成立广东青年抗日先锋队(以下简称"广东抗先"),由救亡呼声社负责这一任务。1937年12月初,国立中山大学附属中学的学生率先成立中大附中青年抗日先锋队,随后国立中山大学抗日先锋队(以下简称"中大抗先")成立,图4-11为国立中山大学抗日先锋队合影。

图4-11 国立中山大学抗日先锋队合影

图片来源:吕雅璐主编:《抗战烽火中的中山大学》,中山大学出版社2017年版,第96页。

---

① 吕雅璐主编:《抗战烽火中的中山大学》,中山大学出版社2017年版,第96-98页。

1938年10月21日,广州沦陷后,部分中大抗先的骨干和队员没有随学校内迁到云南澄江,而是选择了跟随广东抗先进行战略大转移,到珠江两岸及东江、西江、北江各流域,以及南海之滨的广大农村,发动农民,成立抗日团体,建立和发展中共地下组织。

国立中山大学迁坪办学之时,除部分中大抗先队员回校复课,大批队员加入由国立中山大学毕业生曾振声(曾生)领导的东江纵队,继续开展抗日救亡活动,在华南抗日战场上做出了不可磨灭的贡献。

第五章

迁徙办学
（1938—1945）

抗日战争期间，国立中山大学三易校址，可谓是中华民族英勇抗战的伟大缩影，虽然校址一次次变迁，但不变的是文脉的延续，以及对于大学精神的坚守。在激荡的岁月中，国立中山大学在孙中山先生"革命不忘读书、读书不忘革命"的精神激励下，自由独立、开放包容、务实革命的文化精神逐渐凝聚成形，蔚为传统。

在抗日战争期间，农学院随学校先后迁往云南省澄江县、湖南省宜章县栗源堡和广东省连县及五华县办学。国立中山大学教务长兼农学院院长邓植仪教授在抗战复员后，这样回顾当年颠沛流离、艰苦办学的过程："南来烽火，几度播迁，抚仙湖畔，武水江边，东西再越，乃始原归，艰难险阻，不扑不颠。"农学院师生在战火纷飞、辗转搬迁、办学条件极其困难的情况下，坚持进行教学、科研、推广工作，为培养农科专门人才，发展战时农业生产，开展抗日救亡运动，争取抗日战争的最后胜利，做出了不可磨灭的贡献。

第一节　一迁云南澄江[①]

一、迁徙之旅

（一）抢救校产

"七七事变"后，日本侵略军在中国领土长驱南下，广州告急。为适应持久抗战国策的需要，以及保存学校精华，以备扩大战时教育起见，国

[①] 吕雅璐主编：《抗战烽火中的中山大学》，中山大学出版社2017年版，第99-168页。

/ 第五章 / 迁徙办学（1938—1945）

民政府命令国立中山大学自择大后方，迁址办学。1938年6月，在敌机疯狂空袭之下，国立中山大学已将大部分重要图书、仪器迁运异地寄存。

日寇登陆后对广州进行多次空袭，风声日急，人心慌乱，军政当局准备放弃广州。仓促之间，国立中山大学决定立即迁校至广东罗定，从10月19日开始，将图书、仪器搬运到船上，从水路运离广州。学校各级领导、师生、图书馆员和工人等，立即投入迁校抢运的工作中。他们冒着日军飞机狂轰乱炸的危险，一面订购运输木箱，一面把各种校产、教具、图书、杂志、仪器、试剂和能拆迁的设备归拢、装箱、标示，以及组织"人力练习车"、船等运输工具。然而，在匆忙之中，要把一所大学的物资尽量尽快运走，要把数以千计的木箱从石牌运至珠江边装上船，西迁至罗定，其困难可想而知！

10月19日晚上，广州市内人心惶惶，警察也在逐家劝诫市民赶紧离开广州。20日凌晨2点，首批学校教职员工和家属乘电船一艘、民船五艘退出广州。学校主持者如萧冠英秘书长、邓植仪教务长和出版部张掖主任等人，也于20日乘汽车赶赴罗定，准备和布置临时校舍，以备收容由广州迁出的师生员工。20日，市内军政机关已经全部迁走，形势更趋紧迫。除工学院、农学院、医学院和研究院尚未搬迁完毕，相关人员不肯立即离开之外，负责押运的员工请示学校后，于20日晚停止搬运，立即开船离开市区。

10月21日，日军抵达广州。21日早上，日寇敌机飞抵石牌、岑村一带低空扫射。空袭之下，黑烟弥漫，火光冲天，恍若世界末日来临。当最后一批教职员押运剩下的五船图书、仪器等离开广州时，广州已陷入混乱状态，重要建筑物已被破坏，爆炸之声不绝于耳，浓烟四起（图5-1为日军占领时期的国立中山大学校门）。由于广州处于危机之中，交通工具均被征作军用，学校雇佣的五艘民船行驶至顺德县勒流时，幸蒙江门的范德星先生及陈村邮局竭力协助，才租得1艘电船配合民船转运。大家倾尽囊中所有，凑足了船资，直到29日才抵达罗定。

图5-1　日军占领时期的国立中山大学校门，画圈处为日军岗哨

图片来源：《华南农业大学百年校庆丛书》编委会编：《华南农业大学百年图史》，广东人民出版社2009年版，第103页。

经过学校教职员工的忘我奋战，石牌校区内的大部分重要校产、教具、档案等都被抢运出来，并最终运到了云南澄江。在抗日战争时期被迫迁移的各校中，国立中山大学抢运出来的物资是较多的，这是当时中大人的骄傲！[①]

（二）由罗定到澄江

到罗定后，学校当局一面设址办公、筹划复课，一面向教育部及邹鲁校长请示汇报，并通知各地师生迅速集中、恢复课业。但是，学校要在罗定办学，面临着很多困难：第一，校舍严重缺乏，很难满足当时文、理、法、工、农、医和新建的师范学院等7个学院、30多个系、130多个班级的教学实验用房和办公用房之需；第二，罗定离前线太近，与广州的直线距离只有约170公里，日军随时可到，学校很难安定下来办学。由于这些问题难以解决，加上交通不便、邮电阻滞，学校至11月中旬尚未复课。于是，学校考虑第二次迁移，改在广西、云南两省选择校址。11月25日，奉教育部及邹鲁校长来电，学校开始西迁广西龙州，先在南江口集中，至12月1日

[①] 罗永明：《我们的中大》，中山大学出版社2001年版，第67页。

/ 第五章 / 迁徙办学（1938—1945）

乘动轮西驶梧州，一面派人在龙州计划校址，一面在广州湾及梧州各地设置通讯处，以便师生登记。

正在西迁龙州途中，学校又奉教育部令再迁云南。原法学院院长邓孝慈（云南盐津县人）建议学校迁往云南澄江。之后，吴信达、邓文康等人对学校迁往澄江也起了促进作用。学校最终决定迁往澄江。

关于迁校的意义，当时负责迁校工作的校长室秘书萧冠英事后向全校师生报告："穷兵黩武，泥足深陷，不自悔惧，于去年①十月侵犯华南。当时连年烽火，一日数惊，冠英受邹校长负托之重，为保存学校，保存文化起见，不得不谋他迁，以图恢复课业。盖此不仅使师生减少施教研究精神上的不安，且亦求图书实验设备的充分应用，然后能宁静致远，以维民族永久的生命于不堕。"

学校由于仓促撤退，辗转搬迁，损失惨重，负责押运公物的教职工更是饱尝艰辛。当年参加押运公物的图书馆主任杜定友教授，曾写下《西行志痛》以描述当时搬迁的艰苦历程："行期：125天；行程：经历广东、广西、云南、香港、安南，停留18站，凡11970余里；行侣：离广州时同行者43人，中途离队者14人，受重伤者1人，病故者1人，到达目的地时仅27人；交通：步行、滑杆、骑马、货车、火车、木船；饮食：餐风、干粮、面摊、粉馆、茶楼、酒店，甜酸苦辣；起居：宿雨、泥屋、古庙、民房、学校、客栈、地铺、帆布床，天堂地狱！"

学校西迁云南定址澄江后，滞留各地师生纷纷赴滇复课。当时赴滇路线主要有两条：一是由罗定经梧州、桂平、南宁、龙州和越南入云南；一是由香港乘船经海防、河内转滇。这时还有两百余名学生，因在连县星子镇参加广东学生集训，于1939年1月15日集训结束后，才组成国立中山大学集训学生返校团，离开星子镇赴滇。他们或乘火车、汽车、民船，或徒步，经坪石、衡阳、桂林、南宁、镇南关、河内、昆明等地，历时一个多月，历尽艰辛，于同年2月24日抵达澄江，返回学校。至此，全校师生员工基本于澄江集齐。

---

① 去年，指1938年。

- 103 -

（三）迁校损失

西迁前，学校图书馆藏书30余万册，迁出者近8万册，不到总数的1/3。

对于图书馆损失严重的原因，杜定友在《国立中山大学图书馆民国二十七年度工作报告》中做了阐述："此次广州之突变，及失陷之迅速，实出吾人意料之外，且事前受报纸虚伪之宣传及'广东精神'之迷惑，故缺乏迁移准备。本馆以前所移存之图书，均以避免空袭为目的，且一部分重要图书，因校中照常上课，未能装箱。至其他图书，本拟全部装箱移存，但为经费所限，未能如愿。及至事变之日，虽有经费，亦无木箱可购，且当时交通工具悉被统制，无法运输，同仁等虽尽力抢救，亦不过78403册。"

除图书馆损失巨大外，学校各学院、研究所和附属机构也损失严重。据不完全统计，理学院、工学院、农学院、研究院、两广地质调查所、广东通志馆丢失的图书、仪器、标本、模型等共达604箱。在此期间，只有农学院农林植物研究所在所长陈焕镛的主持下，图书、仪器、设备保存相对完整，损失较小。

在西迁过程中，国立中山大学的师生员工们没有因为战争的恐怖而临阵脱逃，而是冒险犯难，尽最大的能力来保护校产，保存学校实力。根据国民政府教育部编制的《抗战以来公立私立专科以上学校财产损失统计表（1939年4月）》统计，国立中山大学死伤人数达12人，财产损失621.78万元（包含校舍）。

（四）澄江概况

澄江县位于云南省中部，离昆明大约60千米，是一个古老的小山城。在迁往澄江前，邹鲁校长在重庆发电报给住在昆明的原法学院院长邓孝慈，向他征询迁校意见。邓院长力主学校迁往澄江，认为：第一，云南是大后方，战时环境安定，从来没有受敌机骚扰过，适宜办学。当时许多大学正准备迁到云南，如北京大学、清华大学、燕京大学、南开大学、同济大学等高校，都准备在昆明建校。第二，澄江环境优美，素有"鱼米之乡"的称号，距昆明仅60千米，通公路40千米，其余20千米已修成毛路，交通尚属便利。而且澄江比昆明隐蔽，更不为日军注意，是大片平原的开阔地，南临抚仙湖，又有东、西龙潭水流日夜灌溉，没有干旱之灾，一年收获的粮食（水稻）可供三年食用。第三，澄江县城及附近乡村闲置的建筑、庙宇较多，可供学校使用。

澄江县城内连阡陌，外绕群山，环境清幽，十分适宜于安心修学。各个寺院一般都设有宽阔的广场，可供师生员工课余的学术集会、艺术研究、表演抗战戏剧，以及开展运动、举行比赛之用。附近还有东、西龙潭，学生在周末课余可以游览阅历，开展远足、旅行、摄影、游泳等娱乐活动。对于大多数来自南方的学生来说，风景优美的抚仙湖就是一个天然的游泳场，后来经由学校设置游泳棚、更衣室，已投入使用。

战时防空也成为学校办学的一个必要条件。国立中山大学曾计划利用城郭、山林等天然环境，采取疏散方式，拟建防空洞47座、防空壕46座，这些防空设施基本可以容纳本校全部人员。至于空袭疏散地点，学校也对城厢内外各院舍加以详细图示描绘和文字说明后，分别送到各院部依照办理。

学校迁址澄江后，院舍分布于城厢内外。澄江县城寺庙和古建筑比较多，坝区村寨林立，但是无法找到一个能同时容纳全校师生进行教学、研究和工作的场所。学校只能因地制宜，采取分散办学形式，利用当地庙宇、祠堂等建筑，以及自盖简易房屋作为校舍。其中，总办事处、图书馆、研究院、文师两学院设在澄江县城内，理、法、农、医、工五个学院则分布在城外各个乡村、寺庙等处。各单位一般根据原来的寺庙院观进行修整，用篱笆、旧布把塑有菩萨的神殿间隔开来，其余场地改造为办事处、课室、宿舍等；如果场地不够，再另外搭建一批简易房屋。

农学院的课室、校舍设在离县城两千米的鲁溪乡玉皇阁（图5-2），吉里村关圣宫，秧郎村莲石寺、关圣宫，许马乡上寺，鲁溪营上、下寺，洋廖营凤台寺，观音寺、文昌阁等十所庙宇寺观内。

图5-2 如今幸存的农学院校舍之一——鲁溪乡玉皇阁

学校迁往澄江后,澄江县城15千米以内,能利用的建筑全部被用尽,仍旧不敷使用,师生还自盖了一批简易房屋用作校舍(图5-3)。尽管如此,课室、宿舍仍然远远不足。农学院因经费不足,直到离开澄江仍尚未建新教室。

家具用具方面,学校因陋就简,利用土坯或者木柱做成桌脚、凳脚、床脚,再铺上木板,解决桌子、凳子和床缺少的困难。因为道路条件差,实习用的机器无法运来澄江,学校便在离澄江县城约20千米外的昆明市呈贡区归化村设立实验室。晚上没有电灯照明,大家就用汽灯、蜡烛或油灯照明。

图5-3 1939年,位于归马村的农学院学生宿舍外景

图片来源:《华南农业大学百年校庆丛书》编委会编:《华南农业大学百年图史》,广东人民出版社2009年版,第105页。

二、教学安排

(一)艰难复课

国立中山大学经过四个多月的辗转搬迁、长途跋涉之后,至1939年2月底止,各院系共有教职员245人(校本部人员未计在内)、学生1736人到达澄江,3月1日正式复课。因迁校阻延,将校历临时更改:上学期由3月1日起至5月底止,下学期由6月1日起至8月底止,不放暑假,只在学年结束时休业约20天办理毕业事宜,并为下学期开课做好准备工作。这一年的毕业典礼也照常举行。

农学院当时从各地赶到澄江复课的学生共227人,各系教授除两三人因事未到外,其余均先后到澄江授课。师资力量基本保持抗战爆发前的水平,共有教授18人、副教授10人。院系和研究机构负责人也是石牌校区的原班人马。

在澄江办学期间,因为迁校及办学条件限制,学校招生、学生入学等均面临诸多困难。迁往澄江后,许多外籍教授不愿前来,本校教授及职员、工人不能来滇工作的也不在少数,校内许多机构人员残缺不全,想要恢复到石牌校区的繁荣面貌和办学规模十分困难。到澄江之后,学校恢复招生,并大量接收借读学生,但与西迁之前相比,人数已经锐减(表5-1)。

表5-1　1939年度农学院现有学生人数

系别	一年级	二年级	三年级	四年级	合计
农学系	36	32	30	32	130
森林学系	2	8	6	4	20
农业化学系	9	9	4	2	24
蚕桑学系	4	3	6	2	15
畜牧兽医学系	6	7	2	1	16
农业经济学系	9	5	5	3	22
合计	66	64	53	44	227
说明	正式学生193人,借读生33人,随班听讲生1人,共计227人				
研究院部别	男性		女性	合计	
农科研究所	4		0	4	

资料来源:《国立中山大学二十八年度要览》,中山大学档案馆馆藏档案。

（二）共克时艰

当年，办学条件和生活条件虽然非常艰苦，但农学院在抗日救亡的精神激励下，教师们克服重重困难，积极开展教学、科研和推广工作，广大学生也在战局动荡中坚持学习。在此期间，农学院一方面力求补充教学、科研设备，解决试验、实习场所不足的问题，以改善办学条件；另一方面积极与云南、广西、广东、湖南等省开展协作，发挥农学院科技优势，实现"教建合作"，以推进战时农业建设。

在澄江艰苦的办学环境中，教学物资紧缺，学校有时甚至连课本、讲义都难以印刷。学生只好专心听讲，认真做笔记。到了晚上自习时，没有电灯，大家只好用煤油灯，四年级同学每人一盏，三年级及以下的同学每两人一盏。尽管如此，各学院师生仍因陋就简、因地制宜，根据学科的特色开展各种形式的教学活动，广泛开展学术报告、讲座，兼顾实地考察和调研，以及支援抗战的科研活动。

迁滇后，农学院在教学上遇到的困难主要有两方面：一是缺少图书、仪器和标本，实验用的化学药品又添购不易；二是欠缺实习场地，给农科必要的田间实习、试验造成很大困难。为此，院系领导四处奔走，经多方努力，争取到云南省建设厅拨借第一农场、三华山林场共1000余亩场地，由学院农场经营管理，供师生科研和实习之用。还与澄江县政府合作在农学院附近划拨场地设立试验场。

1939年4月下旬，邓植仪院长同丁颖、侯过教授亲赴昆明大普吉农事试验场，洽商创办学校试验农场，组织农学院学生到该场实习事宜（图5-4为农学院一年级学生在澄江农场实习）。同年8—9月，森林学系主任侯过教授赴滇西等地调查林业及演习林场场址，选定了宜良县境的阳宗海北岸姜家山、夏家山、五亩山一带作为森林学系实习林场。在学校迁到澄江后，远在香港复课的农学院农林植物研究所也派出教员到澄江给学生上课。

图5-4 1939年农学院一年级学生在澄江农场实习

图片来源:《华南农业大学百年校庆丛书》编委会编:《华南农业大学百年图史》,广东人民出版社2009年版,第107页。

(三)艰苦奋进

尽管办学条件极为艰苦,农学院仍不改育人初心,注意结合当地农业生产情况,充实教学内容。农学系主任温文光教授亲自到呈贡、宜良、开远等地调查果树生长情况,搜集材料以指导学生实习;农学系病虫害组教师积极采集当地作物病虫害标本,以丰富教学内容。

1939年5月,根据教育部有关学系订正名称的规定,订正林学系为森林学系,蚕桑系为蚕桑学系,农林化学系为农业化学系。同年7月,教育部批准农学院增设农业经济和畜牧兽医两个学系(即由农学系原设农政和畜牧两组各自独立扩建为学系)。农学系内仍分设农艺、园艺和病虫害三组。至此,农学院由四个学系发展为六个学系。

三、科研进展

由于澄江地处农村,特别有利于农学院开展科研活动。学校迁到云南后,大批农技人员带着研究项目和成果来到云南,促进了大后方农林科技的发展。除开辟农场、林场研究实验外,农学院对大后方的农业展开了广泛的农林考察调研工作,力图通过科研为国家战时粮食、农林政策起到支持的作用。教授们致力于解决抗战军民的衣食问题,在农业研究与推广上下了很大的功夫。张农教授认为:"今日之敌我斗争,益显敌死我活必不两成之猛势,则持久抗战而积极建国之工作,厥为自力生产,以应时代更生之要求,顾斯生产,要非农林莫属。"①

(一)迁滇人员的科研成果

1939年4月,邓植仪院长和丁颖、侯过教授等沿滇缅公路考察昆明至大理间的农林及土壤概况,沿途采集了各种土壤标本,邓植仪亲自撰写了《沿滇缅公路考察昆明至大理间农林及土壤概况报告》。

同年10月中旬,农学院土壤调查所和研究院土壤学部共同开展调查研究工作,由谢申教授与黎旭祥、刘致清等组成土壤调查队,负责进行澄江土壤调查(图5-5),历时共45天,基本摸清了该县的土壤概况,还在调查中几次发现磷矿,撰写出版了《澄江之土壤调查报告书》,以及土壤分布图、土壤利用图各一幅,系统地记述了该县农林概况、土壤状况,并对上、下秧郎村用鲜藕擦制藕粉的情况做了细致的调查和详细记录。

农林植物研究所与云南大普吉农事试验场合作,在该场开辟药用植物苗圃,对滇南的药用植物开展了搜集、培育、提炼等一系列研究工作,以促进该省药用植物的生产,

图5-5 谢申教授(右一)调查云南澄江的土壤

图片来源:《华南农业大学百年校庆丛书》编委会编:《华南农业大学百年图史》,广东人民出版社2009年版,第106页。

---

① 何学昆:《爱国农学家张农教授》,湖南省文史研究馆1997年,第291页。

并对四川油桐及蓖麻油产量进行调查和改良试验。远在香港的农林植物研究所陈焕镛教授高度重视云南的珍稀植物,派出该所的蒋英副教授和王孝研究员在澄江及昆明附近、滇越边界各县调查、采集植物,取得标本600余号。

除此之外,新成立的农业经济系积极开展农村经济调查,组织云南经济调查团,对澄江及其他地方进行调查。1939年寒假,副教授周文卫带领学生到开远县调查农村经济,撰写并出版了《云南开远县农村经济调查》一书。

在短短一年多的时间里,农学院调查研究成果颇丰。除上述成果外,还有黄日光的《云南之农林建设》、侯过的《迤西见闻录》、邓植仪的《采伐及保护西南天然林》、刘棣棠的《澄江稻田深耕法之考察》、丁颖的《增加西南各省粮食生产》、张邦翰的《建议生产会议开发改进云南农林生产各文》、晏才杰的《田赋刍议〈整理云南之田赋计划〉》、蒋英的《云南森林植物调查报告稿》、张农的《致龙云主席拟云南实施农林建设之初步办法》等。此外,农学院还派助教杨宗锡到云南宾川县和滇越铁路沿线调查甘蔗生产情况,写出《宾川县蔗作调查报告》和《滇越铁路沿线蔗作调查报告》。

此外,《农声》杂志于1940年1月30日在澄江正式复刊(图5-6),结合云南农林生产实际,发表了《云南的农林建设》等文章,为云南农业生产出谋献策。同时,各类学会也纷纷建立。1939年12月,农业经济学系成立农业经济研究会,畜牧兽医系学生成立畜牧兽医学会;1940年1月,森林学系师生成立森林学会。学术刊物与学术团体的恢复与组建,使艰难岁月中的师生们有了科研和学习交流的平台。

图5-6 《农声》复刊号

图片来源:由华南农业大学图书馆提供。

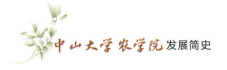

（二）留粤机构的科研成果

农学院西迁后，未迁滇科研机构继续发挥作用。石牌稻作试验总场（移设于信宜）、南路稻作育种分场、韩江稻作试验分场和沙角沙田稻作试验分场的试验工作仍继续进行。曾遭日军严重破坏的东江稻作试验分场也在逐渐恢复。

为了解决北江水稻生产实际问题，农学院应广东省政府的邀请，特派丁颖教授于1939年底回粤共同商议，拟于曲江县龙归创设北江稻作试验分场。丁颖教授还顺道到留粤各稻作分场检查和指导工作，并根据广东粮食生产情况，由分场派出科技人员分赴郁南、罗定、曲江等县推广优良稻种，以期提高当地战时粮食产量。

蚕桑学系为保存优良蚕种，除在河内设育种工作站外，后来又得到广西省政府拨地2000余亩在广西龙州设蚕桑场，于1939年9月开始养蚕，并得到中央农业实验所和广西省政府拨款补助。森林学系则利用白云山模范林场原有经费，在粤北经营乐昌演习林场。

农林植物研究所香港办事处在陈焕镛教授的主持下，着重整理以前采集的大量标本，并继续研究生的培养工作。在香港九龙继续出版《农林植物研究专刊》，并刊行《澄江植物志》。这些刊物凝聚了艰苦年代国立中山大学教师坚持科学研究的心血。

（三）与云南等地方合作

内迁后，学校一如既往地与西南各省政府保持着紧密的技术合作关系。

农学院与云南省建设厅、澄江县政府合作，开展稻、麦、茶、蔗、蚕桑、果树、蔬菜、畜产、林业和病虫害防治等多方面的试验研究。农学系在澄江县开展对农作物和经济作物的研究，如栽桑、养蚕，搜集植物标本，在鲁溪营开展稻谷良种试验，对澄江主要农作物水稻、蚕豆展开全面而细致的调研工作。病虫害组对西南五省土产杀虫植物进行了历时一年的调查，采得具有杀虫价值的植物76种。

1939年1月，全国稻麦改进所及国立中山大学农学院与广东信宜县政府合作，改进信宜县稻种种植水平；3月，国立中山大学和广西省政府合作，改进广西蚕丝业，筹设西南蚕丝改良场；6月，农学院派员协助云南省蚕桑改良所发展蚕桑事业；10月，云南军政机关对森林学系主任侯过不畏艰难，深入云南山区进行森林业发展状况调查的行为，给学校发函致谢及表扬；11月，云南省建设厅与农学院商订合作条约，以及请农学院派员前往澄江县指导苗圃技术。

四、学生资助

抗日战争全面爆发后，国民政府不得不扩大发行货币，全国各地开始出现通货膨胀。另外，随着国内大批内迁院校的到来，云南人口剧增，物资供不应求，物价被抬高，越来越多的学生生活日趋惨淡。国立中山大学学生以粤籍学生和华侨子弟居多，占学生总数的百分之七八十，相对其他省份的学生，家境较好，生活状态较为舒适。然而好景不长，1940年太平洋战争爆发后，港澳沦陷，许多学生经济来源断绝，港澳生、华侨生的生活也逐渐变得困难。抗战初期，学生每月伙食费一般不超过35元；1940年后，生活费日益上涨，每月三四十元已经不敷使用，加上战争导致不少学生经济来源被迫断绝，学生贫困问题日益严重。

学校针对学生贫困问题，建立了一系列资助贫困学生的规章制度和组织机构，以帮助贫困学生克服经济困难，顺利完成学业。1939年9月，学校发布学生申请贷金办法，规定：各学生应当于规定日期内，向所属学院领取申请书，照式填写，附原籍县/市长开具家境清贫证明书，以及同学三人保证书，呈交院长审查汇报核办。如果因为战争关系，确实无法取得县/市长证明书，则在申请书备注栏目内注明，免交该项证明。新生申请贷金日期，则在开学后再行公布。①

学校搬迁澄江以前，除少量借读学生申请贷金之外，各个学院申请贷金的人数很少。"惟自迁澄后，三四五等月，贷金学生均达1200余人。

---

① 《学生贷金证明书权益办法》，载《国立中山大学日报》1939年9月27日。

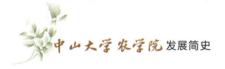

经详细审核,将瞒报家贫、彰明较著者,公布取消其贷金资格、停止续贷后,每月贷金学生仍有600余人。"①

学校对公费学生,原先每人每年发给国币120元,自1940年1月22日起每人每年再给予书籍费30元,分上、下两学期发放。

学校还延续了1937年4月制定的《贫苦学生工作及补助办法》,迁址澄江后,除充分利用原有寺庙空舍外,各学院筹备新址、新建工程,诸多工作都离不开学生勤工助学的服务。

除了教育部的财政来源,云南省政府对国立中山大学的内迁办学也提供了资助。1939年,云南省政府体谅国立中山大学学子长途跋涉来滇求学,拨款5万元,作为家境困难学生的生活津贴。

五、训导制的实施

国民政府在抗战时期推行训导制度,包含训育制和导师制,是国民政府加强对大学生的思想控制和进行党化教育的重要措施。1938年2月,国民政府教育部颁布《青年训练大纲》,作为学校训育工作的准绳;同年4月,又颁布《中等以上学校导师制纲要》,训令各校设置主任导师及导师,分组训导学生。国立中山大学奉教育部令实施训导制,并制定相应章程,颁发至各学院遵照办理。"七七事变"后,学校训导制的施行有所延缓。到澄江之后,学校继续开展训导制工作。

(一)导师制

在导师制方面,聘请各院系教授为导师。原则上每名导师训导的学生为15人,但学生较多、教师较少的法、农、工三个学院,则每名导师训导20~30名学生。学校要求导师按制度严格遵照实施,密切注意指导学生的思想、行动、学业和身心等各方面的情况。每个新生入学,就由学院调查其履历和志趣,指定一位相关学系或该生的任课教师担任其训导老师。为

---

① 《大学布告》,载《国立中山大学日报》1939年10月5日。

了各训导老师互相交换训导意见，一些学院还制定了学院规程，每个月举行一次训导会议。

训导制是国民政府强制各学校实行的制度，所教授的内容以国民党的党义为主。在推行党化教育过程中，训导处挟制学生的办法主要有两项：一是核准或撤销学生的贷学金，二是登记与审核学生的社团和壁报。他们时常以学校当局的名义，对"品行不端"的学生或施以"记过""开除学籍"等处分，或课以取消贷金等物质"惩戒"。所以，训导制在当时也存在较大争议。

（二）生活指导

在生活指导方面，由学院教职员若干人组成学生生活指导委员会，从学生的饮食起居、卫生康乐、读书旅行到研究出版、社会服务等，事无巨细，均分别由专人加以指导。为了促进学生团体生活，培养学生的服务能力，各班均组织"同学服务委员会"，领导全体同学在寝室、庭园、膳食、医药、运动、娱乐等各方面轮流服务，均由师生协同负责计划管理。师生共同生活，日有常规，黎明即起，早操后安排早餐，依次修学服务，课余从事运动，晚上自修完毕，按时就寝休息。每周举办读书会、学术演讲会，周末举行夕会，进行高尚的娱乐。每隔一周的星期日结队游览近郊名胜（图5-7），隔月则轮流到其他学院举行联欢会，以增加师生友谊。

图5-7 农学院学生在澄江郊游。后排左三为冯淇辉，后来成为我国著名的兽医学家

图片来源：《华南农业大学百年校庆丛书》编委会编：《华南农业大学百年图史》，广东人民出版社2009年版，第107页。

（三）学生集会和出版

在学生集会和出版方面，学校遵照教育部指令，密切注意学生集会及出版的刊物。凡各系级的集会，由各院系主任或教授负责指导；各系级所出版的壁报刊物，除由各院系主任负责指导外，还须经过训导处审阅，之后才能发表，审查标准按规定公布；学生因生活服务而举行的集会以及出版的刊物，则由学生生活指导委员会负责指导及审阅；其他学生集会，概由训导部负责指导；学生集会完毕，须由该集会主持人依照训导部规定填报相应表格，以备查考。

（四）激发民族精神

在激发民族精神方面，有些院系每天早上举行升旗礼，晚餐前举行降旗礼，还举行国民精神总动员会之类的集会，规定全院学生必须出席。新生的军事训练也确立了保健、自学、服务和救国四大训练方针。

六、校园文化

尽管国立中山大学经历了充满艰辛的迁校过程，师生俱疲，然而一经休整，步入正轨之后，校园文化又恢复了往日的生气。学术研究会、读书会、座谈会等活动皆得到发展。

国立中山大学迁滇后，全校性的社团以"青年生活社"影响较大，领导力较强。该社由农学院共产党员方君直等发起，成立于1939年11月，由国立中山大学地下党领导，各学院设有分社。农学院分社负责人是方君直，成员有杨瑾英、吴灼年、伍丕舜、梁省东、谢赛桃、陈益年等。他们积极组织学生开展各种抗战宣传活动，如举行"大学生战时生活与工作"讨论会，澄清了学生中的一些模糊思想，提高了"读书不忘抗战、抗战不忘读书"的自觉性，增强了大家对抗战的决心和信心。该社对学校大事也非常关注，曾组织全社讨论有关迁校返粤等问题。农学院分社社员在讨论中普遍认为，农学院西迁后，对广东农林生产影响至大，积极支持迁返广东办学。

1939年8月21日，国立中山大学第十三届毕业典礼顺利举行，国立西南联合大学文学院院长冯友兰等人均到场观礼。图5-8为1939年国立中山大学第十三届毕业纪念章。

在澄江办学时期，人才培养工作并未中断，正如邹鲁《告同事同学书》中指出："本校迁澄后……一般同事同学，依然埋头教学，日则节膳忍饿，面多菜色，夜仍焚膏继晷，目注芸编，苦斗精神，始终不懈。"1939年8月21日，国立中山大学全校师生员工举行到云南澄江后的第一次联合纪念周毕业典礼大会，欢送5名毕业研究生和462名毕业本科生，以及41名外校借读生。其中，农学院有53名毕业生。

图5-8　1939年国立中山大学第十三届毕业纪念章

图片来源：《华南农业大学百年校庆丛书》编委会编：《华南农业大学百年图史》，广东人民出版社2009年版，第105页。

1938年校庆之时，学校尚在迁徙途中，未能隆重办理。1939年11月11日，是国立中山大学成立十五周年，学校在澄江城内的师范学院操场举行庆祝大会（图5-9）。会场布置空前，各方代表及师生行礼如仪。首先由校长室秘书萧冠英报告西迁办校经过，接着各学院代表先后发言。然后举行游艺会和演出，并举行为期三天的展览会。

图5-9　国立中山大学师生举行建校十五周年纪念大会

图片来源：《华南农业大学百年校庆丛书》编委会编：《华南农业大学百年图史》，广东人民出版社2009年版，第107页。

农学院举行了游艺会和多种演出，之后在文庙与师范学院分别举行展览会三天。各系均有多个项目参加展览：农学系农艺组有农作物标本6种，植物病虫害组有澄江县农作物病虫害标本26种，以及各种菌体形态图5幅；蚕学系有在澄江饲育成功的蚕丝标本数十种，内分蚕儿4种、蚕茧10种、桑10种；森林学系有木材标本100余种，内分广东木材标本100余种、外国木材标本12种、云南木材标本10余种，森林图表4种，森林幻灯片约50种，云南产药用植物标本30种，林产制造品2种；农林化学系有农产制造出品（如腐乳、甜醋、酱油等）六七种；土壤调查所有澄江县土系标本及图表共数十种。①

此外，在澄江期间，师生们于教学科研之余，积极开展各种形式的抗日宣传活动，如演话剧，举行晚会、报告会，出墙报、画刊等，在宣传抗战、破除迷信、移风易俗等方面发挥了很大的作用，取得了令人振奋的效果。

七、服务澄江

抗日战争爆发后，教育部要求各大学兼办社会教育，作为实施爱国教育的基本方针。学校搬迁澄江之后，于1939年9月1日正式成立社会教育推行委员会，校长聘崔载阳任委员会主席，各学院院长、教务长、训导长、事务长，以及教授林本侨、徐锡龄、许浈阳、陈铭新为委员，徐锡龄教授为主任干事。各学院也相继成立社会教育推行委员会分会，聘任负责办事人员，开展社会教育工作。

学校兼办社会教育的项目分为一般性质和专门性质两类，各学院都需参加。一般性项目是根据各个学院的专业所长，由某一学院负责指定项目，并对项目进行综合设计和组织协调各学院参与。专门性项目是由各学院分别根据其专长负责单独运作，其中农学院负责农业推广项目。农学院

---

① 梁山、李坚、张克谟：《中山大学史稿（1924—1949）》，上海教育出版社1983年版，第336页。

的学生除教民众识字外,还注重传播公民知识和农业知识,分四期施教,每期四个月,每期共600余人参加。为推广农业生产,农学院学生又在驻地附近开展农村经济状况的调查。据当时学生描述:

> 一切服从于抗战!我们中大员生,虽蒙政府厚爱,奉令迁入山城,但却不乘机做隐士,一味埋头读书。我们继续上堂、实验、考试,一如平时的进程;同时一点也不肯放松文化播种的工作和抗战教育的工作。我们的学校生活是多面而丰富的。

学校在澄江办学的近两年时间里,兼办社会教育工作并取得了较大的成绩,为古老的澄江县城带来了新思潮和新风尚,向当地人民传播了科学文化知识,为广大群众排忧解难,留下了不可磨灭的历史印记(图5-10)。

图5-10 国立中山大学师生在澄江

图片来源:吕雅璐主编:《抗战烽火中的中山大学》,中山大学出版社2017年版,第159页。

八、告别澄江

1940年春,国民政府教育部部长陈立夫(国民党CC系成员,该派又称"中央俱乐部")来到澄江国立中山大学。为了能控制国立中山大学，他策划提出"打倒萧冠英"的口号，发动"倒萧护校运动"。这场斗争影响到了文、法、理、工、农各学院，学生先后罢课，引发全校性的学潮。国立中山大学的中共地下组织支持地方实力派，反对CC系。青年生活社负责人罗培元、李文浩等团结大多数同学与CC系进行激烈斗争。教授们则劝告同学体察时艰，珍惜不可多得的学习机会，保全后方教育，发扬抗战文化，充实抗战力量。这次学潮的结果是萧冠英被迫辞职，在重庆养病的邹鲁也于当年4月向教育部请辞校长一职，被批准给假休养。1940年4月，教育部任命曾代理过国立中山大学校长的教育家许崇清再次代理国立中山大学校长。[1]

同年，随着时局的发展，有四大因素促使国立中山大学考虑再次搬迁：一是由于云南省的物价天天上涨，生活成本剧增；二是当时广东迁省会于粤北韶关，粤北局势相对稳定、有办学条件；三是西迁澄江后，广东及邻省湖南、江西等地区学生入读困难；四是国民党粤籍元老与高官认为纪念孙中山先生的大学应该迁回广东，广东文化教育界进步人士则积极支持国立中山大学迁回粤北，希望国立中山大学在坪石开展进步文化工作，把国立中山大学办成文化运动基地。加之1940年7月初，日寇策划从越南进攻云南，蒋介石电令所有迁到云南的大学"立刻准备万一，快速搬迁"，国立中山大学迁校已成迫在眉睫之势。[2]

而农学院回迁的重要原因，是为了适应广东农业生产发展的需要。二三十年来，广东的农业建设离不开农学院的直接参与和支持，农学院的教学、科研基地又都建在广东。迁校前，因邓植仪出任农林部技术总监，由丁颖教授于1940年8月临危受命接任农学院院长（图5-11），并组织农学院的搬迁工作。

---

[1] 梁山、李坚、张克谟：《中山大学史稿（1924—1949）》，上海教育出版社1983年版，第345页。

[2] 吴定宇主编：《中山大学校史（1924—2004）》，中山大学出版社2006年版，第177页。

/ 第五章 / 迁徙办学（1938—1945）

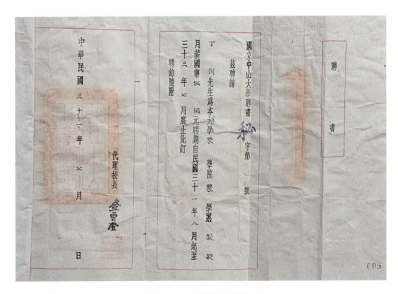

图5-11　丁颖院长聘任书

图片来源：由华南农业大学中国农业历史遗产研究所提供。

1940年8月，奉教育部令，在许崇清代校长的主持下，国立中山大学开始准备从云南澄江迁回广东，校址定在广东北部的乐昌县坪石及其周边地区。在离开之前，学校举行了离澄话别会。许崇清代校长、张云教务长、吴康院长和教授们撰写了诗文《骊歌》作为纪念。许代校长亲自撰写了《告澄江民众书》，铭刻在墨石板上，向澄江人民道谢告别，同时也总结了国立中山大学在澄江办学的历史。

1940年正值抗战艰苦之时期，此时院校皆为西迁，国立中山大学东迁实为壮举。东迁后国立中山大学成为粤汉铁路之东中国最高之学府，也是距前线最近之学府，为广大逃离沦陷区不愿接受日本侵略者奴化教育的学子们提供了治学报国之所。若无抗战必胜之决心实不可为，壮哉吾校，蔚为国光。

第二节　二迁湖南宜章[①]

一、学校坪石办学概况

坪石地处广东、湖南交界处，是乳源北面靠近湖南宜章的一个较大的集镇，可以说是"粤北的粤北，湘南的湘南"。这里交通较为便利，有武水经过，粤汉铁路在其西南约四千米处经过，设坪石站。在国立中山大学迁驻之后，私立岭南大学农学院、培正中学、培联中学、华侨中学等学校也相继迁来，坪石突增万人，骤然繁华，享有"粤北文化城"的雅号，成为当地的交通枢纽和文化中心。坪石环境优美，到处是石级山径和弯弯曲曲的溪水，但地方太小，只能作为集散地。为了缓解地方办学压力，分散敌机轰炸进攻目标，国立中山大学各学院在围绕坪石50千米的范围之内分散办学，只有学校总办公厅、研究院、先修班、学生贷金审查委员会设在坪石镇。

全校一年级新生部设在坪石附近的车田坝，后迁至武阳司，不分院系统一集中上课；高年级同学则分别在各院上课。1940年12月，一年级新生已陆续到达，但各学院房舍尚在赶建中，仍无法开课。为免学生闲荡，学校采取新生集训的办法，在美化（属乳源县）和单竹迳（近管埠）两地举办一年级新生军事训练。

学校在坪石办学的四年时间内，借助坪石崇山峻岭、森林茂密的隐蔽环境，短时间内虽无日军进攻之虞，但地处湘南粤北交界山区，常有野兽和土匪出没，师生们的人身安全也常受到威胁。在第七战区司令部、第九战区司令部、湖南省司令部、广东全省保安司令部的保护下，师生因陋就简，因地制宜，在极度困难中得以安心学习和坚持科研。

[①] 王浩主编：《华南农业大学校史》（第2卷），广东科技出版社2009年版，第44—50页。

1940年12月，学校召开迁校坪石后第一次教务会议，公布1940学年校历（图5-12）与作息时间，学校教务工作与学生生活步入正轨。由于学校各部散处于坪石的不同地方，为便利办公起见，学校于1941年择要安设电话，1942年底又加设农学院电话。

学校设立了各种委员会管理全校工作，主要有图书委员会、仪器委员会、贷金审查委员会、公费免费学额委员会、社会教育推行委员会、校舍建筑委员会、财务委员会，各个学院还设有教授聘任委员会等。

国立中山大学在坪石办学时期，也是全国抗战正酣之时。学校一边致力于尽力恢复正常的教学秩序，一边亦不忘做好预防空袭的准备。迁校不久，学校即按照广东省防空司令部的要求，着力架设防空电话专线。粤北、湘南地处偏远，难以在短期内建立全校现代化的通信网络。因此，学校因地制宜，将山岗顶的白壁圆形碉楼最上层改为临时情报台，与坪石情报台联络。在临时情报台上支起树干，当接获空袭情报时，根据情报的次数和紧急程度，在树干上覆盖若干大竹筐作为情报。在新生部和塘口等瞭望哨发现该警报后，立即鸣锣报警，帮助师生们迅速疏散和隐蔽。全校每个学院都建造了防空洞，足够容纳一定人数的师生。

1940年8月1日——学年开始
　　27日（星期二）休业——孔子诞生纪念日
9月23日（星期一）——第一学期开始
　　24、25日（星期二、三）——第一学期注册选课
　　26日（星期四）——第一学期上课
10月10日（星期四）休业——国庆日举行纪念
11月11日（星期一）休业——本校成立举行纪念
　　12日（星期二）休业——总理诞辰举行纪念
　　13日（星期三）休业——本校第十届运动会开幕
12月25日（星期三）休业——云南起义纪念日
1941年1月1日（星期三）休业——中华民国成立纪念
　　2、3日（星期四、五）休业——年假
　　18日起至24日止（星期六起至星期五止）——第一学期考试
　　25日起至2月7日止（星期二起至星期五止）休业——寒假
2月8日（星期六）——第二学期开学
　　10、11日（星期一、二）——第二学期注册选课
　　12日（星期三）——第二学期上课
3月12日（星期三）休业——总理逝世纪念日举行纪念
　　29日（星期六）休业——革命先烈纪念日举行纪念
4月3日起至5日止（星期四起至星期六止）休业——春假
5月5日（星期一）休业——革命政府纪念日
6月9日起至14日止（星期一起至星期六）——第二学期考试
　　21日（星期六）——毕业礼
　　23日（星期一）——暑假开始
7月7日（星期一）——抗战建国纪念日
　　9日（星期三）——国民革命军誓师纪念日
　　31日（星期四）——学年终结

图5-12　1940学年国立中山大学校历

图片来源：吕雅璐主编：《抗战烽火中的中山大学》，中山大学出版社2017年版，第178页。

二、学院迁驻栗源堡

农学院设在湖南宜章县属的栗源堡（图5-13），离坪石15千米，1940年11月20日正式复课。农学院借用栗源书院作为院本部，学生宿舍则借用庙宇，并借用当地二层砖木结构的栗源书院、祠堂、庙宇和炮楼，略加修缮作校舍。另租地建五座竹织批荡的男、女生宿舍，教职员和少数学生则租用民房做住宅（图5-14）。

图5-13 在湖南宜章县栗源堡的农学院

图片来源：吕雅璐主编：《抗战烽火中的中山大学》，中山大学出版社2017年版，第175页。

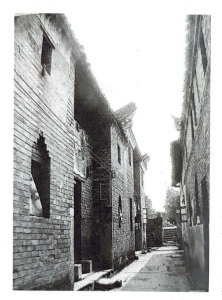

图5-14 1940—1944年，丁颖在栗源堡的住宅（左一）、谢申在栗源堡的住宅（右一），巷子尽头上台阶平台左侧为邓植仪在栗源堡的住宅

图片来源：《华南农业大学百年校庆丛书》编委会编：《华南农业大学百年图史》，广东人民出版社2009年版，第109页。

/ 第五章 / 迁徙办学（1938—1945）

山中清幽宁静，风景秀丽，又有温泉，学习环境十分幽静，适合学生专心学业（图5-15、图5-16）。1940年秋，农学院随学校从澄江迁返粤北后，相对稳定地在湘南偏僻农村宜章县栗源堡办学四年多，先后由丁颖、张巨伯、邓植仪教授担任院长。经过师生共同努力，农学院逐步改善了教学条件，恢复了教学秩序；积极与地方政府协作，面向农村，面向生产，开展科研工作；建立了农学院第一个中共党支部，进一步推动了学生抗日救亡运动。

图5-15　农学院学生在栗源堡

图片来源：《华南农业大学百年校庆丛书》编委会编：《华南农业大学百年图史》，广东人民出版社2009年版，第109页。

图5-16　1943年农学院学生冯淇辉（右一）等在栗源堡明星桥留影

图片来源：《华南农业大学百年校庆丛书》编委会编：《华南农业大学百年图史》，广东人民出版社2009年版，第109页。

（一）组织结构

1940年8月，丁颖教授接任农学院院长后，原各系、所负责人较稳定。农学院下设六个系，分别为农学系、森林学系、农业化学系、蚕桑学系、农业经济学系、畜牧兽医学系。其中，农学系分为农艺、园艺、病虫害三组，农业化学系分为土壤肥料、农产制造、生物化学三组。附属场所有农场、林场、稻作试验场、农林植物研究所、土壤调查所、气象观测所。农学系、森林学系、农业化学系、蚕桑学系、农业经济学系等学系主任仍分别由温文光、侯过、冯子章、杨邦杰、张农教授担任，畜牧兽医学系主任改由刘荣基教授担任，稻作试验场主任、农林植物研究所主任、土壤调查所所长分别由丁颖、陈焕镛、谢申教授担任。

（二）办学规模

为了解决迁徙复校后的师资队伍建设问题，在经费紧张、条件有限的情况下，学校采取了一系列措施以保证正常的教学及科研活动。一是以尽可能优厚的条件聘请一些杰出人才，尤其是学术大师；二是加大力度吸引留学回国人员任教，同时选派本校优秀青年教师出国深造；三是支持本校教授到外校讲学或做客座教授，或是邀请外校学者到本校讲学交流。在坪石，国立中山大学、岭南大学、东吴大学等校皆曾迁此办学，各校师资书目共享。因此，坪石时期学校的科研活动、学术刊物的出版、国内外的考察和交流等得以持续。

经过丁颖院长等的努力，学院增聘了汪厥明、王益滔、王仲彦等知名教授来院执教。抗战前出国深造、获博士学位的校友赵善欢、黄昌贤等和当年未随国立中山大学西迁云南的农学院教授也相继返院任教，由此农学院形成了一支拥有教授、副教授40余人的较强的师资队伍（表5-2、表5-3），进入学院成立后教师队伍的鼎盛时期。

表5-2　1942年农学院教员编制

系别	教授、副教授、讲师人数	助教人数
农学系	14（另兼任2人）	7
森林学系	7	3
畜牧兽医学系	4（另兼任2人）	2
农业经济学系	5（另兼任2人）	3
蚕桑学系	5	2
农业化学系	5	2
合计	40（另兼任6人）	19

资料来源：《国立中山大学现状》，1943年，第13-18页。

表5-3　1942年农学院技术人员编制

单位	技术人员人数
农学院	14
农场	4
稻作试验场	7
乐昌演习林	3
农业推广部	1
农林植物研究所	7
土壤调查所	7
合计：43人	

资料来源：吕雅璐主编：《抗战烽火中的中山大学》，中山大学出版社2017年版，第190页。

农学院迁往栗源堡后，接收了不少来自战区和沦陷区的转学生、借读生，在校生人数逐渐增加，1942年度农学院学生扩展到了385人，1943年初达到409人。表5-4为1942年农学院华侨生人数。

表5-4 1942年农学院华侨生人数

申请救济金侨生	新生及澳门甄别试	香港大港借读生	香港专科以上学校来校借读生	总数
51	21	0	1	73

三、教学管理

在抗日战争期间，国立中山大学办学最大的特点是配合抗战，加强抗战教育及有关抗战的科学知识与技能教育。虽然在数年内，办学校址一迁再迁，但师生仍在极度困难的情况下，积极开展教学与科研。由于战时缺乏教材，老师上课只在黑板上写提纲，全靠学生细心听讲记笔记。学生晚上就在菜油灯下勤学不辍，成长成才。学校十分重视人才培养与社会实际需要相结合，在战时办学经费并不宽裕的情况下，坚持资助师生到全国各地学习考察，尤其是深入偏远地区开展教学和科研活动，收集了大量宝贵的人文科学、自然科学等资料，在粤北、湖南、广西等地区的政治、经济、社会、少数民族等人文科学，以及当地的矿藏、水土、森林、植物资源等自然科学方面做出了贡献。在学习考察的过程中，师生们向当地民众宣传抗战、普及科学文化知识，做出了较为突出的贡献。

（一）课堂教学

复课后，农学院尽力按教学计划开课，除一年级的基础课程外，还为二、三、四年级共开出90门课程，院长和系主任都亲自授课，一般都担任两门课的教学。学院严格要求学生的学业，认真执行年级及学分混合制，要求学生8学期须修满140学分，并完成农林场实习和毕业论文等才可以毕业。学院对学生选课，由各系、组主任亲自指导，经院长签字认可，才能计算学分。学院高度重视学业考试，丁颖、邓植仪教授亲临监考，考场秩序井然。农学院严格的教学风格，一直为学生所称颂。图5-17为丁颖院长与农学院第15届毕业班同学合影。

/ 第五章 / 迁徙办学（1938—1945）

图5-17　1941年，丁颖院长（第二排左六）与农学院第15届毕业班同学合影

图片来源：《华南农业大学百年校庆丛书》编委会编：《华南农业大学百年图史》，广东人民出版社2009年版，第110页。

国立中山大学研究院农科研究所土壤学部迁往栗源堡期间，于1941年、1942年秋先后招收张守敬、张本庚、茹皆耀、华孟和黄媛堂五人为研究生，其中农林植物学系一人、土壤学系四人（表5-5）。

表5-5　1942年度农科研究所情况

所名	系名	教员人数（专+兼）	学生人数
农科研究所	农林植物学系	2+0	1
	土壤学系	3+0	4

资料来源：《三十一年度第一学期国立中山大学研究院概况报告简表》，中山大学档案馆馆藏档案，馆藏号：020-001-0010-013。

（二）教学实践

重视实践性教学环节，是农学院多年来形成的好传统，在战时也不例外。迁到栗源堡后，各系先后组织师生到粤北、湘南、广西等地，结合专业进行实习、调查与考察（表5-6）。园艺系黄昌贤教授带领毕业班学生到耒阳、衡山一带调查当地柑橘栽培历史、种类分布、栽培管理经验、果实贮藏、果品市场概况等，并就地进行剪枝实习与品种检定；农业经济学系教师分别带领三、四年级学生，前往连县、五华、始兴等县调查农村经济情况；畜牧兽医学系师生在当地和国营农场开展牛疫防治工作。

表5-6 农学院学生考察活动简表

时间	学生类别	组织者	考察地点	考察事项
1941年12月		赵善欢教授	粤北仁化	调查采集昆虫标本
1941年寒假				综合林业考察
1941年寒假	四年级	温文光教授	乐昌县	考察园艺事业
1941年寒假	二至四年级			出外考察实习
1941年秋		林亮东教授	湖南、广西东北部	调查农作物分布情况
1942年4月		张巨伯教授	广东乐昌至湖南衡阳一带	调查病虫害情形，并采集教学用标本
1942年10月			粤北连县农林局兽疫防疗所及酒壶岭耕牛繁殖场	调查家畜生长情形及最常发生的兽疫
1942年4月	四年级	黄昌贤教授	湖南耒阳、深田、衡山、南岳一带	调查各地柑橘栽培法、病虫害防除法及果实之贮藏，就地学习剪枝技术

资料来源：中山大学档案馆馆藏档案以及黄义祥编著《中山大学史稿（1924—1949）》，中山大学出版社1999年版。

四、条件支撑

（一）图书期刊与仪器设备

为改善图书、仪器紧缺状况，农学院根据各系所需要的缓急程度，有计划地加以补充。为解决购置外国杂志的困难，学院编辑出版了一些定期学术刊物与国外学术机构进行交换；院图书分馆和各科研单位分别函请国内外有关机构赠送各种书刊，以资充实。农学院的图书主要靠在粤北时经多方搜购及交换、征集所得，有中、西、日文图书将近3000册，杂志逾1000册。此外，截至1943年，还有图书杂志22箱（总数超过2000册）留在澄江没有运回。

农学院的仪器标本4万余件，价值在20万元以上。标本方面，各系均有几百到1000多件不等。其中，农林植物研究所的标本尤为丰富，在粤北一带采集到2000多件标本，从各大学交换到的标本有9000多件，由澄江运回的标本900余件。①

在办学经费极度紧张的情况下，学校仍办了十余种学术刊物。全校性的学术刊物《中山学报》（*Sunyatsenia*）创刊于1941年11月，发刊词写道："中山大学是华南的最高学府，她有宏大的规模和光荣的历史，而国父生前讲述三民主义就在本校，尤其值得纪念。中山大学的同事同学，大家都依然能够专精一志，致力于学术的研求……我们今天都应该排除万难，为传播文化、研讨学术而努力。"《中山学报》的刊行，正是这种努力的具体体现。②

这个时期，农学院在印刷条件十分困难的情况下，保证了《农声》杂志与*Sunyatsenia*继续刊行。院务会议还作出决议，要求每位教授、副教授每学期须为《农声》撰写论文一篇。农学院陆续发表许多专著、论文、调查报告，主要有：丁颖的《云南澄江稻作法之考察》《水稻纯系育种法之研究》，蒋英的《衡山植物分布初稿》，农林植物研究所的《澄江植物志》

---

① 吴定宇主编：《中山大学校史（1924—2004）》，中山大学出版社2006年版，第185页。
② 吴定宇主编：《中山大学校史（1924—2004）》，中山大学出版社2006年版，第209页。

《中国西南各省植物之研究》《亚洲夹竹桃科及萝藦科之专题研究》《中国药用植物研究》，土壤调查所的《云南省澄江之土壤》（图5-18）、《粤北连县乐昌南雄三县之土壤调查报告》等。此外，农学院与湖南省建设厅合办的湖南蚕丝改良场还主编刊行了《湘蚕》杂志。

（二）实习农场、林场、蚕场

迁往坪石之后，农学院除了在院址附近新辟了数百亩荒地，以及租用了100多亩民田作为临时农场外，还在乐昌县城附近出水岩琵琶岭处筹建2000余亩的永久农场。原先因广州沦陷而业务停顿的乐昌武水演习林场，也因交通便利，在学校迁往坪石之后，成为师生研究实习的主要林场，并实施五年植桐计划。

《澄江之土壤调查报告书》。

图5-18 云南省澄江之土壤调查报告书封面

图片来源：《华南农业大学百年校庆丛书》编委会编：《华南农业大学百年图史》，广东人民出版社2009年版，第106页。

农学院同时设有推广部，管理农林业一切推广事宜，将农学院的知识和经验向当地农民推广，同时通过到湘粤桂及其周边地区考察实习，促进了当地农林业的发展。

为了解决蚕桑系师生实习、试验场地问题并协助湖南省发展蚕桑事业，1940年12月，农学院与湖南省建设厅签订合办湖南蚕丝改良场协议，场址设在耒阳。1941年春，蚕桑系主任杨邦杰与杨星岳教授参与筹办蚕丝改良场，着手培苗栽桑、养蚕制种；开展蚕品种比较饲育试验、制丝试验，并进行湖南全省蚕丝概况调查。为了使优良蚕种保育、科研和推广工作不致中断，同年春季，农学院又建立了蚕桑系桂林工作站。

农学院对稻作试验场也进行了调整，将设在信宜怀乡的临时总场合并入南路稻作育种场，撤销了沙田分场。1940年，由广东省政府拨款补助，在曲江县龙归设立了北江稻作试验分场。

（三）科研工作与技术推广

抗日战争以来，全国粮食产量问题日趋严重。广东省政府为了增加粮食产量，开展了大规模的稻种推广工作。而所有推广的稻种，都由中大农学院育成繁殖。从1940年春起，凡广东省政府所需的稻种均由农学院农场直接或间接供给，农学院还受广东省政府所托，主持各区域优良稻种的比较试验、新良种的育成及其他研究工作。不仅如此，农学院还与各省政府建立了技术协作关系，例如与湖南省政府合办湖南蚕丝改良场，与广东建设厅农林局合作撰写《广东省1941年度农作物病害研究及防除实施计划》《广东土壤肥料研究》，1943年与广西省政府合办广西蚕丝改良场，等等。同时，农学院的教授奔赴各地进行实地采集研究，如赵善欢教授赴云南西部、粤北仁化等地，调查当地植物、昆虫等。

土壤调查所继续进行广东各县土壤调查，先后完成了连县、乐昌、南雄、仁化、始兴等县的土壤调查，整理编辑报告书及土壤图绘制等工作，还对湖南阳明山、莽山两处高山的土壤分布进行了调查、研究。

农林植物研究所侧重于经济植物的调查研究，除继续详细调查广东和海南岛植物的分布状况外，还先后派出采集队赴湖南阳明山、莽山，贵州思南，广西十万大山等地采集植物标本。

各系科研工作多结合专业，对当地农林生产情况开展调查研究。森林学系侯过教授于1942年10月深入考察了大庾岭、九连山的水源与森林状况，提出了保护水源森林及荒山处理的积极建议；病虫害组对湖南、广西和衡阳至乐昌一带的农作物分布状况、作物病虫害发生情况等进行了调查，并采集了不少标本，供教学科研使用。

1941年春，农学院为了促进战时农业生产和改善学院办学、科研条件，以及拓宽毕业生就业门路，接受了农林部的委托，在曲江县桂头创建了农林部西南作物品种繁殖场。丁颖院长兼任场主任，赵善欢、王仲彦、林亮东等教授兼任技正。农学院还接受农林部的委托，在化州创办了农林部化州柑橘试验场，由农学系主任温文光教授兼任场长。在战时交通极为不便的情况下，这些兼职教授经常奔波于院场之间，不辞劳苦，为学院、农业生产辛勤工作。

（四）学术交流

国立中山大学自建校之日起，便形成了在国际学术视野下办学的传统。石牌校区时期，国内外的学术交流之频繁，达到了学校办学历史上的第一次高峰。虽然因战事学校一迁再迁，办学条件和办学经费陷于窘境，但这并不能阻碍学校师生开展国内外学术交流活动的热情。

农学院的学术活动主要以各专业学会的学术研讨交流形式开展，这些群众性学术团体有农艺研究会、农业经济研究会、园艺学会、森林学会、畜牧兽医学会、农林化学会、昆虫讨论会等，他们不定期地邀请院内外专家、教授做专题学术报告，报告专业性强、内容新颖，深受师生欢迎。此外，各学会根据各自情况，还不定期出版一些刊物，内容包括学术论文、学会活动、会员简况等，如《农艺研究会通讯》就曾刊载丁颖教授的《纯粹科学的农学观》和《广东稻之种性问题》。

1944年春，英国著名学者、英国皇家学会会员李约瑟（图5-19）到地处湖南栗源堡的国立中山大学农学院访问，与我国年轻的农史专家梁家勉进行了为期两天的学术交流。他在访问结束离开学校时，特意向代理校长金曾澄表达了对梁家勉的敬佩。在其考察著作《科学前哨》中，李约瑟对国立中山大学农学院的科学研究水平给予了高度评价："也许这是我在中国游历期间所见到的在研究和教学方面最大最好的一所学院。"

与此同时，国立中山大学的

图5-19　英国著名学者、英国皇家学会会员李约瑟

图片来源：《华南农业大学百年校庆丛书》编委会编：《华南农业大学百年图史》，广东人民出版社2009年版，第111页。

/第五章/ 迁徙办学（1938—1945）

教授也应邀去外单位讲学或从事科学活动。如邓植仪教授应湖南新农学会之请，往长沙做题为《关于湖南农业问题》的报告；蒋英教授则应聘前往衡山讲学。

（五）学生管理

国立中山大学在迁校至坪石后，教学工作得到了进一步发展，学生人数激增。由于战事吃紧、通货膨胀，学生的生活水平依旧艰难。国民政府为减轻一般贷金学生和自费学生的经济负担，设立了特别贷金和米贴，对战区学生的膳食做出补助。相应地，国立中山大学的学生贷金制度也主要是这几类。

1941年6月，国立中山大学在坪石设立学生贷金审查委员会，根据学校现实情况，解决贫困学生所遇到的问题。《国立中山大学战区贫苦贷金学生请领生活维持费暂行办法》规定：凡本校家乡或侨居地沦陷而经济来源断绝、生活贫苦需要维持的可以申请，本项生活维持费每月准借70元。《国立中山大学关于战区学生膳食贷金办法》也有关于膳食补助等规定，保证学生膳食及营养的供给。

同年12月8日，太平洋战争爆发，香港不久便沦陷，港澳生的经济来源受阻。学校为港澳生按照沦陷区学生的标准发放公费补助，每月所发金额够一个月伙食费，还有少许零用，使港澳生可暂时安心就学。由于国内战乱，交通不便，许多学生假期不能回家。学校据此也专门发布了暑假留校补课的公告，让不能回家的学生有地方住。

1943年，教育部决定对当年所招新生一律改贷金制为公费制，规定：甲种公费生免膳食费，并分别补助其他费用；乙种公费生免膳食费。享受公费的范围是：凡国立、省立专科以上学校的农科院系学生60%为乙种公费生；国立大学或独立学院新旧研究生，一律比照甲种公费生办理，大学先修班学生90%为乙种公费生。

早在1930年学校即通过各种规章制度设定了公费、免费学生名额，申请公费、免费的条件及所需证明。学校在坪石时期，1941年，全校公费学额82名，免费学额200名，共282名；1942年，变更为公费学额112名，免费学额270名，共382名。

除教育部和学校的补助，广东省政府在1943年6月，将之前补助清寒学子的《广东省补助专科以上学校战区粤籍学生贷金章程》改为《广东省自费肄业国内专科以上学校战区粤籍学生特种贷金章程》，规定每年贷金总额6万元，每名学生每年贷金国币240元，贷金名额250名。当年分配给国立中山大学30个名额，其中农学院共有粤籍学生409人，分到4个名额。

当时对国立中山大学学生资助较大的还有一些社会机构。1940年有25名国立中山大学学生接受了上海银行社会事业补助委员会的资助。学校还设立了各种社会资助的奖学金和求学救济等，在一定程度上保证了国家战时所需人才的培养。

尽管如此，学校得到资助的额度仍难以赶上大后方恶性通货膨胀下飞涨的物价，在战乱频频的历史时期，师生们仍陷于经济窘境，艰难度日。

（六）学生运动

国立中山大学迁到坪石后，学校政治环境更为复杂，斗争更加尖锐。特别是皖南事变后，国民党加紧了对学生运动的控制，如颁布了所谓《青年十二守则》，规定蒋介石的《中国之命运》为必修政治课，成立了国立中山大学"三民主义青年团"（即"三青团"）中央直属分团，以监视进步学生的活动；各学院设立训导分处，以强化训导处的控制职能；对学生群众团体的正常活动，也严加限制和阻挠。国民党的这种做法不但不能限制学生运动的开展，相反，共产党的影响扩大了，威信提高了，学生中进步力量在不断加强，学生运动继续深入发展。

在坪石办学时期，国立中山大学共有50多个学生团体，开展丰富多彩的校园文化活动（表5-7）。师生团结一致，通过各种形式宣传抗日，鼓舞人心，激励士气。还有许多学生根据自己的能力和兴趣，积极参加了民众教育、地方自治指导、民众法律顾问、农事指导、农村经济调查、科学宣传等社会服务工作。[①]

[①] 吴定宇主编：《中山大学校史（1924—2004）》，中山大学出版社2006年版，第188页。

表5-7 坪石办学时期国立中山大学学生团体举办的校园文化活动

时间	活动	地点
1941年8月27日	孔圣诞辰暨教师节纪念会	校本部大礼堂
1941年9月9日	总理第一次起义纪念会	校本部大礼堂
1941年3月12日	中山先生逝世16周年纪念日暨植树节	校本部大礼堂及坪石中山公园
1941年10月10日	庆祝"双十"国庆暨湘粤大捷联合大会	校本部大礼堂
1941年5月9日	"国耻"纪念日	校本部及各学院
1941年5月4日	五四青年节纪念仪式	校本部大礼堂
1941年5月5日	革命政府纪念会	校本部及各学院
1941年11月11日	本校成立17周年纪念会	校本部大礼堂
1941年1月1日	师范学院师生与管埠士民联欢游艺大会	师范学院临时操场
1941年5月30日—6月1日	中大剧团第一次话剧公演	校本部大礼堂
1941年6月22日	体育竞技比赛	师范学院
1941年6月1日	端午游泳及划船比赛	
1942年11月11—12日	院际男子排球大赛	校本部球场
1943年1月1—3日	院际男女篮球比赛	校本部球场

资料来源：中山大学档案馆馆藏档案。

与此同时，国立中山大学中共党员队伍发展迅速。学校刚迁到粤北时，只有少数党员留校；到1942年秋天，从各地转来和发展的党员已超过100名。学生党员以学院为单位建立党支部，直接受中共粤北党委（后为中共广东省临时委员会、广东区委）领导，由省委青年部的张江明负责联系和组织协调全校性的学生运动。在坪石四年多的时间里，在中国共产党的领导下，国立中山大学爆发了几次大规模的全校性学生运动。

这些斗争都是在中共地下组织引导下进行的，既揭露了国民党的反动腐败本质，又扩大了党的影响，锻炼了师生。农学院的同学们积极参与了这些运动，做出了自己的努力，发挥了应有的作用。

（七）服务社会

在坪石，国立中山大学继续推行兼办社会教育工作，由专门机构"社会教育推行委员会"负责推广，由校长兼任委员会主席。1941年度通过的《国立中山大学推行社会教育实施计划大纲》规定，该委员会的总体任务是：动员学生、民众，以增强抗战建国之力量；化除学校与社会之界限，使学校成为社会教化之中心；使学生深入民间，了解民情，以为改造社会之干员；力求学校兼办社会教育之学术能有高深之成就。具体分工为：第一施教区扫除文盲，第二施教区实施农业教育与农事推广，第三施教区实施卫生教育及救护训练，第四施教区协助师范学院辅导本区师范学院推行本地的社会教育工作。

据统计，扫除坪石镇文盲行动共开办19期45个班，扫盲人数共1800人。随着扫盲行动的开展，当地民众对学校的感情也日渐深厚。

战时，农学院根据自身特色开展抗日宣传活动。根据栗源堡的实际情况，他们开展了广泛的社会宣传教育和形式多样的推广活动。例如出版街头壁报，以介绍农事常识和报道抗战消息；举办农产品展览会；开办民众学校，向农民传授科学文化知识。在春节期间，农学院发动师生员工慰问抗战军人家属，还组织了农民联欢晚会等。农学院的一系列活动，既宣传了抗战和农业科技知识，又密切了师生与当地农民群众的关系，可谓一举两得。

为了适应抗战的需要，农学院对农业推广部的组织做了调整，设有教育、生产、社会、经济和总务五组，以促进广东战时粮食增产为首要任务，着重繁育和推广优良稻种。同时，编印《农林浅说》和解答各地农民及社会人士提出的农事询问，也是推广部的一项经常性工作。

（八）投身抗战

根据战事需要，农学院学生服务军需征调，投入抗日战场（表5-8）。

第五章 / 迁徙办学（1938—1945）

表5-8 国立中山大学农学院战时服务国家征调情况

时间	征调单位	人数	岗位	年级
1941年7月	重庆农林部垦务人员训练班	3	不详	毕业生
1942年7月	重庆农林部垦务人员训练班	3	不详	毕业生

资料来源：中山大学档案馆馆藏档案。

1938年广州沦陷后，由中共广东省委领导成立了广东人民抗日游击队，在惠阳、宝安、东莞、增城等沿海地区打击日寇。1943年，该游击队改名为广东人民抗日游击队东江纵队，开辟了华南敌后战场，是坚持华南抗战的主力部队之一。东江纵队的人员组成相对于八路军、新四军，具有知识分子多、港澳同胞多、归国华侨多、女战士多的"四多"特点。东江纵队司令员曾生、政治部主任杨康华都曾是国立中山大学的学生。

1941年，香港沦陷，大批爱国文化人士和民主人士被困。东江纵队遵照时任中共中央南方局书记周恩来的部署，发起"省港大营救"。他们从海路潜进香港，利用小舢板和渔船星夜兼程营救，从香港抢运出民主人士和文化界人士800多人、国际友人100多人，并护送他们安全回到大后方。此次营救对象包括茅盾、邹韬奋、范长江、戈宝权、何香凝和柳亚子等知名人士，以及十余名国民党军政官员及其亲眷。此外，东江纵队港九纵队还营救出八名美军飞行员，开辟了著名的"飞行员安全通道"。"省港大营救"轰动了全国，在国外也产生了巨大影响，被茅盾称为抗战以来（简直可以说是有史以来）最伟大的抢救工作[①]。

1942年，代理校长金曾澄签署《国立中山大学布告》，号召大家积极响应教育部关于在各专科以上学校招收留美空军学生，希望学生们踊跃报名参军。当期各学院一到四年级共有14名学生报考，其中包括2名农学院学生（表5-9）。

---

① 曾生：《曾生回忆录》，解放军出版社1992年版，第225页。

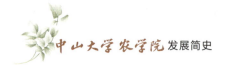

表5-9　国立中山大学第十六期留学空军农学院学生名单（1942年9月）

姓名	性别	年龄	籍贯	现肄业院系年级
施兆瑜	男	22	江苏武进	农学院农学系二年级
黄敬绰	男	22	福建永春	农学院农学系二年级

资料来源：《国立中山大学第十六期留学空军学生名单》，中山大学档案馆馆藏档案，馆藏号：020-002-0422-020。

1943年，太平洋战争爆发，日军全力南进，加紧封锁我国外援通道。为此，盟军向民国政府建议"征调大量知识青年，空运印度，接受美国援华的现代化武器装备和科学化的训练，短期内建立一支素质优于日军的部队，消灭入侵缅北之敌，迅速打通和修筑中印公路"。于是，国民政府改变了"战时须作平时看"的教育方针，发动知识青年从军运动。在抗日战场战局危殆的紧急关头，大批国立中山大学学生毅然从军入伍。

1944年5—6月，日军从河南直下湖南，粤北告急。学校提前考试，准备疏散。中共国立中山大学各学院党支部负责人考虑到东江纵队将北上抗日，为了保存几年来党积蓄起来的力量不被分散，于是寻找时机将进步学生送到东江纵队，参加抗日武装斗争。

1944年底，国立中山大学成立了以代理校长金曾澄为主席的知识青年从军征集委员会，以及国立中山大学从军青年俱乐部（成员为本校参军人员，以联络感情、改进生活、交换经验、加强学习为宗旨），并在学校内教唱《青年从军歌》。截至同年12月11日，全校共有279人报名从军。1945年3月13日，53名员生体检合格，经由龙川老隆前往江西瑞金，接受青年军东南区编练分监部训练，参军抗日。

1945年前后，到达东江纵队的国立中山大学党员和进步学生共有约200人，不少学生还放弃了大学毕业文凭，以及毕业后应聘当大学助教、中学校长、教务主任等职位的机会，一心到敌后打游击。他们先后参加了东江纵队政治部举办的青年干部训练班，结业后被分派到东江、粤北、珠江三角洲、粤中等地人民抗日部队和地方民主政权机关，担当连队政工干部、文化教员、艺术宣传人员，从事军政和群众工作。

/ 第五章 / 迁徙办学（1938—1945）

（九）农学院第一个中共党支部

在广州和澄江时期，农学院因党员人数少，从未单独成立党支部。国立中山大学迁返粤北后，中共广东省委为加强国立中山大学党组织和推动学生运动，动员一些休学的党员回校复学，并号召高中毕业的党员积极报考国立中山大学。这个时期，回农学院复学的和新生中的党员加上新发展的党员共有十人，这在农学院历史上是空前的，其中又以1940级（第18届）党员人数最多。1941年秋，上级党组织决定在农学院单独建立一个党支部，直接受中共粤北省委领导，由吴逸民担任支部书记。

农学院党支部成员虽然都是学生，但在中共粤北省委直接领导下，能认识到斗争的复杂形势，善于引导开展学生运动，采取达到一定目的即适可而止的斗争策略；在斗争中注重团结、依靠师生，发挥积极分子的作用。当时农学院没有全院性学生会组织，只有级会和各系的专业学会。党支部积极帮助他们开展工作，通过他们去表达和贯彻党组织的意图和主张。经过多次运动，党支部在党组织的外围培养了一批积极分子，他们也主动地靠近党支部。

农学院党支部采取了多种形式宣传党的主张，教育群众，扩大党的影响。如女党员把女同学组织起来成立了女同学会，以便于开展工作；由党员主编出版了女同学会墙报，每期都根据上级党组织传达的对国内形势的分析，发表一篇时事评论，其质量相当高。党支部还通过1940级《三三墙报》，发表一些有关抗战时期青年革命理想和愿望的文章。为了与当地群众建立广泛联系，党支部还派出一些党员参加社教区举办文化补习班和成人夜校的工作。

农学院学生素有尊敬勤学者的传统，而学生党员虽有较高觉悟和较强的组织能力，但往往因社会活动过多，功课一般，不易树立威信。为了使学生党员发挥更大作用，党支部号召党员力争做一个学有专长的革命大学生，要求党员除做好党分派的工作外，还要在所学专业上下苦功夫，争取优良成绩。党员积极响应支部号召，有的努力钻研理论和外文，有的撰写论文和积极参加专业学会的学术交流活动。学生党员吴逸民就曾在《大公报》发表《岭东农业问题——潮梅灾荒的根源》和在《中国农村》杂志发

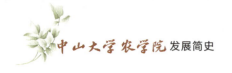

表《中国农业发展停滞的原因》两篇论文，受到师生的赞赏。

在和国民党斗争和保护党员方面，农学院党支部也做了许多工作。如派党员打入国民党组织，及时了解和通报有关情况，有效地掩护了进步同学免遭逮捕、镇压。在中共粤北省委遭破坏后，农学院党支部尽力掩护一些被追捕的党员，为他们找客栈、搞路条、送衣物，帮助他们避过国民党的追捕，脱离险境。

1942年，中共粤北省委遭国民党破坏后，中共中央南方局决定，除东江游击区外，粤北地区党组织暂时停止组织活动。农学院党员在此时期，一方面认真贯彻党中央关于要求每个党员执行"三勤"（勤学、勤业、勤交友），保持思想联系，等待恢复关系的指示；另一方面采取各种活动形式，继续发挥进步作用。如组织读书会，学习马列著作和进步书刊；成立壁报社出版壁报和开展文娱活动。原支部书记吴逸民和李树中、陈慎旃、杨奎章、黄涵荪、钟达等成立的绿野壁报社，出版的《绿野》壁报内容丰富多彩，既传达了党的声音，又为青年学生指出了生活的道路、奋斗的目标，被学生称赞是"荒漠中的绿洲"。为了活跃学生文娱活动，在几位党员的推动下，农学院演出了大型话剧《雷雨》。歌咏队也相当活跃，演唱许多来自延安的抗战歌曲。这些活动在一定程度上打破了当时学校沉闷的政治气氛。

农学院第一个党支部，从建立到停止活动，虽然只有短短的一年多时间，但在农学院历史上留下了光辉的一页。

第三节　三迁粤东粤西北[①]

1945年1月，日本侵略军攻占坪石，国立中山大学被迫进行抗日战争以来的第三次迁徙，迁往梅县、连县、仁化三地办学。迁校之初，学校人员

[①] 王浩主编：《华南农业大学校史》（第2卷），广东科技出版社2009年版，第50—51页。

/ 第五章 / 迁徙办学（1938—1945）

离散，经费不济，处境十分艰难。所幸各级政府慷慨解囊，加上师生的坚持努力，学校才得以在烽火中弦歌不辍，直到抗日战争的最终胜利。

一、迁校经过

1944年4月，日军发动以打通大陆交通线为目的的"一号作战"。6月长沙不守，8月衡阳沦陷，粤汉铁路全线告急。当时，南自曲江，北至衡阳，疏散至坪石的机关团体很多，多暂借在国立中山大学宿舍办公。鉴于形势不明，学校为安全计，决定提前考试、结束学期，停课疏散，并派员在连县临武以及乐昌仁化一带，分站择定房舍，迁运公物，准备疏散。为尽快确定迁校方案，减少迁校带来的损失，学校组织召开教授会议专门研究迁校事宜；学生也自发组织了迁校委员会，协助学校工作。

学校宣布停课、疏散后，部分师生经桂林、柳州转往贵州和重庆，家在粤西和东江的师生则回乡避难；部分师生则坚持留在坪石，直到坪石沦陷前夕才随校撤离疏散。

1944年8月中旬衡阳沦陷后，日军锋芒向西转向湘桂路，位于湘粤交界湖南宜章栗源堡的农学院首当其冲，气氛日趋紧张。为应对可能出现的突发情况，农学院除了坚持日常教学，也为疏散工作做准备：改组公物保管委员会为疏散委员会；推举林亮东、杨邦杰、余蔚英、梁展文等教授组织购储粮食委员会，将粮食储存于乡间以作应急；挑选师生工警人员组织运输保护队，向校本部领用枪支准备自卫；对疏散地点作实地勘察等。这些措施使农学院在遭受日军突然袭击时有所应对，减少了损失。

12月初，日军进军贵州独山受挫后回师桂林，扬言于元旦进攻当时广东省临时省会曲江，坪石再度受到威胁。先前学校因时局紧张已将部分图书、仪器由坪石疏运至连县，也进行了必要的人员疏散。不料日军从小北江攻至英德，连县告急，于是，学校又匆忙将公物从连县运回坪石。这一来一回耗费巨大，此时学校再无经费迁校，陷入了进退维谷的境地。无奈之下，学校决定先在坪石复课，并派员到东江招生。①

---

① 钟紫：《粤北沦陷前后》。原载1945年11月19日至12月4日香港《正报》。

1945年1月2日连县东陂沦陷，日军占领东陂后随即分成几股，向坪石和湖南宜章进发，企图占领粤汉铁路上坪石和白石渡两个重要的火车站。1月15日，传言已有日军自连县东陂窜向坪石。1月15日夜，日军突入栗源堡，并与当地的警察部队爆发枪战。农学院紧急疏散，一部分师生由教务长邓植仪带领，连夜从栗源堡撤到笆篱堡，后由学校员警护送，经连县星子镇退往三江镇。另一部分师生则东迁至梅州的五华县岐岭镇。对已经事先疏散到笆篱堡的农学院部分图书和仪器设备，则派专人留守管理。①

　　1月16日，日军侵占农学院所在的湖南宜章栗源堡，并派兵南下侵扰管埠、梅花等地，坪石远郊还发生了激烈战斗。在万分紧急的情况下，学校通告紧急疏散，开始了抗日战争以来的第三次迁校。

　　1月20日，坪石未迁乐昌的部分员生，由总务长何春帆（连县人）带领，沿连坪公路突围，中途和日军遭遇，幸好应对得宜，得以安全脱身，顺利到达连县三江镇。后学校派员经湖南宜章栗源堡、笆篱堡等处，接回教务长邓植仪以及农学院部分师生。②还有一部分师生途经韶关、乳源、英德、阳山迁回到连县。至此，先后到达连县的学校师生员工以及家属共有300多人，学校于是成立了连县分教处。此次迁校事出仓促，途中两次遇敌，公私财物损失甚重，且有员生五人伤亡，学校再次元气大伤。日军进入坪石后无恶不作，悲惨之事时有发生。受困在坪石的师生饱受日军暴虐，处境十分窘迫，后经学校组织抢救，或分批越过敌人封锁偷渡到东江、连县、仁化复课，或返回家乡，脱离险境。

　　国立中山大学此次仓促迁校，学校一分为三，人心不定，不少人对学校是否能坚持复课持悲观态度。文学院院长朱谦之教授不忍学校就此沦亡，在《大光报》上发表文章《发起中大救校运动宣言》以鼓舞士气。当时，驻龙川的广东省政府主席李汉魂、教育厅厅长黄麒书，均对国立中山大学迁校复课非常热心，竭力相助。加上师生的坚持努力，学校得以在烽火中弦歌不辍，直到抗日战争的最终胜利。

---

① 王浩主编：《华南农业大学校史》（第2卷），广东科技出版社2009年版，第50-51页。
② 王浩主编：《华南农业大学校史》（第2卷），广东科技出版社2009年版，第51页。

/ 第五章 / 迁徙办学（1938—1945）

从1945年1月坪、乐沦陷到10月胜利复员，国立中山大学在东江以及连县办学的时间，前后仅有不到10个月。此时，学校各学院分散在粤东各县以及粤北的连县、仁化等地，一个学院甚至一个系被迫分散两地甚至三地办学。

二、迁校后布局

学校本部设在粤东梅县，研究院、文学院、理学院、医学院、先修班，以及师范学院附中的部分师生均在梅县部署；工学院、法学院、师范学院、农学院等则在梅县附近的兴宁、蕉岭、龙川龙母、五华等地复课。迁往连县的师生则在连县成立分教处，研究院、文学院、理学院、法学院、工学院、师范学院、先修班的部分师生均部署在连县三江镇，农学院则设在连县东陂西岸，医学院设在连县县城。没有迁到连县和梅县的部分师生则留在仁化组成办事处。至此，学校不得不分为三部分。1945年农学院第一学期分散各地的教职员情况见表5-10。

表5-10　1945年农学院第一学期分散各地的教职员情况

所在地	教员	职员	备考
梅县	34	4	
连县	44	30	
合计	78	34	112

资料来源：《国立中山大学一九四五年度教职员人数表》，中山大学档案馆馆藏档案，馆藏号：020-002-0064-009。

1945年3月2日，学校择定迁往东江各部的驻地地址如下：校本部和研究院在龙川，师范学院在龙川龙母圩，理学院和工学院在兴宁，农学院在五华，法学院在蕉岭，文学院、医学院和先修班在梅县县城。5月下旬，日寇入侵东江地区，河源沦陷，龙川撼动，学校校本部、研究院于是紧急疏散至梅县，原设在兴宁的理学院也迁往梅县。

梅县为我国著名侨乡，华侨在南洋致富后不忘乡梓，纷纷在家乡修大屋、办学校。当时梅县共有中学30余间，小学600余所，为全国之冠。学校本部迁到梅县后，得益于梅县优厚的办学条件，暂得安顿。当时学校各部分布如下：学校本部暂借公共体育场附近的私立学艺中学办公，研究院、文学院、理学院、医学院、先修班以及师范学院附中的部分师生，则自觅"大屋"上课。幸而梅县有所谓"三堂、四横、一围"的围龙屋，一栋就可供当时人数不多的一个学院之用。其他学院则在梅县周围各县安排：法学院在蕉岭路亭，农学院在五华。

学校迁校之初，人员离散，经费不济，处境十分窘迫。为解决师生的衣食住行等问题，学校一面在驻地寻觅公房和"大屋"，供师生暂时栖身；一面派知名教授到驻地政府暂借粮油副食以应一时之需。幸得梅县县政府、梅县县立银行、梅州市商会等机关慷慨解囊，师生的吃饭问题才暂得解决。

1945年初，梅县县政府奉广东省政府令，续借国立中山大学员生粮食谷物125市石、副食费5.67万元。五华县政府每月筹借农学院学生谷粮和副食费，名额50名；后因前来五华县复课的农学院学生日渐增多，又将筹借名额增至100名。幸得驻地政府和乡亲慷慨资助，学校师生才暂得安身。不久后，教育部核发5000美元用作救济费，学校经济困顿的情况才有所缓解。

经过学校同人的不懈努力，各学院选址既定，米粮问题得到解决，员生也按学院分别集中。学校乃核定教职员名额，分拨经费，制定临时校历，以恢复校务。梅县校本部各学院分别于1945年3月16日复课。

梅县校本部于5月中旬举行1944年度上学期期末考试，7月下旬举行下学期考试，两场考试均按期结束。由于期间滞留仁化的教职员生陆续来梅县，学校决定6月10日后来梅县报到的学生只准登记，不得参加考试，并统计各学院的学生人数。图5-20为1944年农学院全体毕业生合影。当时农学院在校本部共有学生105人，1945年7月上旬应届毕业生共有39人。

/ 第五章 / 迁徙办学（1938—1945）

图5-20　1944年农学院全体毕业生合影

图片来源：《华南农业大学百年校庆丛书》编委会编：《华南农业大学百年图史》，广东人民出版社2009年版，第110页。

三、连县分教处

连县地处粤、湘、桂三省交会点，为湘粤间重要水陆转换码头和古代行军要道。学校部分师生疏散至连县后，设立连县分教处。农学院设在连县东陂西岸。

在连县的师生推选教务长邓植仪教授为连县分教处主任，负责连县分教处事宜，订立分教处的组织章程，并呈送教育部批准。各院系在连县安置妥当后，于1945年3月间复课。

当时，连县聚集着文、理、法、工、医、农、师范学院七个学院的师生共300多人，其中教员104人、职员67人、学生200人。由于分教处不设宿舍，师生们或投亲靠友，或租住民房，原籍连县的师生则住在自己家里。分教处亦不设膳堂，不少同学上完课后需要回住所动手煮饭，手头宽裕的同学就到饭店里包餐。有些家乡在沦陷区的学生，因家庭接济中断，被迫出售衣物和书籍来解决吃饭问题。

连县分教处的师生虽在连县暂得栖身，但连县三面为日军包围，日军随时都有可能进犯，师生们需要随时准备转移，内心十分焦虑。农学院设在连县东陂，有师生100人左右，在东陂的灵山观上课。当地农业生产搞得比较好，有利于教学、科研。许多知名教授［如丁颖、蒲蛰龙、侯过、赵善欢、王仲彦、黄菩荃、翟克（农业经济学系主任）、林亮东等］跟随邓植仪教授到东陂集中复课，承担专业课、专业基础课教学工作；一些基础课如高等数学和化学，则聘请在连县分教处的理学院的胡金昌、刘鸿等教授讲授。对四年级毕业论文，学院仍要求进行必要的试验，以保证论文的质量。科研工作（如丁颖教授主持的水稻品种多型性研究等）在农学院迁到东陂后仍继续进行。

四、仁化办事处

因故未及随迁东江梅县的师生，则在仁化成立校本部办事处，办公地点设在仁化扶溪乡谭家祠。当时滞留仁化的有教员93人、职员60人，散居在仁化县城、石塘、扶溪等地。截至目前，尚未发现当时当地留有农学院学生的材料记载。

五、五华分教处

东迁五华县岐岭的农学院师生于1945年3月复课，师生人数较少，教师有黄枯桐、黄仲文教授等，院务工作由简浩然先生（图5-21）（土壤研究所毕业的第一位硕士研究生）代为主持。

1945年6—7月，学校通知农学院连县部分东迁五华岐岭的农学院集中上课。后经农学

图5-21 农学院培养的首位土壤学硕士研究生简浩然，1937年毕业于国立中山大学，后任武汉病毒研究所副所长、广东省微生物研究所副所长

图片来源：《华南农业大学百年校庆丛书》编委会编：《华南农业大学百年图史》，广东人民出版社2009年版，第79页。

院院务会议反复讨论，认为：一是留连县师生多，公物尚完整，在连县施教较易；二是路途险阻，旅运艰难，不便东行，不宜东迁；三是在连县招生，便于湘桂及粤南北学生报考。因此，以在连县办学为宜，并要求在五华的师生集中到连县上课。1945年8月，日本宣布无条件投降。根据国立中山大学统一部署，农学院从10月开始迁回石牌原址办学。①

六、公物损失

学校此次仓促搬迁的过程中，"两次遇敌，公私损失甚重，员生伤毙五人"。抗日战争胜利后，学校曾派员前往坪石、乐昌等地统计损失，但由于搬迁仓促，校产损失大多无法统计。

1944年6月，由于粤北形势紧张，坪石或有沦陷危险，学校决定对图书馆馆藏图书进行疏运。6月9日，图书馆将400余箱重要图书运至栗源堡，其余次要图书也陆续装箱待运。8月中旬，校图书馆主任杜定友下令将学校图书公物共963箱分别封存于坪石、栗源堡、连县东陂等处。10月，学校为安全计，再将原存连县疏散入乡的图书统一运入东陂马鞍山，原存栗源堡的图书于11月16日运往笆篱堡及檀斗等处保存。后来时局稍微缓和，加上开学需要，各学院又将图书159箱运回坪石使用。1945年1月15日，时局再次紧张，学校对运回坪石的图书进行紧急转移，18日将116箱图书安全运达乐昌。后因火车断绝，运费告罄，剩余图书无法转移。幸得图书馆馆员何恩泽、林锦堃、刘少雄等冒死留在坪石，将师范学院的图书迁入民房暂存。而后乐昌告急，学校于1月21日凌晨派馆员将图书抢运出乐昌。不料所雇民夫均被军政机关征用，直至乐昌沦陷，图书皆未运出，损失书目六万余册。

---

① 王浩主编：《华南农业大学校史》（第2卷），广东科技出版社2009年版，第51页。

七、保卫曲江

1945年下半年,当日军扬言进攻韶关、国民政府下令大疏散时,国立中山大学中共地下党组织曾利用国民政府号召动员群众、保卫曲江的时机,向第七战区政治部提出组织数十人的中大工作队,到曲江郊区发动农民组织武装自卫,并向战区领了100多支枪,领取工作人员每月约20元的伙食津贴,准备万一曲江沦入敌手,留在敌后坚持游击战争。但是,国民党发现中大工作队有"红色分子",便害怕起来,不到两个月便将枪支收回,并解散这个工作队。于是,中大工作队决定不再留在曲江县,在韶关的中共党员转而商量去东江游击区打游击的问题。[①]

[①] 钟紫:《风雨忆同舟》,广东人民出版社1987年版,第11页。

- 第六章 -

复员广州
（1946—1949）

1945年8月15日，日本宣布无条件投降，中国人民经过14年艰苦奋战，终于赢得了抗日战争的伟大胜利。农学院师生为之欢欣鼓舞，积极筹划重整校园，准备复课。①②

抗战虽然胜利了，可是国民党仍然当权，贪官污吏依然在"五子登科"，物价依然在飞涨，白色恐怖愈演愈烈，国内形势动荡不定。在白色恐怖统治下的国统区，广大师生政治上仍受到残酷迫害，基本生活毫无保障，教学科研无以为继。面对严酷现实，国立中山大学广大进步师生在中共地下组织的领导下，积极参加了反蒋爱国民主运动和护校斗争。

战后的国立中山大学校区满目疮痍，许多校舍被敌伪损毁，原有水电、煤气等设施几乎荡然无存；尚存的部分校舍或有军队驻扎，或被政府机关占用；教学设备经多次搬迁也残缺不全，尚不及战前的1/3。在物力、财力交困的情况下，全校师生经过两三个月的共同努力，逐渐收回被占用的校舍，于1946年初因陋就简地开始复课。

在这一时期，国立中山大学办学条件极为困难，在短短的四年时间里，校长变动频繁，五次易人，先后由金曾澄、王星拱、张云、陈可忠、张云担任；训导长、总务长和各学院的院长也多次更迭，只有教务长和农学院院长职务始终由邓植仪教授担任。

---

① 吕雅璐主编：《抗战烽火中的中山大学》，中山大学出版社2017年版，第261-287页。
② 王浩主编：《华南农业大学校史》（第2卷），广东科技出版社2009年版，第52-60页。

/ 第六章 / 复员广州（1946—1949）

第一节 抗战胜利

1945年8月14日，日本政府照会美、英、苏、中四国政府，宣布接受《波茨坦公告》；8月15日，日本天皇裕仁以广播《停战诏书》的形式，正式宣布日本无条件投降。胜利的消息传到学校后，师生无不欢欣鼓舞，和当地民众一起共庆胜利。在梅县分教处，"8月14日晚饭时分，收音机传来中央广播电台播出胜利消息，我们终于夺得最后胜利，日皇宣布无条件投降！一时间，街上聚满了高兴得手舞足蹈的人群，祝捷的鞭炮声、震耳欲聋的欢呼声、酒楼上饮酒猜拳声交织在一起"。在连县分教处，"整个镇都放了鞭炮，步枪、驳壳枪往天上开，把天空都点亮了，一直打到半夜"。为了庆祝胜利，学校还派员参加了在梅县公共体育场举行的"同盟胜利杯"男女篮球公开赛。

在抗日战争胜利的前夕，国民政府中央设计局开始组织拟定复员计划。教育复员计划作为其中的重要组成部分，于抗日战争胜利前夕已大致完成。[①] 8月18日，国民政府教育部召开紧急会议，决定在全国七个主要的收复地区设立教育部特派员办事处，在六个主要地区成立教育复员辅导委员会。其中，广州地区教育复员辅导委员会特派员由国立中山大学教授张云担任。[②]

1945年9月20—25日，国民政府在重庆召开全国教育善后工作会议，就战后教育复员政策及战时教育体制向平时教育体制转换的方针策略等问题进行了集中讨论，为战后教育复员工作指明了方向。国立中山大学的战后复员工作，大体上也是遵照这次会议的精神进行的。

国立中山大学经过七年的颠沛流离，三易校址，终于迎来了胜利。

---

① 贺金林：《抗战胜利后国民政府教育复员研究》，社会科学文献出版社2010年版，第27页。

② 贺金林：《抗战胜利后国民政府教育复员研究》，社会科学文献出版社2010年版，第32页。

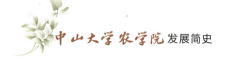

一、复员准备

师生们在狂欢之余,开始为复员广州做准备。1945年10月,学校成立了复员委员会。学校复员工作千头万绪,为了加快复员进度、统筹工作,学校复员委员会将复员任务分解成若干方面,分别制订具体的工作计划。国立中山大学复员计划浩大,共需国币10.73亿元。

为了提升工作效率,复员委员会提出"人人有工作""适当分配工作""勿作无用工作"三项要求,对教员、职员和工友都有相应的指导规范。"(a)教员方面:请全校教授、副教授、讲师、助教切实履行其聘约上应尽之义务,如上课研究兼任学生导师及指导学生实习等工作,并严格限制各教师兼任校外职务,惟校方亦应就切实需要聘请教员,不可徇情随意聘任。(b)职员方面:裁汰冗员,非必需者及不能胜任其职务者,不再委雇。各院部主管切实考核各员工作成绩,随时报校惩奖。(c)工友方面:以校因各院部集中,应尽可能合并雇佣工友,增加工资,严禁其兼管其他职业,俾能尽忠职守。"

为了提高全校师生员工对复员工作的积极性,复员委员会制订了相应的福利事业计划,其分为临时性福利事业计划和永久性福利事业计划两部分。临时性福利事业计划主要是保障学校回迁广州时师生衣食住行方面的需要,包括复员迁移办法(含旅费补助和设置中途接待站)、广州接应办法(含设置广州接待站和石牌往返班车)、临时贷款办法、冬寒被服救济等方面;永久性福利事业计划主要是改善学校师生员工复员广州后的生活条件,包括学生宿舍设备、职员住宅设备、保健设施、娱乐设施、职员子弟教育、同志会组织六大方面。

二、复员过程

经过半个月的精心筹备,学校除留连县分教处部分人员负责将连县、坪石等地的公物集中整理后运回学校外,1945年10月下旬,分散在粤东各地的师生员工齐集龙川老隆,集体乘船返穗。国立中山大学的复员船队由

第六章 复员广州（1946—1949）

几十艘"大眼鸡"①组成，运载着复员师生和学校图书仪器等公物沿东江南下，一路旗帜飘展，绵延数十里，极为壮观。船队到了惠州，师生转乘汽车到东莞樟木头，再转乘广九铁路火车，最终到达广州。此时，粤北、潮汕以及其他地区的师生员工也怀着兴奋的心情，纷纷从各地返穗，陆续回到阔别七年之久的校园。

为保证各项复员工作顺利进行，学校复员委员会将人员按职能分为接收、工程、迁运、校具设备、交通、管理、警卫、保管八个组，其中教务长邓植仪教授负责迁运组。

1945年11月24日，学校复员委员会召开会议，通过校舍分配决议案。各院系仍按战前原址办公，农学院连同校本部、文学院、理学院、法学院、工学院、研究院及天文台仍在石牌原址，12月1日开学。②

经过全校师生一年多艰苦不懈的努力，学校逐步收回了部分损失校产，修复损毁的校舍，延揽了一批有名望的教授来校任教，教学秩序得到恢复，科研和人才培养工作也得到一定程度的发展。图6-1为1946年，丁颖、农艺系主任王仲彦、戚经文与农学院农艺第20届毕业生合影。

图6-1　1946年，丁颖（前排右三）、农艺系主任王仲彦（前排右二）、戚经文（前排右一）与农学院农艺第20届毕业生合影

图片来源：《华南农业大学百年校庆丛书》编委会编：《华南农业大学百年图史》，广东人民出版社2009年版，第122页。

---

① 300年前，广东商人到天津经商时，他们的商船的船头油漆成红色，上面画有大眼鸡，被称作"大眼鸡"。

② 梁山、李坚、张克谟：《中山大学史稿（1924—1949）》，上海教育出版社1983年版，第414页。

三、校产回归

国立中山大学自1938年内迁以来，规模宏大的石牌校区先是被日军轰炸，后又为日军司令部占用，留在校园内的图书资料、仪器设备、水电设施等几乎被劫掠一空，学校遇到建校以来前所未有的困难。学校统计上报教育部的数据显示：计学校在抗战期间，直接损失共14.98亿元，惟所列损失系照当时国币价值。

复员之初，石牌、文明路、百子路校舍均被军事机关占用，后由校方负责人多方协商，历时两三个月才陆续收回，交付校内各单位使用。学校接收一部分石牌校舍后，于1945年12月5日在石牌设立办事处，聘任农学院侯过教授为主任，就近办理一切事宜。12月8日，石牌校区已有学生200余名、教职员家属约120人、工友20余人、校警20余人迁入住宿。直至1946年11月，占用石牌校区图书馆的驻军物资全部迁出，石牌校区才全部收归国立中山大学校方管理。①

学校抗日战争时期分散在云南和粤北的公物，经过有关人员的查找和整理，陆续运回广州。②实验仪器设备尚滞留湖南宜章笆篱堡，实验煤气、水电和温室的修复因限于经费未能解决，正常教学受到严重影响。农学院农林植物研究所收回了原暂存香港的图书杂志和珍贵标本。③

四、校舍、实验场所重建

复员之后，校舍由于战时的破坏损失惨重，学校面向社会公开招标修缮。1945年12月8日，石牌校区修缮工程开始分类招标。校舍的陆续修复和生活设施的日趋完善，为学校教学工作的正常运行提供了有力的保障。

农学院教学楼及附设场所等建筑物，大小不下二三十所/座，在抗日战

---

① 吴定宇主编：《中山大学校史（1924—2004）》，中山大学出版社2006年版，第211-213页。

② 吴定宇主编：《中山大学校史（1924—2004）》，中山大学出版社2006年版，第214页。

③ 王浩主编：《华南农业大学校史》（第2卷），广东科技出版社2009年版，第53页。

/ 第六章 / 复员广州（1946—1949）

争期间均受到不同程度的损毁，设备仪器损毁严重。复员后，原农学馆、农林化学馆损坏较轻，稍加修缮即恢复使用；蚕学馆、农林产制造室、茶蔗研究室、农场主任室、乳牛房等则破坏较严重，还有近20座建筑被完全毁坏；在市区的农林植物研究所则为军事机关所占用。经过学校和农学院全体师生员工一年多的努力，克服了任务繁重和经费紧张的困难，农学馆、农林化学馆、蚕学馆、农林产制造室、茶蔗研究室得以修复，重建了农场的部分工人宿舍和稻作试验场等小型建筑共5座；农林植物研究所在市区法政路的楼房，经学校多番交涉，亦收回学校使用。图6-2为复员后的国立中山大学农学院楼，图6-3为农学院学生在农学院楼前。

图6-2　复员后的国立中山大学农学院楼

图片来源：《华南农业大学百年校庆丛书》编委会编：《华南农业大学百年图史》，广东人民出版社2009年版，第123页。

图6-3　农学院学生在农学院楼前

图片来源：《华南农业大学百年校庆丛书》编委会编：《华南农业大学百年图史》，广东人民出版社2009年版，第122页。

农学院面积约万亩的附设农场，战前建设已有一定规模，在广州沦陷后遭到严重破坏，除森林股仍剩有部分老林木外，已一片荒芜。复员后，农学院由于人手紧张和经费不足，农场恢复进展缓慢。1946年3月，由学校分配工人20名和少许经费重新开垦。为加快农场恢复进度，农学院院长邓植仪教授请学校函请广州行营战俘管理处征调熟悉耕作的日军战俘50人帮助开垦，并请总务处派校警两人负责看守管理。经半年多努力，恢复了部分稻田、茶园、果园及菜圃等。

农学院附设林场面积比农场更大，又设在校外，恢复工作比农场更为困难。白云山模范林场面积达2.18万亩,在沦陷期间遭受严重损失,虽拟定恢复计划,但无力实施。乐昌演习林场在乐昌沦陷期间亦遭受损失,复员期间边规划修复,边砍伐部分适龄林木,所得资金用于发展生产,补助森林学系购置图书仪器及研究考察之用。

稻作试验场由于人员与经费紧张,于1946年春停办分场,并将有关人员调回石牌总场,集中力量以图恢复。经过努力,总场近百亩水田和数十亩旱地栽上水稻及其他作物,繁育了一批优良稻种供广东稻改所作推广之用。

农林植物研究所的植物标本园在抗日战争之前已有相当规模,广州沦陷后毁于日军之手。他们经过努力,收回了运往香港避难的图书、杂志和珍贵标本,并积极搜集台湾植物标本,基本恢复了标本园,并组织《广东植物志》的编撰和该所研究专刊 *Sunyatsenia* 的复刊工作。

第二节　机构调整

一、人事调整

1945年12月,代校长金曾澄因年迈多病,请辞代校长之职获准;国民政府行政院也正式免去邹鲁的校长职务,教育部任命王星拱接任。早在国立广东大学筹备期间,王星拱就曾被聘为筹备委员,参与草拟办学规章制度,因此十分熟悉国立中山大学的办学宗旨和办学情况。王星拱担任校长之后,进行了一系列人事调整[①]:聘郭嵩龄为总务长,邓植仪继任教务长,任国荣继任训导长(1946年8月,改聘黄尊生为训导长),继续聘任邓植仪教授为农学院院长。

---

① 梁山、李坚、张克谟:《中山大学史稿(1924—1949)》,上海教育出版社1983年版,第414页。

原研究院农科研究所农林植物学部主任陈焕镛教授，抗日战争期间一直在香港坚持研究工作，为保护珍贵植物标本而没有随校搬迁，抗日战争胜利之后一度被学校解聘，王星拱校长在弄清事情原委后立即恢复了他的职务。

二、院系调整

1945年复员广州后，学校院、系、研究所的设置有所调整，其中研究院的变动比较大。1946年，教育部颁布《废止大学研究院暂行组织规程》，并订定《大学研究所暂行组织规程》。据此，学校各研究院自1947年起取消，所属农科各研究所由农学院兼办。土壤调查所与学校研究院农科研究所土壤学部合并改组为土壤学研究所；农林植物研究所与研究院农科研究所农林植物学部合并，改组为植物学研究所，并改隶理学院。

1946年11月，农学院与全国善后救济总署广东分署合办了广东柑橘繁殖场，以复兴广东柑橘生产和推动柑橘试验研究工作。经费物资主要由广东善后救济分署拨付，农学院在农场划出200亩作为场地，场务由黄昌贤教授主持。为了加快病虫害学系的建设，进一步开展病虫害药剂研究，农学院于1948年设立了病虫害药剂研究室，由赵善欢教授主持。

农学系原是拥有6个专业的大系，自20世纪30年代起，蚕桑门、畜牧兽医组、农业经济组分出，独立设系。至1948年上半年，农学系仍设有农艺、园艺、病虫害3组，这些组办学历史长，师资力量强，科研、设备都有较好基础，具备建系条件。1948年9月，经教育部批准，农学系扩建为农艺学系、园艺学系、病虫害学系[①]，分别由王仲彦、温文光、张巨伯教授担任系主任。至此，国立中山大学农学院共设8个系，即农艺学系、园艺学系、病虫害学系、畜牧兽医学系、蚕桑学系、农业经济学系、林学系和农业化学系，成为国内历史悠久、科系较完备的著名农学院之一。

---

① 《国立中山大学日报》1948年6月2日。

第三节 教学科研

一、教学、科研恢复

（一）基本设施

国立中山大学复员广州后，学校各部门各司其职，纷纷开展工作，为正常开展教学科研活动创造条件。复课之初，学生不分学院和年级，每房住四人；后因学生增多，宿舍不敷分配，改为每房住五人。每生只发两块床板、两张条凳和一张小书桌。上课时，学生自带一张小凳和一块黑板学习。随着来校工作的教职员工陆续增多，教职员宿舍也同样紧张。石牌校区教职员宿舍共19间，除每层四角的大房间住4人外，其他房间一律住2人。如此安置后，仍有部分教员无法安排住宿，学校又将各学院院舍、教员研究室，以及其他房间临时改作教员宿舍。

（二）师资建设

1946年，农学院先后派农业化学系副教授简浩然、农学系病虫害组教授蒲蛰龙赴美深造；新聘邝荣禄、刘萃杰博士等来院任教，为师资队伍注入了新的活力。同时，农学院在稳定知名教授在院任教方面也做了不少工作，对长期执教于学院的老教授非常关心和尊重。利寅教授从1909年开始在广东全省农事试验场任化学技师，又兼农业教员讲习所教员，一直在校执教长达40年。为了表彰他献身农业教育和对发展广东高等农业教育所做的贡献，1948年，农学院邓植仪、丁颖、张巨伯、侯过等11位教授联名写信，要求学校转请教育部给予褒扬。利寅教授受到褒奖后，为勉励学生勤奋向学，将所得奖金转赠农学院，作为勤学奖金。

（三）学生培养

学校复员广州后原定1945年12月1日开学，后因驻军未撤，上课时间被迫延迟至1946年1月。农学院于1月25日复课之后,针对那些因战事未能随校上课的同学,根据教学的具体情况分别安排了补课。农学院规定:每系学生各随原级上课,并准多选下年级之学科。一年级准选下年级一个科目,不得超过三学分;二、三年级准选下年级两个学科,3~6学分。第一学期未了之功课由各系教员另定时间补足,其余第二学期之功课尽量调到上学期讲授。① 从1946年2月18日起,农学院的上课时间每天上午提前到6时开始,下午则延至5时半结束。每科增加的课时,限制在该科总课时的1/4到1/3。1945年度上学期,农学院新生报到43人,老生注册149人,补课人数57人,共计249人。图6-4为1948年,国立中山大学农学院农艺组第22届毕业同学与教师合影。

图6-4　1948年,国立中山大学农学院农艺组第22届毕业同学与教师合影(前排左五为丁颖教授,前排左二为黄超武)

图片来源:《华南农业大学百年校庆丛书》编委会编:《华南农业大学百年图史》,广东人民出版社2009年版,第125页。

二、学生资助

1946年,随着学校教学秩序的恢复,广大学子纷纷前来报考。学校特

---

① 《国立中山大学日报》1946年2月20日。

意在市区百子路医学院、惠爱东路国立中山大学附属中学等处设分考场。为解决在石牌考试的考生之交通问题，学校与粤汉沪铁路管理局广州段商洽，考试期间每日上午7:00—9:00安排三列火车，从市区大沙头车站开往石牌国立中山大学南门，下午从5:30起回返。广州公共汽车公司也于考试开始前和结束后，在文德路旧校和石牌之间安排汽车数十辆，方便考生乘坐。

农学院于1946年1月正式复课，第一学期返院复课学生共347人。为帮助经济困难的学生复学，1945年8月国民政府教育部颁发了《战时国立中等以上学校及省立专科以上学校学生给予公费办法》，规定除保育生、大中学校师范生、抗战功勋子女及革命功勋子女均为全公费不受比例限制外，自1945年秋季起，各科新生全公费及半公费名额以分别占各校注册入学新生总额40%为最高额，优先给予经济来源确已断绝的战区生和侨生、家境确属清寒的学生、收入不足供给求学费用的公教人员子女、蒙藏及其他边疆各族学生，目的是"使贫穷学子能享受公费，律机会真能均等"。抗日战争结束后，国民政府改行奖学金制度，并列入《中华民国宪法》。1947年7月，教育部颁发《国立专科以上学校及省立专科以上学校学生奖学金办法》，规定从该学年开始，除师范生、保育生和个别政府给予特别照顾的学生享受公费外，国立和省立高等院校分别招考奖学金学生和自费学生，奖学金学生的名额以各校招生总数的20%为限。[①]

在教育部的指导下，国立中山大学为解决贫困学生的复学问题，制定了十余种困难学生资助章程，建立了涵盖免费、公费、缓费、奖学金、勤工助学的资助体系。1946年3月12日，学生贷金增加1000元，共7500元；3月26日，贷金暂增至10750元。[②] 学校的这些措施，为品学兼优的贫寒学子入学提供了经济保障，一定程度上维护了教育的公平性。

---

① 贺金林：《抗战胜利后国民政府教育复员研究》，社会科学文献出版社2010年版，第117页。

② 易汉文：《中山大学编年史（1924—2004）》，中山大学出版社2005年版，第43页。

三、调研和实习

复员广州后，学校克服物价飞涨、经费紧张等重重困难，积极开展各类调查和实习活动，将课堂讲授与实地见习结合，培养学生理论联系实际的能力。台湾工农业基础较好，国民政府光复台湾后，学校多次组织各院系师生赴台考察实习，回校后举行专题展览介绍，收到很好的效果。

农学院各系结合各自的专业情况，除分别在校内附设的农场、林场、稻作试验场等场所进行实习外，还分赴省内外开展各种形式的实习和考察活动（表6-1）。

表6-1　1947—1949年农学院学生实习情况

时间	实习群体	实习事项
1947年4月	农业化学系四年级学生	东莞宏业糖厂实习
1947年	农艺组学生	组织工作团开垦两亩荒地，栽培玉蜀黍、番薯、陆稻、烟草、甘蔗、绿豆、红豆、西红柿、马铃薯等作物，其中玉蜀黍、绿豆、烟草等作物获得好收成
1948年1月	畜牧兽医学系学生30余人	赴台湾参观考察
1948年4月	农业经济学系二、三、四年级学生	对石牌村进行抽样调查，内容包括耕地面积、家畜数量、借贷情形、租借问题、农场收入及农场支出等；组织农业考察团，分赴中山县、台湾省调查农村经济状况
1948年	农业化学系毕业班	广东实业公司顺德糖厂实习、调查
1948年8月	林学系罗彤鉴教授带领学生5人	赴台湾罗东、台中、嘉义、台南、高雄、屏东等地考察林业
1949年4月	土壤研究所陆发熹副教授率同技工	前往清远、佛冈、英德、曲江、乐昌、始兴、南雄等县进行土壤调查

资料来源：《农经系明天出发调查石牌村农家经济》，载《国立中山大学日报》1948年4月13日；《土壤研究所派员调查各县土壤》，载《国立中山大学日报》1948年4月20日；《农学院畜牧兽医系昨出发考察台湾》，载《国立中山大学日报》1948年1月20日；《农学院森林系员生赴台湾考察林业归来》，载《国立中山大学日报》1948年9月30日。

为改善教学条件,茶蔗研究部向台湾订购了制茶机、揉茶机;畜牧兽医学系向联合国救济总署争取划拨了一批良种乳牛;[①]1948年4月,附设稻作试验场建立了稻种风干室及种子人工干燥室,以利教学研究。刘萃杰教授则将一批图书杂志捐赠给学院图书馆。

四、学术活动

复员广州之后,全校师生克服科研经费紧缺等重重困难,很快投入到学术研究之中。

(一)校内交流

农学院每月举行一次学术讲演会,所做专题报告(表6-2)知识面广,内容新颖丰富,受到广泛好评。此外,农业经济学系张农教授还发起成立了农政促进会。

表6-2 农学院学术讲演会专题报告情况

组织者	报告人	报告专题
学院	联合国粮食农业组顾问胡佩文博士(Dr. M.A.Huberman)	世界农林之重建
农艺研究会	刘萃杰教授	有关农业和农业经济的专题演讲
	王仲彦教授	作物育种体系之再检讨
	各届毕业生以及在校会友	研讨推广稻种问题座谈会
农化学会	刘萃杰教授	美国农业近况
林学会	黄维炎教授	台湾林业
农经学社	谢哲声教授	T.V.A.与A.A.A.对于现代农村经济建设之影响
	刘耀荣教授	现阶段的中国货币经济

---

① 王浩主编:《华南农业大学校史》(第2卷),广东科技出版社2009年版,第55页。

续表

组织者	报告人	报告专题
生产团	冯子章教授	北平农业研究的新动向
	陈植教授	海南岛农业概况及其改进步骤
	赵善欢教授	北平农业研究的新动向
研究所联合会	黄枯桐教授	农村复兴问题
昆虫学会	英国昆虫学家罗伊·尤约特（Roy Euiott）	英国战时昆虫事业及杀虫剂之应用
学校"国父"纪念周	王星拱校长	理性在人生中之地位；理性与人生
	教务长兼农学院院长邓植仪教授	中国土地利用之两大问题

资料来源：《农艺研究所今日举办学术演讲》，载《国立中山大学日报》1948年4月3日；《农艺研究所研讨推广稻种问题》，载《国立中山大学日报》1948年4月8日；《农学院林学会近日举行学术讲演》，载《国立中山大学日报》1948年5月25日；《农学院农经学社主办学术演讲》，载《国立中山大学日报》1948年12月25日；《农学院生产团举行学术演讲》，载《国立中山大学日报》1948年11月22日。

农场森林股恢复了本土和外来优良树种的繁殖工作，向校外供应优良树苗和种子；病虫害学系曾向中国农村复兴委员会洽领约万磅杀虫药剂，派员前往广州市郊免费替果农进行实地害虫防治。①

（二）校外合作交流

复员广州后，中大教师经常到校外讲学，参加各种学会的活动；同时学校也派出学生和教员到国外深造，以充实师资，增广见闻（表6-3）。

表6-3　农学院同国内机构合作情况

时间	合作机构	合作内容
1946年11月	善后救济总署广东分署	合办广东柑橘繁殖场，面积约270余亩，大量栽培柑橘类砧木以供学术研究和繁殖推广之用，同时繁殖改良品种

---

① 王浩主编：《华南农业大学校史》（第2卷），广东科技出版社2009年版，第55页。

续表

时间	合作机构	合作内容
1948年5月	农林部华南区推广繁殖站	繁殖推广优良果树苗和经济树苗，荔枝、龙眼、木瓜、板栗、番荔枝、白榄等果树苗15000株，台湾相思木、麻黄、水松、杨柳、桉树、木麻黄、马尾松等经济树苗2万株
1948年6月	广东省农林处	合办育种养蚕及制种工作，农学院负责繁殖计划的制订、技术指导、培植管理工作；后将华南区推广繁殖站从顺德县大良迁至石牌；合作进行家蚕育种制种等工作，推动广东蚕桑事业发展

资料来源：《农学院推广繁殖优良果树种苗，与农林部华南区推广繁殖站合作办理》，载《国立中山大学日报》1948年5月13日。

1. 国内合作交流

这一时期，国内学术交流日趋活跃。1947年度，农学院赵善欢教授应国立北京大学农学院昆虫学系之邀，前往讲学一年。1947年1月，台湾大学函请蒋英教授前往研究、考察农林植物。蒋英教授返校之后，将考察资料编成《考察台湾植物简报》，内容包括研究台湾植物史略、植物园、植物标本馆情况、植物分布概况、台湾移入之经济植物、台湾本产经济植物等。①

1948年11月，学院在广州举行了广州市十二科学团体联合年会。邓植仪教授是筹备联合年会主要负责人之一，又是年会主席团成员。农学院科学家在年会上宣读了不少颇有价值的科学论文，如丁颖的《中国古来粳籼稻种之探讨及现在栽培稻种分类法预报》、赵善欢的《中国土产杀虫植物之效用》、谢申的《广东土壤需肥概测》、茹皆耀的《绿肥与土壤生产力关系之研究》及黎旭祥的《十万大山之土壤》等。邓植仪、谢申、张农教授还分别代表有关学会，介绍了中国科学社、中国土壤学会和中华农学会广东分会的概况。科学家们还建议：成立永久性各科学团体联合会，经

---

① 《台湾大学函请本校蒋英教授前往考察》，载《国立中山大学日报》1947年1月8日。

常举行学术报告，普及科学教育；设立全国性土壤调查机构，举办全国土壤调查等。联合年会结束时发表了宣言，对年会给予高度评价，认为它是"民国元年以来在广州仅见的科学运动"。

2. 国际交流合作

复员广州后，学校陆续邀请了一些外国学者、专家、教授来校讲学、考察、参观。1946年4月，英国海军来校进行农药DDT系列讲演，内容包括近代防疫方法及卫生设施、蚊蝇等害虫用DDT防除方法、飞机上设虫喷雾设备及释放技术。同时，该团队还与赵善欢博士合作测定DDT喷后成效，并在石牌校区进行飞机喷雾试验。1946年5月，农学院昆虫学会邀请英国昆虫学家罗伊·尤约特（Roy Elliott）上尉讲演《英国战时昆虫事业及新杀虫剂之应用》。1946年6月20日，学校邀请中英科学合作馆主任罗斯毕教授讲演文化问题，各院停课一小时参加听讲；随后，罗斯毕教授为地质、地理两系学生讲演《地理学之应用》。同日下午，学校邀请罗斯毕的夫人为全校女生讲演《英国女子高等教育》。

（三）农业推广工作

回迁石牌后，学校的教学和科研逐渐得到了恢复与发展，培养出一大批社会急需的各类人才。全国各地的企事业单位、机关等部门纷纷要求学校推荐毕业生前往就业，如台湾省林业局函请农学院推荐农林人员赴台工作。

第四节　校园文化与社会服务

一、校园文化

为丰富师生业余生活，普及科学知识，增广见闻，国立中山大学各学院和研究会利用图片、实物等举办丰富多彩的展览会，广受师生欢迎。

1947年3月底，理、工、农、医、师各学院举办青年节和儿童节科学展览，各学院"均有珍贵独具之标本，与呕心杰作之图案画展及其他有关科学种类，俱选备陈列，琳琅满目，不胜枚举，实为本校复员后第一次之伟大展览"。①

农学院经常举办科学展览会，1947年10月举办"双十节"科学展览，分9个展览室系统展示农业内容；1948年3月底举办科学展览，内容包括9个单位提供的图片和标本。②

二、社会服务

农学院不间断地进行灵活多样的优良稻种、树苗等的推广工作。1948年4月，农艺研究会为研讨稻种推广问题，由丁颖教授邀集在农业机构工作的校友及在校部分师生举行座谈会，刘萃杰、王仲彦、毛相澄、陈泽霖等教授也参加了座谈会。丁颖教授首先提出四个问题，接着组织讨论，"会场情况至为畅快紧张"。

柑橘繁殖场为繁育优良果苗，曾广为搜集各地优良柑橘品种接穗，如新会甜橙、温州蜜柑、从化甜橙和美国柠檬等，通过嫁接，繁育出一批适合广东的优良果苗，如仑头柳橙、新会甜橙、香水橙、潮州椪柑、蕉柑、雪柑、年橘等，供农业机关、学校、果农试种。

农场森林股恢复了本土和外来优良树种的繁殖工作，向校外供应优良树苗和种子。病虫害学系积极协助果农防治果树病虫害，并普及防治知识，他们曾向中国农村复兴委员会洽领约万磅杀虫药剂，派员往广州市郊免费替果农实地防治。

---

① 《国立中山大学日报》1947年4月1日。
② 《国立中山大学日报》1948年3月27日。

第五节　科研成果

1945年至1949年，尽管时局动荡，条件艰苦，但是学校在科研方面却取得了较大的成绩，其中有一些成果在国际学术界产生了影响。

1946年11月至1947年6月，农学院派蒋英教授赴台湾省考察植物，先后在台北林业试验所的植物园、植物标本馆和台湾大学农学院、理学院进行植物分类研究，协助植物园整理、鉴定活标本700余种，为植物标本馆签注新种及其他标本4000余份，携回干制标本约3000份。

土壤调查所除将历年土壤调查所得资料加以整理外，继续按原计划，先后派黎旭祥、陆发熹率技工前往罗定、清远、佛冈、曲江等县进行土壤调查。

病虫害学系植物病理部根据抗战期间对云南、桂东北、湘南、粤北等地农作物病害所作详细调查，编撰了《滇湘桂粤农作物之病害》；复员后，协助农林部考察广东中区农作物病害，并将抗战前采集记录的广东作物病害资料及已辑录的其他文献合编成《广东经济作物之病害》。赵善欢教授在中国土产杀虫植物的效用和昆虫毒理学的研究方面取得了进展。复员广州后农学院的主要科研成果见表6–4。

表6–4　复员后农学院的主要科研成果

时间	完成人	成果
1946年	梁振文教授	《相马学》，获得教育部甲种奖金
1947年	蒋英教授	《考察台湾植物简报》
1949年	丁颖教授	《从中国古籍中所见之中国稻作》《中国稻作之起源》《中国古来粳籼播种栽培及分布之探讨与现在栽培播种分类法预报》
	植物病理学部	《滇湘桂粤农作物之病害》《广东经济作物之病害》《农作物病害名录》

续表

时间	完成人	成果
1949年	邓植仪、丁颖、张农、张巨伯等12人	复刊《农声》
	农经会	出版《农经通讯》
	农艺研究会	出版《农艺通讯》
	农化学会	复刊《农化通讯》
	植物病理学部	主编《广东经济作物之病害》

《农声》杂志在抗战期间曾两度停刊，抗战胜利后，成立了由邓植仪、丁颖、张农、张巨伯、温文光、杨邦杰、王鉴明、余蔚英、张清鉴等12人组成的编辑委员会，于1949年元旦正式复刊，出版第232期。此外，农经会出版了《农经通讯》，农艺研究会出版了《农艺通讯》，农化学会复刊了《农化通讯》。

第六节　图书馆建设

学校复员广州后，图书馆因馆址尚无着落，不能开馆。为了保证师生正常的学术研究活动，图书馆一面呈请学校选定馆址，购置书架桌椅；一面同省立图书馆协商（时国立中山大学图书馆主任杜定友兼任省立图书馆馆长），准许国立中山大学教师和学生前往借阅，暂时解决了师生的燃眉之急。

为长远计，图书馆主任杜定友明察暗访、四处奔波，立志要在三年时间内恢复学校图书馆藏书30万册的旧观。杜定友因国立中山大学复校委员会无其名，校舍亦无图书馆，所以自挂"中大、省、市图书馆联合办事处"，以其名义寻访失散图书。① 当时，市面上散落的图书随处可见，每

---

① 李卓：《抗战时期中山大学图书馆馆藏发展纪实》，载《图书馆学刊》2014年第1期。

斤不过三四十元，可惜校方已停薪七八个月，杜定友囊中羞涩，只好望书兴叹。学校经费紧缺、百废待兴，图书购置经费远远不足。因此，恢复战前图书藏量，主要通过回收图书馆战前流散藏书和接受社会捐赠的方式进行。

广州沦陷期间，学校物资被日本侵略军夺取甚多；复员广州后，经过校方的不懈努力，成功追回部分流失校产。

接纳国内外赠送的图书杂志，始终是学校与外界进行学术交流的一项重要内容。复员广州后，图书馆努力向海内外各方征集图书。对此，杜定友馆长更是不遗余力，仅1947年度，图书馆就收到各方赠书总计58851册。

通过图书馆全体同人的共同努力及海内外各界的支持与慷慨捐赠，到1946年4月18日，学校图书馆藏书约12万册，恢复到在坪石办学时期的数量。到1948年下半年，藏书已增至18万余册，算上其他小册子和未整理的书籍，合计25万余册，基本恢复战前的藏书量。其中，由专项经费购入者仅占约1/10，其余都来自国内外机关团体和个人捐赠。

第七节　社团活动

从1945年抗战胜利到1949年中华人民共和国成立，国立中山大学全体师生读书不忘社会，以满腔的爱国热情积极投身于各种社会活动。

一、进步社团组织

据《纪念解放战争时期中山大学学生革命运动》一书记载，1947年3月29日，为了把国立中山大学的进步力量组织起来，以适应斗争的需要，中共广州市委决定在国立中山大学建立以地下党员为骨干的秘密外围组织"爱国民主协会"（以下简称"爱协"。1948年改称"学联协会"，1949年改称"学联"，又称"地下学联"，图6-5为国立中山大学部分"地下学联"成员和进步同学合影），后来发展成为共产党在广州市的大中学生秘密外围组织。协会成立后，在农学院发展了一些进步同学和教师。到新中国成立前，农学院共有48人加入，主要联系人为邓锡勋。

图6-5　国立中山大学部分"地下学联"成员和进步同学合影

图片来源：《华南农业大学百年校庆丛书》编委会编：《华南农业大学百年图史》，广东人民出版社2009年版，第128页。

1947年"五·三一"大游行后，根据斗争形势的发展，中共广州市委决定把秘密斗争与公开合法斗争紧密结合起来，并以合法斗争为主，以"爱协"成员为骨干，组织了多种公开合法的进步社团，更广泛地团结教育广大同学。当时，国立中山大学有"八大进步社团"："社会科学研究会""自然科学研究会""农学院生产团""南燕剧社""中师剧社""中师合唱团""教育研究会"和"创造画社"。这些社团一方面是为壮大党和"爱协"的进步力量，另一方面以"第二课堂"的形式提高成员的学术水平，为革命斗争和新中国成立后的国家建设提供"又红又专"的人才。

学校历来有民主革命传统和学术自由风气，可以通过公开合法的学术活动组织学习马克思主义；"五·三一"运动后党和"爱协"组织的扩大，也为建立新的大型公开合法群众团体储备了骨干力量。这是"八大进步社团"在学校内能够发挥积极的主导作用的前提。

二、农学院生产团

农学院生产团建立前,进步学生李灏(后任深圳市委书记)、李正寰、胡黛琼、方郭良、尹世雄、李宝莲等参加了社会科学研究会,部分学生则被自然科学研究会吸收为会员。1947年暑假期间,经国立中山大学地下党同意,农学院成立自助生产团,宗旨是团结互助、勤工助学,以及将农业科学理论与生产实践相结合。同年11月底,翁文成等同学又发起组成自力生产团。至1948年3月,这两个生产团合并为农学院生产团,宗旨是团结教育同学,寓团结教育于劳动和学习之中,把学习与生产劳动结合起来,把学习农业科学技术与学习时事政治结合起来。至1949年初,生产团发展到130多人,约占全院学生总人数的1/3,并聘请一些教师作为顾问。农学院为生产团提供农具和种子,但其活动却受到某些训育员、复员青年军学生等的监视和破坏。

进行农业生产劳动是生产团的特色所在(图6-6)。生产团的集体生产劳动,除了使学生获得农业生产知识、加深理论与实践的联系外,还在一定程度上解决了学生生活上的困难,更重要的意义是,加强了同学之间的联系,加深了彼此间的了解和感情。通过生产劳动,同学们得到了锻炼,领悟到在艰难的物质条件下如何通过团结、互助来把握自己的命运,在国民党政府分崩离析、经济崩溃、社会动荡的情况下,如何掌握一定的物质基础以坚持同反动派力量作斗争。这种从农业实践得出的思路,对以后党和"爱协"领导广大同学开展护校斗争、握紧基本生活资料并与敌周旋的活动,有重要的启示意义。

另外,生产团还把学习和劳动结合起来,寓团结教育于劳动、学习之中,既学习科学技术,又学习政治时事。他

图6-6 国立中山大学学生参加生产劳动
图片来源:中山大学校友总会、中山大学求进报社编:《纪念解放战争时期中山大学学生革命运动》,第23页。

们把闲置的盥洗室辟为阅览室，订购了一批书籍杂志，方便传阅，还草拟了学习提纲，布置讨论；将生产团的活动同农村调查访问、郊游、野餐和其他进步文娱活动结合起来，形式多种多样，对提高大家的觉悟起到很好的作用。图6-7为1949年国立中山大学农学院生产团合影。

图6-7　1949年国立中山大学农学院生产团合影

图片来源：《华南农业大学百年校庆丛书》编委会编：《华南农业大学百年图史》，广东人民出版社2009年版，第130页。

生产团在地下党领导下，团结农学院广大师生员工，积极开展各项活动。生产劳动实行统一领导，分组活动，既是生产小组，又是学习小组。生产团在农学院内和附近农村先后举办过夜校，组织职工和农村青年学习文化、政治。根据地下党的指示，1949年1月，以生产团成员为骨干，成立了农学院系联合会，并派人参加国立中山大学院系联合会。生产团学生在斗争中经受了锻炼和考验，觉悟进一步提高，他们中有36人参加了"爱协"，有些人还加入了共产党。

1948年下半年，在广州又成立了共产党的外围组织"新民主主义教育工作者协会"，农学院黄国璋、龚可均、黄涵荪、陆剑才等进步教师加入了该协会。通过他们，该协会又团结了陆发熹等部分进步教师，为护校和迎解放做准备。

三、学生运动

（一）声援昆明"一二·一"惨案[①]

1946年1月10日，政治协商会议在重庆开幕，渴望和平的国立中山大学学生以极大的热情关注着这次会议。不料在1月下旬，却突然传来昆明"一二·一"惨案的消息，令师生激愤不已。1月30日，师生举行了由2000余人参加、历时四个多小时的示威游行，要求国民党当局"取消一党专政，组织联合政府"。2月15日，师生举行大会要求彻底实施民主，随后向国民党立法院院长孙科递交了请愿书，以声援昆明学生。

（二）反美抗暴运动

1946年12月24日，北平东单广场发生"沈崇案件"，引发了北平、广州等数十个城市、总数计50万以上的学生相继游行示威，形成了全国性轰轰烈烈的"反美抗暴"运动（图6-8）。国立中山大学、省立文理学院等校学生2000多人，举行了声援平津学生爱国行动示威游行，罢课三天，并迫使美国领事馆接受了抗议书。

图6-8 "反美抗暴"游行示威队伍

图片来源：《华南农业大学百年校庆丛书》编委会编：《华南农业大学百年图史》，广东人民出版社2009年版，第128页。

[①] 参见《广州百年大事件》（下），第570-572页；《广东青年运动史（1919—1949）》，第328-329页。

（三）反饥饿、反内战运动

由于内战，国内物价飞涨。教育经费被大量削减，教师的实际薪金持续贬值，二三十万至四五十万元的薪金只够买100多斤大米，生活难以为继。学生的伙食不仅日渐粗劣，还常断炊。面对饥饿和战争，全国广大学生开展了各种反饥饿、反内战斗争。1947年，"五·二〇"惨案消息传到广州后，国立中山大学学生义愤填膺，立即采取行动声援。5月24日上午，2500多位同学在国立中山大学体育馆集会，通过了罢课3天以声援北平、上海和南京的同学，要求增加教育经费至全国总预算的15%，通电慰问南京中央大学受伤的同学等十几项决议。

5月31日，游行队伍3000多人，沿途散发传单，发表演说，并遭遇两次暴徒袭击。6月1日，国民党当局出动宪兵、军警、特务共计2000多人，分乘几十辆大卡车开进石牌校区围捕学生。梅龚彬、丘琳和廖华扬教授与学生数十人被捕，16位同学受重伤、30多位同学受轻伤、50多位同学失踪。在善后委员会和教授会的奔走营救下，至6月中旬，被捕师生陆续获释出狱，受伤的同学也大部分康复。至此，持续了近一个月的反饥饿、反内战学生爱国运动（图6-9、图6-10）落下帷幕。

图6-9 农学院的示威游行队伍

图片来源：《华南农业大学百年校庆丛书》编委会编：《华南农业大学百年图史》，广东人民出版社2009年版，第129页。

图6-10 参加"反饥饿、反内战、反迫害"示威游行的国立中山大学学生

图片来源:《华南农业大学百年校庆丛书》编委会编:《华南农业大学百年图史》,广东人民出版社2009年版,第129页。

(四)护校与罢教拍卖活动

1948年12月,国民政府决定将行政院南迁广州,办公地址定在石牌国立中山大学校园。消息传到学校,全校师生一致反对,迫使国民党当局最终放弃了迫迁国立中山大学的计划。

1949年初,广州物价狂涨,并位居全国之冠。国立中山大学校内一片萧条,师生员工生活陷入窘境。因金圆券贬值,各学院办公费每月仅40元,不足订阅一份报纸。同年2月2日,学校教授会召开紧急会议,提出一次性透支3—7月份薪金,配给员生实物等要求。会后,国立中山大学中文系主任孔德教授、著名农学家丁颖教授等六人,向教育部代部长陈雪屏陈述了教授们窘迫的生活现状,要求调整待遇。2月6日,学校委派农学院黄枯桐等五位教授再次向教育部请愿,要求配给每位教授三斗大米,并按物价指数调整薪水。在多方争取未果的情况下,国立中山大学教授于3月25日至4月18日罢教24天;由于问题迟迟未能得到解决,国立中山大学教授于3月27日举行记者招待会,由黄枯桐教授主持,农学院张农等教授讲话(图6-11),并提出照原薪乘当地实际生活指数发放薪金、日用物品全面配给等要求。

图6-11 国立中山大学罢教期间,张农教授接受记者采访

图片来源:《华南农业大学百年校庆丛书》编委会编:《华南农业大学百年图史》,广东人民出版社2009年版,第132页。

  国立中山大学教授的罢教行动得到了学生和社会广泛的同情与支持。1949年3月26日,国立中山大学"地下学联"发表《为声援本校教授改善待遇敬告师长同学书》,决定开展义演、义卖、节食和敬师运动。学生们于3月27日节食一天得米2000斤,农学院生产团为老师们送去了自产的农产品,共同支援及慰问教授。4月,国立中山大学在广州长堤青年会礼堂举行敬师义演,演出《师生一家》、《风雨之夜》、《摆夷舞》(图6-12)和《光明颂》等剧目。这场罢教风潮由广州波及至广西、北平、上海、四川等地,各大学纷纷高举罢教的旗帜。

  随后,学校积极筹设师生员工生活互助会,自谋自救,以校养校。1949年4月23日南京解放,蒋管区一片混乱,发行的货币形同废纸,教师生活面临断炊厄境。为此,国立中山大学教授会一面派丁颖、王越、张农、龙庆忠等教授到教育部交涉,一面派孔德、张农、龙庆忠教授等向国民党代总统李宗仁请愿,要求紧急拨款救济。教授们由于求生存的呼吁得不到重视,生存问题得不到合理解决,被迫在国民党政府教育部门前挂起"国立中山大学教授活命大拍卖"的大字横幅,忍痛拍卖心爱的书籍、书桌、书架和衣物等,以示抗议。

图6-12　出演《摆夷舞》的中大学生

图片来源：《华南农业大学百年校庆丛书》编委会编：《华南农业大学百年图史》，广东人民出版社2009年版，第132页。

（五）应变护校运动

1949年，中国社会巨变的前夜，国民党当局企图在撤离大陆之前将一些颇具名望的教授、重要的图书和仪器迁台，国立中山大学理所当然成为其目标之一。1949年4月，国立中山大学进步师生成立应变委员会，组织师生不放暑假，留校保卫校舍和贵重物资，以及维护师生的人身安全。

同年7月23日，广州警备司令叶肇策动了迫害国立中山大学进步师生的"七·二三"大逮捕事件（图6-13）。当日凌晨，国民党便衣和军警1000多人包围了石牌、平山堂校区，搜捕进步师生，掠取财物，还没收了校应变委员会用以保护学校以及农场茶蔗部农作物的20余支枪械。丁颖、赵善欢教授亦遭威吓，住处被搜查，一些财物被掠去。这次大逮捕共有14名教职员、约180名同学被捕，包括农学院教授张清鉴、张农和生产团7位同学。特务们将洗劫的财物用卡车运走，还逼勒学校当局当众签署"并无损失及毁坏物品"的字据。[①]

[①] 黄义祥、易汉文主编：《中山大学大事记（1924—1996）》，中山大学出版社1999年版，第53页。

图6-13 军警在国立中山大学石牌校区逮捕学生的情形

图片来源:《华南农业大学百年校庆丛书》编委会编:《华南农业大学百年图史》,广东人民出版社2009年版,第132页。

"七·二三"事件引起了全市震动,中共广州市委及时采取紧急措施:①在国立中山大学成立营救委员会,发表抗议宣言,揭露国民党政府镇压进步师生的罪行;②广泛发动全校师生的社会关系,进行营救;③发动同学募捐,慰问被捕师生。农学院倾向进步、主张正义的丁颖、侯过等教授都积极参与了营救活动,为释放被捕师生而奔走。在社会舆论的压力下,经各界人士的声援、营救,被捕师生陆续获释出狱。

(六)反迁校运动[①]

南京解放后,国内革命形势发展迅速。中共广州市委将工作重点转移到护校护厂,积极宣传,迎接全国的解放。而国民党教育部则密谋将国立中山大学迁往海南岛,为了减少迁校阻力,要求国立中山大学在1949年5月17日提早进行期终考试,考完即放暑假,还准备对进步师生下毒手。面对这一阴谋,地下党组织由教授会出面成立"中山大学应变委员会",各学院院长、教授会、讲助会和院系联合会的代表参加,主要任务是护校和反迁校。

在反迁校斗争中,一些知名教授发挥了积极作用。丁颖教授在一次由

---

① 黄义祥、易汉文主编:《中山大学大事记(1924—1996)》,中山大学出版社1999年版,第53页。

/ 第六章 / 复员广州（1946—1949）

国立中山大学校长召开的部署迁校的会议上，坚决反对迁校，义正词严地提出："八年抗战，校址三易，人心搬碎，设备搬残了，你们还嫌糟蹋得不够吗？"同年5月初，邓植仪、丁颖、侯过等教授就学校治安和保护学校公共财物问题，与石牌乡绅30余人进行磋商，要求他们协助防范，制止歹徒趁机抢劫学校财物。5月17日，农学院召集全院教授参加院务会议，讨论有关应变准备工作。

同年6月，代理校长陈可忠离任，张云接任校长后，多次召集会议策划迁校。师生们反迁校的斗争，随着战争局势的发展而日益紧张。广州解放前夕，为确保全体师生员工在非常时期的生命安全，国立中山大学不得不整体迁到人口较为密集的市区，仅留少数保卫纠察人员看守石牌校本部。农学院部分教工和学生，不顾个人安危，坚持留在学校保护公物。农学院生产团和系联合会派成员参与农学院应变委员会领导工作，积极配合开展护校斗争，日夜突击登记农学院仪器设备、图书等财物，汇集成十多本财产清册上交地下党，为接管工作做准备。在经费严重匮乏、全体师生坚决反对的情形下，国民党的迁校计划宣告失败。

1949年10月14日，广州解放（图6-14、图6-15）。10月28日，广州市人民政府成立。11月2日，中国人民解放军广州市军事管制委员会（以下简称"军管会"）文教接管委员会接管国立中山大学。图6-16为1949年，丁颖、徐广泽、吴宝晋和黄体昭等人在国立中山大学石牌稻作场合影。图6-17为1949年，国立中山大学农学院丁颖教授与学生在广州合影。

图6-14 大中学校学生载歌载舞欢迎入城解放军

图片来源：《华南农业大学百年校庆丛书》编委会编：《华南农业大学百年图史》，广东人民出版社2009年版，第138页。

图6-15 国立中山大学庆祝解放的游行队伍

图片来源:《华南农业大学百年校庆丛书》编委会编:《华南农业大学百年图史》,广东人民出版社2009年版,第138页。

图6-16 1949年,丁颖(左三)、徐广泽(右二)、吴宝晋(右一)和黄体昭(左二)等人在国立中山大学石牌稻作场合影

图片来源:《华南农业大学百年校庆丛书》编委会编:《华南农业大学百年图史》,广东人民出版社2009年版,第127页。

图6-17 1949年,国立中山大学农学院丁颖教授(前排左三)与学生在广州合影

图片来源:《华南农业大学百年校庆丛书》编委会编:《华南农业大学百年图史》,广东人民出版社2009年版,第124页。

- 第七章 -

解放新生

(1949—1952)

> 1949年，经受战火洗礼的国立中山大学，百废待兴。

第一节 军管时期[①]

1949年10月2日，时任中国人民解放军广州市军事管制委员会主任叶剑英、副主任赖传珠发布命令：任命李凡夫为接管国立中山大学军管代表。11月2日，广州市军管会文教接管委员会正式接管国立中山大学，任命李凡夫为军管会代表，刘渠、王越为国立中山大学联络小组正、副组长，小组成员有陈慎旃、许萍、李毅、杨荣春、吴江霖、谢汉曾、陈满和吴宏聪。农学院接管组由陈慎旃负责。

国立中山大学的接管工作大致分三个阶段进行。第一阶段：联络小组进驻学校后以巩固学校治安、创造开学条件为首要任务，以成立校本部及各学院的协助接管小组为中心工作，分成学习、公物、生活三个小组。经过半个多月，各协管小组机构基本配齐。第二阶段：开展革命思想教育运动，拟定学习计划，确定会议制度。第三阶段：清点物资，准备开学。同时，国立中山大学也相应成立了"协助接管委员会"，各学院设立分会，吸收熟悉情况、有政治积极性的师生员工参加，最大限度挽回战争带来的损失，让学校尽快步入正常的发展轨道。

[①] 吴定宇主编：《中山大学校史（1924—2004）》，中山大学出版社2006年版，第246-247页。

一、招生与分配

1950年1月2日,国立中山大学正式开学,1月4日正式上课。开学之后,教学科研工作逐步恢复正常。社会学系和农学院的师生结合教学,分别在6月和暑假进行农村调查。

1950年7月1日,校报《人民中大》创刊,并刊载了招生委员会成立的消息。这是国立中山大学在新中国成立以来的第一次招生,文、法、理、工、农、医、师范学院共招收新生1550名。与以往招生办法不同的是:①在报考时"凡属老解放区之考生、工农干部、革命干部、革命军人、兄弟民族学生或非英属华侨学生,可申请免考外国语;但经录取入学后,须补行外国语甄别测试,并按测试结果分别以补修机会(投考外国语言文学系者除外)"。②在录取时,"凡属(甲)有三年以上工龄之产业工人,或(乙)参加工作三年以上之革命干部及革命军人,或(丙)兄弟民族学生,或(丁)华侨学生,考试成绩虽稍差,得从宽取录"。③新生入学后,"凡清寒学生如需要申请人民助学金者,应照规定于报考时在报名处填具申请书,并缴验家境清寒证明书,办理申请手续。自费生入学后不得再行申请人民助学金"。在社会各界的热烈支持下,考生踊跃报名,8月下旬国立中山大学即顺利完成了招生任务。1951年度,农学院第一学期招收新生195人(表7-1)。

表7-1　1951年度农学院第一学期学生注册情况

项目	新生人数	旧生应注册人数	核准复学人数	左三项合计	新生已注册人数	旧生已注册人数	已注册人数合计
人数	195	429	18	642	171	366	537

与招收新生同步进行的,是毕业生的分配。人民政府成立后,改变以往由毕业生自谋职业的做法,统一安排大学毕业生工作岗位。1950年7月初,中南区教育部派员专程由汉口到国立中山大学,指导毕业生统一分配工作。《人民中大》为此发表评论《毕业同学的光荣任务》。该文指出,"为了紧密配合整个国家建设计划的实施,政府已决定了统一分配本年各

大学毕业生的工作。这是历史上从来不曾有也不可能有的事情",号召毕业生奔赴最需要人才的东北地区去。该文还指出:"依政府规定,各机关所需要的工作人员,须向教育部请派,不得自行决定聘用。"图7-1为学生毕业论文封面。

二、党团组织

1951年,中央派冯乃超同志任中山大学副校长,并担任党支部书记。党组织同步长足发展,组织生活改在校内。党的外围组织由原来的"地下学联"和教职工中的新民主主义教育工作者协会成员组成,共约25人。

图7-1 学生毕业论文封面

图片来源:《华南农业大学百年校庆丛书》编委会编:《华南农业大学百年图史》,广东人民出版社2009年版,第143页。

农学院新教授协会成员有黄国璋、黄涵荪、易怀清、陆剑才、龚可均、高蕴章和何家新七人。党的外围组织成员积极参加中山大学的接管工作,成为一支重要的力量。

1950年1月15日,中国新民主主义青年团国立中山大学总支正式成立,有团员58人,国立中山大学成为广州市第一个公开建团的单位。由于组织的调整,把原来党的地下外围组织成员转为团员,加上新发展的团员,团组织由原来的58人壮大到111人。新中国成立初期,广州党政的中心任务是发动群众,配合接管,掌固治安,安定金融。当时团支部的主要任务就是响应党政号召,组织广大员生,投入各种运动中。在配合接管、宣传政策、慰问解放军、认购和劝购公债等一系列运动中,团员发挥了核心和带头作用,取得了很大的成绩。1952年10月,中山大学建立了临时团委会。11月15日,中山大学临时团委会召开全体团员大会,正式选举产生了中山大学团委会,黄瑜被选为第一任团委书记。

三、社会服务

军事接管后的国立中山大学，仍把服务社会作为办学的重要部分，并为社会的发展做出了重大贡献。

稻作试验场仍继续坚持在不同气候、不同耕作方式的区域，进行稻种改良的试验和优良稻种的推广工作，部分解决了广东的缺粮问题。1949年以后，在广州米粮市场上常见的"白谷糯（七担种）""新兴白""齐眉""金凤雪"等，都是经稻作试验场选择和改良的稻种。同时，该场还在广东省内40多个县及广西等省外多个县，示范推广了新近育成的杂交种"东竹2号""东银8号""东印1号""金竹17号""印竹14号""咸雪9号"等稻种，以及适应和改善环境的栽培技术，使水稻一季的收成量从300斤猛增到600斤。

农学院蚕桑系于1950年接受了广东省农林厅的资助，在杨邦杰和陈鼎新的主持下，积极进行本地蚕种的选优、本地蚕种杂交、本地蚕种与外地蚕种杂交，以及桑树栽培技术的改良、革新等研究和推广工作，取得了良好的经济效益和社会效益（图7-2为国立中山大学蚕桑馆）。全年用改良原蚕种，生丝产量可增加3720～3790担，按当时每担生丝值米100担折算，可增产37.2万～37.9万担米；施用补肥可增产生丝5320担，即可增加53.2万担米。

图7-2　国立中山大学蚕桑馆

图片来源：《华南农业大学百年校庆丛书》编委会编：《华南农业大学百年图史》，广东人民出版社2009年版，第133页。

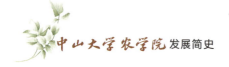

第二节 过渡时期[①]

1950年1月4日，国立中山大学正式恢复上课，1月10日举行隆重的开学典礼。1月20日，接管工作基本结束，同时成立国立中山大学临时校务委员会。中国人民解放军广州市军事管制委员会主任叶剑英签发命令，任命刘渠为副主任委员兼代主任委员，王越、丁颖、龙庆忠、郭一岑、陈慎旃和学生代表等为常务委员，农学院赵善欢教授等为校务委员；任命丁颖为农学院院长。

1月25日，国立中山大学举行了临时校务委员会成立大会。在过渡时期，临时校务委员会为全校的最高领导机关，领导学校的教学、行政等事宜。国立中山大学临时校务委员会为医治战争创伤，稳定局势，恢复学校正常的教学、科研和管理秩序做了大量工作，并取得明显成效。

一、平稳交接

1950年度第一学期，临时校务委员会将临时费的90%（约16亿旧币）用于充实各学院的设备（尤其是农、工、理三个学院），使各学院教学的基本实习和实验顺利进行，并且筹备创办四种学报，以提高员工的研究兴趣和科学水平；完成图书馆修建工程；充实体育设备，普及体育运动。新的历史条件下，校务委员会初步使国立中山大学的各项工作与建设走上了有序发展的良性轨道。

1950年9月9日，中央教育部批复中南军政委员会教育部：经政务院核定，公立学校概不加冠"国立""省立""县立"或"公立"字样。根据

[①] 吴定宇主编：《中山大学校史（1924—2004）》，中山大学出版社2006年版，第248-250页。

这一规定，"国立中山大学"改称"中山大学"，而农学院也由"国立中山大学农学院"改称为"中山大学农学院"并沿用至院系调整前。

1951年3月，校长许崇清、副校长冯乃超接任后，临时校务委员会完成了历史使命。

同年4月19日，中国共产党国立中山大学党支部组织公开，冯乃超任首届党支部书记。对于这一事件，人们冠以"人民中大空前未有的大喜事"的标题，并写下了这样饱含希望的文字："党公开之后，由于密切联系群众，接受批评与建议，必定会使党的组织更加健全和壮大，党的领导更有力量。由于中大党组织的正确和有力的领导，更保证全体中大人都紧紧地团结在党的光辉旗帜下，群策群力，来办好人民新中大！"

二、思想教育

接管工作结束后开始的政治学习，又称"思想接管"。在广州成立的政治课教学委员会统一领导下，国立中山大学成立教学委员会分会，农学院成立教学委员会支会。农学院的教学委员会支会由校务委员代表、政治课主讲教师、指导员、团组织和学生代表组成。

政治学习内容包括毛主席有关著作和时事政策，如《中华人民共和国土地改革法》《中华人民共和国工会法》、抗美援朝等。学习时间为每周四下午，以系为单位编设学习小组。1950年1月学习告一段落后，转入系统学习辩证唯物论、历史唯物论和政治经济学。

三、政治运动

在这一历史时期，中山大学的校园生活与国家重大事件密切联系，包括抗美援朝、土地改革运动、"三反"（即反贪污、反浪费、反官僚主义）运动、"五反"（即反行贿、反偷税漏税、反盗骗国家财产、反偷工减料和反盗窃国家经济情报）运动、知识分子思想改造运动等。

（一）抗美援朝

抗美援朝战争打响后，中山大学师生踊跃捐资用来给志愿军购买飞机大炮，并踊跃参军，以支援朝鲜战争。其中，农学院就有70多人投名参军。截至1951年6月23日，全校共捐款5.92亿元（旧币）以上，用来给志愿军购买飞机大炮。为做好防空工作，中山大学全体学生参加了修建广州市白云机场的劳动，此举受到了叶剑英的书面表扬。为迅速加强国防建设，1950年12月1日，中央军委会和政务院联合决定，招收青年工人和学生参加各种军事干部学校。对此，中山大学300余名教师共同致函全体同学，鼓励踊跃参加军事干部学校，并于12月16日成立了中山大学军事干部学校学生保送委员会等机构。全校学生积极响应这一号召，一时掀起了参军参干热潮。图7-3为1951年丁颖与中山大学农学院师生欢送加入军事干部学校（第一批空军）的同学。

图7-3　1951年，丁颖（后排右七）与中山大学农学院师生欢送加入军事干部学校（第一批空军）的同学

图片来源：《华南农业大学百年校庆丛书》编委会编：《华南农业大学百年图史》，广东人民出版社2009年版，第40页。

1951年，农学院毕业生萧俊铭（图7-4）作为广东省广州市的青年学生代表，加入以廖承志同志为总团长的第一届中国人民赴朝慰问团，到正处于战争中的朝鲜，对最可爱的中国人民志愿军及朝鲜军民进行为期三个多月的慰问活动。之后原森林学系①徐燕千老师也作为慰问团成员于1953年赴朝慰问志愿军。

图7-4　身着志愿军军服站岗的萧俊铭

图片来源：《华南农业大学百年校庆丛书》编委会编：《华南农业大学百年图史》，广东人民出版社2009年版，第141页。

（二）土地改革运动

为了配合全国轰轰烈烈的土地改革（以下简称"土改"）运动，1950年11月19日，中山大学成立了"中山大学师生参加土地改革工作团"，以学校正、副校长兼任正、副团长，并组织团务委员会，计划和安排有关土改的一切工作事宜。农学院部分教师如吴文晖、黄涵荪、尹世雄、龙永棠等参加了广东揭阳县东乡重点地区的土改工作队。12月12日，农业经济学系三年级全体同学前往广州土改试点乡琶州，进行了六天的土改调查，完成了《市郊琶州土地改革经过》调查报告。

同年12月13日，中山大学成立土改学习委员会。1951年5月，农学院参加土改的师生完成预定任务，全部返校。

（三）"三反""五反"运动

为了清除知识分子中存在帝国主义、封建主义和官僚资本主义的思想

---

① 1952年，中大农学院停办，大部分调至华南农学院，森林学系纳入华南林学院（1962年并入华南农业大学）。

残余，1951年11月30日，中共中央发出《关于在学校中进行思想改造和组织清理工作的指示》。中山大学根据这一指示，在政治学习、"三反"、土改和抗美援朝运动的基础上，开展了思想改造运动。方法是发动师生员工学习马列主义和毛主席著作，联系实际，开展批评与自我批评，进行自我教育和自我改造。

从1952年2月开始，中山大学一方面在校内职工中进行"三反"运动，另一方面派部分师生参加广州市的"五反"运动，农学院学生纷纷响应。

四、教学改革

为提高教学质量，许崇清校长和冯乃超副校长到任后大抓课程体系改革，中山大学的教学改革逐渐展开。农学院响应号召，召开座谈会，讨论课程改革和建设问题。这次课程改革，对建立正常的教学秩序、扭转混乱状态，走向学习计划化、管理规范化、生活规律化，促进教学质量进一步提高，起到了积极的作用。

1950年6月，北京高校工作会议后，冯乃超副校长专门为农学院师生做了关于办好农学院所应遵循的改革方针的报告，指出：教学改革工作应稳步前进，农业科学必须为农民和农业生产服务；科学工作者必须联系实际，了解自然和征服自然；学习苏联教学模式，摸索组建教研组、改革教学管理和改进教学方法的经验。据此，农学院提出并初步实行了如下改革措施：

第一，加强行政领导。1951年6月22日，中山大学任命赵善欢为农学院副院长；确定院系的中心工作和实施总检查制度；强调加强行政领导对搞好教学改革、加强科研和办好农场的重要性。

第二，废除旧时期大学的反动课程诸如国民党的"六法全书"等，增设马列主义、毛泽东思想政治理论课和俄文课，增加社会发展史、新民主主义论为全校公共课程，在农学院农业经济学系开设政治经济学。

第三，改进教学基层组织，成立教学研究指导组，要求现有的八个系根据实际需要提出今后课程改革计划，争取更多的课程成立教研组，交流

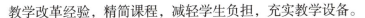

教学改革经验，精简课程，减轻学生负担，充实教学设备。

第四，强调学习苏联经验应联系中国实际，加强与农业部门的联系，为业务部门培训干部，争取业务部门对农学院科研工作的支持。

第五，加强试验研究工作。采取有力措施抓好各系、各位教师提出的上百项科研课题，其中17项是关系广东农业发展的重大课题，并得到中南林业部、广东省农林厅、中国科学院、广东建设局资助，力争出大成果。

在整顿巩固、重点发展、保证质量、稳步前进的国家文教工作方针的指导下，中山大学参考华北高等学校的课程标准草案，拟订了新的教学计划，规定农学院的学生每学期应修20～22学分。鉴于多数教师自撰讲义和相关教学材料的情况，学校提出了教材编写的"四条标准"，即切合人民政府的文教政策、切合马列主义观点、切合社会的实际需要、切合学生的程度与需要，以规范授课的内容。在课堂教学、广播、集会和实验室等场所，一律使用国语（普通话）讲课，不能用粤语授课。为加强教学的计划性，各个学科均制订了一个学年或一个学期的教学计划。除课堂教学外，还增加了小组讨论、课堂讨论、实验课实习课等教学活动，并建立了学科教学组织和课代表制度，试行集体备课的方式。①

五、科研进展

1951年9月，农学院除石牌校区占地八千亩、白云山农场占地两万亩外，还有一些农场分散在广东各地。当时，学院共设置有八个系，分别为农业经济学系、畜牧兽医学系、农业化学系、桑学系、森林学系、病虫害学系、园艺学系、农艺学系，以及一个林业专修科，一个土壤肥料研究所。

到1952年院系调整前，中山大学农学院共有教师68人，其中教授27人、副教授12人、讲师和助教共29人，包括丁颖、赵善欢、黄枯桐、张巨

---

① 吴定宇主编：《中山大学校史（1924—2004）》，中山大学出版社2006年版，第252-254页。

伯、侯过、沈鹏飞、蒋英、蒲蛰龙等国内外知名教授。

中山大学农学院和岭南大学农学院为橡胶树突破北纬17°做出了重大贡献：首先，参与筹划全垦区的橡胶种植研究工作；其次，为华南垦殖局培养和调配了优秀的橡胶育种人才，除徐广泽外，还有被誉为"橡胶育种双雄"的中山大学农学院第52届毕业生黎炎、黄锡鎏；再次，派出蒋英、谢申、林孔湘、李鹏飞、徐燕千等百余名师生参加粤西、海南垦区的橡胶宜林地的选址勘察、测量和规划设计等工作；最后，创办橡胶专修科，选派毕业生协助华南垦殖局组建科技队伍。

1940年毕业于国立中山大学农学院、留校从事植物病理学研究的黎毓千，1952年投身于橡胶垦殖事业，率领助教邝锡乾、郑冠标、龙永棠，学生邓德蔼、黄竞芳等，在海南岛进行橡胶树病害调查和苗期病害防治工作。经过几个月的考察研究，摸清了橡胶树病虫害的种类、症状、分布和危害等情况与特点，填补了我国该方面的资料空白。"橡胶树在北纬18—24度大面积种植技术"项目获评国家科技发明一等奖（图7-5）。

新校领导到任后，农学院的教学科研活动有了很大起色。学院在农业研究方面成果显著，先后育成优良稻种百余种，普遍推广于粤、桂两省，每年可增产稻谷300万担。1951年1—3月，陈焕镛任中国植物学代表团团长（图7-6），出席在印度新德里召开的"南亚栽培植物起源与分布"学术讨论会，并进行相关研究的考察。

此后，应广东省农林厅和湖南林业局邀请，森林学系和林业专修科共134名师生，组成8个林业工作队，调查、测量林区面积近100万亩。农业化学系土壤组五名师生在7、8月份，先

图7-5 "橡胶树在北纬18—24度大面积种植技术"项目获评国家科技发明一等奖

图片来源：《华南农业大学百年校庆丛书》编委会编：《华南农业大学百年图史》，广东人民出版社2009年版，第149页。

后奔赴信宜、花县、茂名、廉江、海康等县调查土壤母质、种类及其利用情况,采集土壤标本,听取农民的耕作方法、制度及施肥报告。农业化学系三年级学生到广州新产品检验局实习,学生们直接参与科研工作和教学实习,对树立理论结合实际的良好学风、进一步提高教学质量、增强学生科研能力有着积极的意义。

图7-6 1951年1—3月,陈焕镛任中国植物学代表团团长,出席国际会议

图片来源:由中国科学院华南植物园提供。

第三节 制度建设

早在广州市军事管制委员会接管学校后,为了适应社会政治和经济全新的需要,中山大学对行政和教学等各方面制度进行了初步的变革与建设。

一、行政机构改革

学校取消了训导处,废除了公费审查委员会;成立学习委员会,作为领导全校政治学习的领导机构;成立生活委员会,作为领导管理全校生活的领导机构;精简中山大学工作人员,由330人缩编为248人,并健全了学校人事管理、财经管理等规章制度。为了提高本校职工的文化技术水平,中山大学还开办了业余职工学校,取得了良好的效果。

二、学生管理制度的改革

1949年后,人民政府在大专院校内部实行了助学金制度,广东省文教厅相应地颁布了《广东省中等以上国省立学校学生申请人民助学金暂行方法》。在中山大学，"全校学生都有人民助学金，包括伙食费和医药福利费，清贫学生还有生活学习补助。因此，他们在生活方面没有什么顾虑，可以全心全意进行学习"。实践证明，中山大学执行这一制度，有利于安定学生的生活与学习，对提高他们的学习成绩起到了较大的作用。

1951年后，全国高校正式实行在计划经济体制内统一招生和统一分配工作制度，中山大学相应改革了招生制度和分配制度。另外，遵循"向工农开门"的办学方针，中山大学注意保证工人和农民能够享受上大学的权利。在毕业分配上，"到祖国最需要的地方去""坚决服从国家分配"成为时代响亮的口号和中山大学许多毕业生自觉的就业选择取向。在新中国成立伊始急需人才的背景下，这一招生分配制度有利于国家集中资源进行重点建设。

第八章

调出共建

（1952—2017）

20世纪50年代初，新中国基于社会政治及经济建设对人才的迫切需要，决定对高等院校进行调整。当时，新中国在政治、外交上采取"一边倒"的政策，在教育上也要引进苏联的高等教育模式，这必然要求对过去仿效美国的高等教育模式进行改造。同时，新中国由于已走过经济恢复期，开始了大规模、有计划的经济建设，对各种建设人才的需求更为急迫。当时中国共有200多所高等院校，办学力量分散，多数学校规模过小，500人以下的学校占大多数，这在一定程度上造成了资金的浪费；文科所占的比例高达60％以上，工科培养能力过低，年招生人数仅为15000人左右，重文法科、轻理工科的教育格局已不能适应经济建设的需要。因此，新中国开始了全国范围内的院系大调整，这对中国的教育体制产生了极为深远的影响。在这一方针指导下，教育资源通过大范围的院系调整进行重组。正是这次院系调整的实施，基本奠定了中山大学新的办学规模和发展方向，也促使了中山大学又一次进行校址迁移和教学体制重构。

中山大学的院系调整分两次完成：1952年，在广东省范围内调整；1953年，在中南区高等学校院系调整委员会指导下进行调整。根据当时院系调整的方案，广州市的高等教育资源重组和配置的具体情况是：将原中山大学工学院、农学院、医学院、师范学院划出去，与岭南大学、华南联合大学的有关系科合并在一起，分别共建成立了独立的高等专门学院，即华南工学院、华南农学院、华南医学院、华南师范学院；原中山大学、岭南大学、华南联合大学、广东法商学院等高等院校，统筹调整成为新布局的综合性中山大学。

中山大学原石牌校址，迁入了新组建的华南工学院（今华南理工大学）、华南农学院（今华南农业大学）等学校。

农学院主体调入华南农学院（今华南农业大学）。

农业经济学系后调入华中农学院（今华中农业大学）。

林学系一部分后调入中南林业科技大学。

部分人员后调入佛山兽医专科学校（今佛山大学）。

部分人员后调入华南热带作物学院（今海南大学）。

以武水演习林场与沿溪山演习林场为基础创办了广东省乐昌林场（图8-1）。

以中山大学农学院石牌稻作试验总场为基础创办了华南农业科学研究所（今广东省农业科学院）。

以中山大学农林植物研究所为基础创办了中国科学院华南植物园。

至此，走过28年风雨历程的中山大学农学院（图8-2、图8-3）服从国家高校调整重组的大局而停办，师生们在新的岗位上继续为新中国的建设和人民的温饱而励精图治、奋斗不息。

图8-1 广东省乐昌林场旧址
图片来源：广东省林业局官网。

图8-2 1952年，中山大学农学院谢申教授（前排左五）与参加华南垦殖局勘察队的师生合影
图片来源：《华南农业大学百年校庆丛书》编委会编：《华南农业大学百年图史》，广东人民出版社2009年版，第148页。

图8-3　1952年，中大农学院黎毓千教授（前排左三）等与海南岛老胶园调查小组合影

　　图片来源：《华南农业大学百年校庆丛书》编委会编：《华南农业大学百年图史》，广东人民出版社2009年版，第148页。

- 第九章 -

先贤伟业

(以采访时间为序)

> 无论是在艰难创业、烽火迁徙的战争时期，还是复员重振、停办调出的和平年代，农学院师生始终肩负维护国家粮食安全、改善社会民生的使命，不忘初心，薪火相传，为国家培养了一大批卓越的农科人才，在国家农业发展史上谱写了浓墨重彩的华章。

第一节　丁颖：殚精竭虑育良种

2019年9月，在广东省农业科学院杨少海副院长、罗国庆主任等专家的陪同下，学院党政领导现场调研了该院农业科研试验示范场，参观了科技成果展厅，并着重参观、了解了曾任广东省农业科学院首任院长的丁颖院士的事迹。大家还一起拜谒了矗立在示范场院区的原农学院院长丁颖院士雕像（图9-1）。丁颖院士被誉为"中国稻作学之父"，长期在中大农学院任教，也曾任广东农业科学院首任院长，被周恩来总理誉为"中国人民优秀的农业科学家"。

"杂交水稻"如今已是家喻户晓的名词，但可能很多人不知道，早在20世纪30年代我国就开始了杂交水稻试验，而开启此项试验的先驱就是中山大学农学院第四任院长丁颖。丁颖被业内公认为"中国稻作学之父"，作为中国水稻事业的开创者和领导者，裤脚上永远沾着泥巴……

丁颖生于广东茂名市高州县的普通农民家庭，从小目睹农民生活的惨状，在中学时便立志要为振兴祖国农业、解决民众温饱而奋斗。1909年，21岁的丁颖以全优的成绩从高州中学毕业。在优等生扎堆报考文法商科的年代，深谙农民疾苦的丁颖在毕业典礼上公开说道："诸君，当今之血性青年,当为农夫温饱尽责尽力。我决意报考农科!"

1910年,他考进广东省高等师范学校博物科;1912年,又获公费资助留学日本,继续学习农科知识。其间因故数度辍学、回乡任教,三次东渡扶桑学习日本先进农业科技。

1924年,36岁的他获得东京帝国大学农学部学士学位,成为该校第一个攻读稻作学的中国留学生,随后回国,进入广东公立农业专门学校(中山大学农学院前身)任教,同时扎进科研之中。

图9-1 2019年,农学院程月华书记(左二)、谭金芳院长(左三)、辛国荣副院长(右一)在丁颖雕像前合影

1926年,丁颖在学校附近犀牛路尾的水塘里发现了一株野生水稻,并把这株命名为"犀牛尾"的野生稻种子与栽培稻杂交。在条件十分艰苦的情况下,丁颖克服重重困难,用八年时间育成以校名命名的"中山一号"。这也是世界首例把野生稻抵抗恶劣环境的基因转移到栽培稻的成功案例,成就了"农人争种中山白"的盛况。1936年,他又选育出每穗多达千粒的水稻杂交种,俗称"千粒穗"。这一发现震惊中外,对发掘水稻高产潜力的研究大有启迪。

早在20世纪30年代,我国稻作学界就有"南丁(颖)北赵(连芳)"一说;日本渡部武在其主编的《中国的稻作起源》一书中尊称丁颖为"中国稻作学之父"。

后来,他不断尝试更适合国民的新稻种,用系统育成品种与印度野生稻杂交,又在早熟、矮秆和比较大穗的品种间进行杂交育种,40多年持续不断。在此基础上,半个多世纪以来,后辈水稻育种人致力于"中山一号"及其衍生品种的研究,已发展出至少8代95个品种,累计推广面积

12369万亩以上。这些品质很好的稻米缓解了当时的饥荒，为粮食增产发挥了很大的作用。

丁颖从事稻作科学研究、农业教育事业40余年，创造了多个第一：华南第一个稻作育种试验场、我国第一个水稻生态研究室、世界上第一个通过杂交把野生稻抵抗恶劣环境的基因转移到栽培稻、培育出世界上第一株"千粒穗"类型、首次系统科学地论证了中国水稻的起源和演变……创立了水稻品种多型性理论，为品种选育、良种繁育和品种提纯复壮工作奠定了理论基础。他主编了《中国水稻栽培学》等著作，其中《中国栽培稻种的起源及其演变》《中国水稻品种对光温反应特性的研究》《水稻分蘖、幼穗发育的研究》荣获1978年全国科学大会奖。1955年，丁颖被选聘为中国科学院学部委员（院士）（图9-2）。

新中国成立后，丁颖历任华南农学院院长、全国科学技术协会副主席、中国农业科学院院长。他是中国科学院生物学部委员，并曾被授予"民主德国农科院通讯院士""全苏列宁农科院通讯院士"等称号。1956年6月1日，丁颖提交入党申请书；1957年3月23日，68岁高龄的他成为中国共产党党员。

1957年，周恩来总理亲自任命他为农业部中国农业科学院首任院长，并称誉他为"中国人民优秀的农业科学家"。丁颖还曾当选为第一届、第二届全国人民代表大会代表和第一届、第二届广东省政治协商会议副主席，以及首届中国科学技术协会副主席。2009年，丁颖被授予新中国成立60周年"三农"模范人物荣誉称号。

1990年10月10日，中国人民邮政发行《中国现代科学家（第二组）》纪念邮票，一套4枚。第4枚为"农业科学家

图9-2　1955年，丁颖被选聘为中国科学院学部委员（院士）

/ 第九章 / 先贤伟业（以采访时间为序）

丁颖"（面值30分）（图9-3）。1990年10月10日上午，丁颖院士老家广东高州县邮电局举行了"丁颖邮票"首发式，引来许多人热购（图9-4）。

图9-3 中国人民邮政发行《中国现代科学家（第二组）》纪念邮票

纵使头上有众多"光环"，丁颖仍保持着科学家的赤诚底色。为了发展我国北方地区稻作生产，他年逾70还坚持到西南、西北、东北和华北稻区考察，把工作安排得满满的，只为在有限的生命中再为国家农业发展多出一分力。即使年迈体衰，丁颖始终保持着对科研工作的高度热情，亲自下地考察。1964年10月14日，丁颖因病去世。在生命弥留之际，他说了一句："我这辈子都没有懒过。"

图9-4 广东高州县邮电局举行了"丁颖邮票"首发式

第二节　李灏：义无反顾推改革

2021年4月13日，农学院党委书记程月华、院长谭金芳一行五人，结合开展党史学习教育，到深圳市罗湖区专访中大农学院杰出校友、原深圳市委书记李灏事迹。

李灏老书记是农学院1947级校友（图9-5），当时已95岁高龄，因健康原因不便接受专访。在中山大学数学学院1982级校友、平安银行总行乡村振兴金融办公室陈宏敬副总经理等的支持和陪同下，学院一行对李灏书记的秘书、深圳政策研究室原副主任唐火照进行了专访。唐老在李灏书记身边工作多年，热心而充满感情地回顾了李灏老书记的求学、革命活动和工作经历，并赠送了一本翔实记录李灏同志事迹的影集。

图9-5　李灏同志在"孺子牛"雕塑前留念

革命家庭的人生熏陶

李灏同志1926年12月生于广东省电白县的高圳车村。年幼时，李灏的父母先后病逝，李家人生计由外婆操持，四姐李嘉、姐夫梁之模和表哥郑奎都是中共地下党员，对李灏的思想产生了重要影响。他酷爱读书，立志学知识，报效国家。抗日战争爆发后，抗日救国和民主思想在他脑海里萌芽。

从1941年开始，中共茂电信地委和电白县党组织就以李灏家为秘密据点开展工作，长达八年之久。主持地下党工作的负责人严子刚，就以李灏同学的身份长期在李家食宿，在掩护下开展工作。从1942年起，李家作为进步书刊秘密供应站，在南强中学、电白中学等学校的进步学生中出售或传阅相关资料，推动学校读书会开展抗日救国活动，这些中学现在已成为革命传统教育基地。李灏同志在家人的熏陶下，于1944年利用在大街小学任校长的身份，掩护严子刚、黎成儒、刘俊才等革命同志进行地下工作。1946年2月20日，四姐李嘉、姐夫梁之模在阳江北门被国民党残忍杀害。国难家仇，对李灏触动很大，他更加积极地配合党组织工作。

烽火年代的中大情结

唐老充满敬意地介绍说，李灏同志于1947年考入国立中山大学农学院，师从著名的水稻专家丁颖教授。大学期间，李灏在投身学校各种进步活动的同时，还与刘炽昌、李卓儒等成立"电白留穗同学同乡会""秋白社"，秘密出版《电风》《电声》等进步刊物，同时多方筹款、筹物运送到茂电信游击区。1949年2月，他被党组织吸纳为中国共产党预备党员。5月，作为师生员工联合会成员，参加了国立中山大学护校斗争。由于工作需要和身份暴露，党组织决定让他从学校撤出，调到粤桂边区茂电信地区工作，并提前将他转为正式党员，以嘉奖他在国立中山大学的出色工作。

在此期间，他开展了对上层人士的统战工作，最出色的成果就是策动国民党保三师少将副师长兼保九团团长陈赓桃率1000余人在吴川梅菉起义，有力地扭转了茂电信一带的革命局势。1949年10月，陈赓桃起义部队整编后，李灏担任起义后改编的粤桂边纵队二团一营教导员，率部参加解放信宜县城的战斗，消灭敌人一个营，迫使敌人另一个营投降。

1950年，李灏从部队调回电白县任县委党组织成员、县政府秘书、土改工作队队长、五区代理区委书记等。1953年，国家开始实施第一个"五年计划"，需要大批技术干部归队，李灏奉调去往北京。他这一去就是32年，在农业、工业交通、基本建设、对外经济贸易等不同岗位历练。多年积累的知识财富和工作经验，为他日后在深圳大刀阔斧推进改革和建设奠定了基础（图9-6）。

图9-6 初到深圳工作的李灏同志

改革年代的深圳印迹

1985年8月，李灏同志从国务院副秘书长岗位调任广东省副省长、深圳市市长；1986年5月任深圳市委书记兼市长。在20世纪80年代改革开放的重要历史时期，他带领深圳党政领导集体，遵循中国改革开放总设计师邓小平建设中国特色社会主义决策，深入调查研究，在特区初创打地基阶段，实施"壮士断臂""腾笼换鸟""反向吸收、内外循环"等举措，使深圳冲出困境后，大力推进高新产业，鼓励科技人员兴办实业。李灏将深圳的发展和改革紧密结合，相互推进。为突破传统体制的束缚，他展开了一系列破冰、滚雷、突围性的"全国率先"举措：最先设立外汇调节中心；第一家股份制发展银行（深圳发展银行）；第一家股份制保险公司（中国平安保险公司）；第一家证券公司；第一次敲响股票交易铜锣；敲下国有土地拍卖第一锤；改革土地管理体制、住房制度、用人体制、保障制度等；提出并致力于将"按国际规则打篮球"的社会主义经济体制推进为深圳改革的思路、目标。中国共产党十三大政府工作报告肯定了深圳改革方向，其为我国改革开放提供了借鉴。

1992年，李灏书记全程陪同邓小平同志视察南方，他为深圳特区改革开放做出了巨大的贡献。经过深圳建设者们的不懈奋斗，深圳的经济建设和社会发展一年上一个台阶。"深圳速度""深圳经验""深圳现象""深圳精神"让全国敬仰，也令世界注目。

/第九章/ 先贤伟业（以采访时间为序）

2004年9月，李灏离职休养后担任深圳市政府高级顾问，依然非常关注深圳的发展。他不仅关心深圳建设国际化城市、特区内外一体化、深港合作、廉政建设、精神文明建设、大学城建设等，还期待对经济特区的发展历史进行全面的回顾和科学的总结，既对历史负责，也启示后人。在他的倡导下，深圳经济特区研究会于2005年12月正式成立，李灏担任研究会第一任会长。

在改革开放30年历程中，深圳无疑是中国最传奇的城市之一，李灏也无疑是传奇的人物之一。2008年，李灏以高票当选"中国改革开放30年30名杰出人物""中国改革开放30年30名社会人物"。2012年12月8日，新上任的中共中央总书记习近平将第一次地方考察的地点选在了深圳，重走邓小平南方视察之路，也特意会见了老书记李灏及当年主政深圳的一批老同志。

学院一行通过唐老的介绍和学习相关史料，逐渐了解李灏老书记传奇的历程，由衷敬佩（图9-7）。大家深感李灏老书记的事迹不仅是我们党史学习教育的重要一课，李灏老书记也是中大农科人的杰出代表和光辉典范。如今，我们在深圳的热土上复办农学院，一定要继承和弘扬李灏老书记等深圳改革拓荒人敢为天下先的锐意进取精神，以及对党和人民的事业高度负责的时代担当，师生并肩奋进，以强农兴农为己任，传承红色基因，发扬革命精神，为维护国家粮食安全和农业现代化贡献才智。

图9-7 学院与陈宏敬校友（左四）一行专访唐老（右四为唐火照副主任）

- 209 -

第三节　黄承先：舍生取义闹革命

2021年4月20日，中山大学农学院党委书记程月华、团总支书记陈素玲与博士生吕子豪一行三人前往华南理工大学教职工宿舍，专访中大农学院1924级杰出校友黄承先烈士的养女黄菲玲教授。黄菲玲老师是华南理工大学机械与汽车工程学院的退休教授，当时已83岁高龄，年幼时即为黄承先烈士的妻子余丹英所抚养。黄老师对学院一行的探访感到十分激动，带着深切的缅怀与敬意，详细地介绍了养父黄承先烈士短暂而壮烈的一生。

黄承先1900年出生于湖南岳阳一个农商家庭，父亲黄英贤是一位开明乡绅。黄承先兄弟四人，他排行第三。他童年进学堂勤奋读书，十岁即能作诗作画。黄承先少年时，张明吾与当地恶势力相勾结，制造了两起冤案，使黄家接连蒙上不白之冤，父兄遭到诬陷入狱。正直不阿的黄家人不屈地反抗，不向恶势力低头，但所耗的人力、物力仍致家道中落。1915年，黄承先被迫辍学，到岳州一家钱庄当学徒，后考入武昌湖南旅鄂中学。经历了家庭变故，黄家后人切身感受到封建清王朝的腐败与普通百姓生活的悲苦，开始关注国家大事，同情革命人士，支持革命事业，立志先救国再兴家。这种朴素的进步思想鼓舞着黄家大家庭中的每一位成员，他们纷纷参加革命。二哥黄继香（黄菲玲生父）弃教从军去黄埔军校学习，四弟黄继祖也成了一名光荣的地下共产党员。

战斗在康乐园的学生领袖

当时，广州作为宣传和策划革命的前沿，也是共产主义者的摇篮，令年少的黄承先（图9-8）心驰神往。1922年，黄承先考入广东公立农业专门学校林学科，并于1923年春加入该校学生组织"新学生社"，成为学生运动的骨干分子。1924年，他因学费紧张而辍学，直到年底才返回学校继续学业。

学习期间，马克思列宁主义和孙中山先生的"三民主义"思想都深深地影响着黄承先,为国为民的世界观逐渐形成,共产主义信念也在他的心中逐渐扎根,他积极参加广州市的学生运动。在党组织的领导和教育下,黄承先逐步树立了共产主义世界观,明确了前进方向,坚定了革命信念。1925年春,黄承先加入了中国共产主义青年团,同年转为中国共产党党员,开始全身心投入革命斗争。同年冬季,他远赴南洋荷属东印度邦加岛中华启智学校任教,并发动华侨支援国内革命斗争;不久,被荷兰殖民当局驱逐出境。回国后,他再次进入国立广东大学农科学院学习。因其先进的思想觉悟和过人的工作能力,黄承先被推选为学院学生自治会主席,负责《农声》编辑出

图9-8 学生时代的黄承先
图片来源:由黄承先烈士养女黄菲玲教授提供。

版工作。他充分利用《农声》作为宣传阵地,在1925—1926年发表了20多篇有关农民运动的论文和报道,积极宣传农民运动,揭露封建地主阶级剥削农民的罪行,推动学生运动与农民运动相结合(图9-9)。他撰写了《今后学生会的使命》等文章,论述了革命与读书、农民运动与国民革命的关系,为学生运动指明了方向。他的革命觉悟和文笔才华得到公众赞誉,受到农民运动领袖彭湃的鼓励,他被早期革命领导人陈赓等称为"才子"。

a.《农声》封面

b. 黄承先的绘画作品

图9-9 黄承先负责编辑的《农声》与其绘画习作
图片来源:由黄承先烈士养女黄菲玲教授提供。

忠诚于党和人民的革命斗士

1926年夏,黄承先大学毕业时,适逢广东国民政府誓师北伐。他遂放弃官费留法机会,毅然投笔从戎,担任国民革命军第二军党部秘书。1926年秋,由于革命工作的需要,黄承先一边在国立中山大学攻读林科,一边在广州农讲所任教员,同时在周恩来同志麾下兼任黄埔军校政治教官。在交通非常不便的情况下,他不顾多病的身体,奔波于三地之间,坚持授课和学习。随后在北伐战争中,他任国民革命军第一军政治部主任,挥戈直指福州。随北伐军平定福建后,他出任福建省农民协会秘书长兼福州市公安局党部主任,为发展农民运动、建立政权、整顿治安做出了贡献。

1927年春,蒋介石反革命大肆屠杀共产党员和进步人士。共产党为保存革命力量,计划撤向武汉再转入广州。当时党中央设在武汉,到武汉较安全;革命策源地在广州,广州反动力量笼罩全城。黄承先认为,自己在广州学习、战斗多年,有扎实的群众基础,又有学生身份做掩护,且会讲粤语,比其他同志更适合到广州开展工作。于是,他自告奋勇申请到广州开展工作,并得到党组织批准。1927年4月初,黄承先回到广州后,立即组建了一个地下政治部,秘密而积极地开展宣传组织群众等革命工作,并积极准备应届毕业考试。

大革命失败后,国民党反动派加紧迫害进步学生。1927年5月开始在国立中山大学进行清党运动。由于反动学生告密,他不幸于5月5日与国立中山大学30名革命同志一道被国民党军逮捕,关押在南石头惩戒场。在狱中,黄承先遭受了三次严酷刑讯,被打得遍体鳞伤,右腿骨也被打断了。尽管受尽折磨,他始终对党和人民忠心耿耿、坚贞不屈,将生死置之度外,绝不吐露党组织和有关同志的任何信息。最后,风华正茂的黄承先在监狱中惨遭毒害,牺牲时年仅27岁。

黄承先的一生何其短暂,但又是何其光辉与伟大。他为争取民族解放和国家独立,抛头颅、洒热血,视死如归。正如黄承先在狱中所赋的绝笔诗:凭三寸舌,骂你卖国魔王。怨黄土,埋不下此生愤怒。倘问国家大事,还我自由!图9-10为他写给妻子的信。

/ 第九章 / 先贤伟业（以采访时间为序）

在第一次国内革命战争国共合作时期，国立中山大学农科学生积极投身参与农民运动，发挥了表率作用。黄承先则是其中最早加入中国共产党的革命烈士之一，是一名优秀的学生运动领袖。奈何先烈已逝，没能看见祖国的大好河山与人民的幸福自由，但我们不曾忘却他们，他们不朽的精神永在！

探访结束时，学院一行向黄老师赠送了《抗战烽火中的中山大学》一书和学校纪念笔记本，以作留念。黄老师激动地表示感谢，并说作为中大校友的后代，一定会认真地学习中大的抗战史。黄老师介绍说，养父黄承先在从事革命工作、四处奔波中，深知自己生命的危险和读书的重要，在家书中告知妻子做好心理准备、努力读书。黄老师的养母在养父的鼓励下一直勤于学习、勤于书画，并亲自教育黄老师读完了小学。由此，黄老师继承了养父母的书画喜好，退休后潜心学习花鸟画，并向中山大学农学院回赠了一幅耗时一个月完成的绘画作品，名为《美丽中国》，真诚祝愿党和国家蓬勃发展、人民幸福安康。

图9-10　黄承先烈士给妻子的书信

图片来源：由黄承先烈士养女黄菲玲教授提供。

临别时，黄老师嘱咐道："强国富民必须发展科技，而发展科技重在教育。中大在历史上培养了无数又红又专的革命人才，希望在新时代继续培养更多的建设人才，把中国建设得更美丽，让人民更幸福。"程月华书记等感谢黄老师的接待和教诲，衷心祝福黄老师保重身体，并表示：对于烈士最好的缅怀就是继承，正所谓薪火相传、继往开来。我们农学院师生一定牢记初心和使命，继承先烈的遗志，传授并创新专业科学技能，为国家的乡村振兴和人民的福祉安康添砖加瓦。

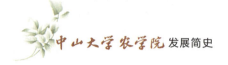

第四节　黄耀祥：矢志不渝中国粮

60多年前，"中国稻作学之父"丁颖尽毕生所学用一本书影响世界，其学生黄耀祥借一株"半矮秆水稻"开启了农业史上的"第一次绿色革命"。2022年8月22—23日，农学院党委赴广东省江门市开展"喜迎二十大　奋进新征程"主题党日活动，并寻访学习了黄耀祥院士的事迹。

为民温饱，立志学农

1916年，黄耀祥出生在素有"中国优质丝苗米之乡""广东第一田"美誉的广东省江门市开平，自幼流连于稻田。黄耀祥的父亲是位华侨，童年时代的黄耀祥常从父亲那里了解到贫苦华侨在异国他乡受人歧视、谋生艰难的境况，这让他坚定了读书救国的信念。

1935年，黄耀祥考入国立中山大学物理系，学习不到半年，他目睹了家乡贫穷落后、农民终年辛勤劳作，温饱却得不到满足，越来越多的乡亲背井离乡、漂泊海外谋生的状况。农业不兴，何来中华民族的振兴？于是，黄耀祥不顾众多亲友的劝阻，毅然改读农艺系，师从丁颖教授，主攻作物遗传育种学，并把"通过自己的努力，让中国人吃饱"作为奋斗目标。

1939年，黄耀祥毕业并获学士学位后，跟随国立中山大学农学院的迁徙，相继在云南省昆明市第一农事试验场和广东省稻作改进所工作。新中国成立后，他分别在广东省农业试验场、华南农业科学研究所和广东省农业科学院从事水稻育种研究，后出任广东省农业科学院副院长，1995年当选为中国工程院院士，终身从事水稻遗传育种及其应用基础理论研究。

驯稻矮化，增产增收

水稻的品种很多，按照植株高矮分为高秆品种和矮秆品种。千百年来，我国南方水稻产区都是种植高秆品种，每遇台风暴雨容易倒伏，倒伏的后果就是减产。为了选育高产抗倒伏的优良品种水稻，黄耀祥长期在田间，一腿泥、满身汗，精心观察，分析研究。1959年，黄耀祥率领团队终于用人工杂交方法育成我国第一个籼稻矮秆良种"广场矮"，领先国际水稻研究所选育的第一个矮秆品种"IR8"七年，实现了水稻的第一次大幅度增产，使稻谷产量增加20%～30%（图9-11）。

图9-11 黄耀祥院士（居中者）在田间

图片来源：王丰主编：《半矮秆水稻之父黄耀祥》，广东科技出版社2023年版，第66页。

没有水稻的矮秆化，就没有后来的杂交水稻。因此，矮化育种是中国育种史上一个重要的里程碑，在国际水稻研究上也是划时代的成就。黄耀祥先生开创水稻矮化育种，先后育成"广场矮""珍珠矮""桂朝2号""特青2号"等一系列矮秆高产良种，并推广种植，为中国南方水稻增产做出了重大贡献。他以矮秆为中心，分阶段提出有独特见解的"生态育种""株型育种""超高产育种"和杂交育种的"组群筛选法"，并在实践上获得了成功，加快了育种进程，丰富和发展了水稻育种学。

从1959年到1999年的40年间，黄耀祥主持培育的大面积推广品种就有60多个，累计种植面积115亿亩以上，为社会增产稻谷2100亿千克。此后，矮秆水稻不仅在广东省大面积种植，也迅速向我国南方各省扩展。至20世纪60年代中期，广东省基本实现了早稻品种矮秆化，全国矮秆水稻种植面积2400多万亩，每亩产量提高50千克以上。作为我国水稻矮化育种的主要创始人，黄耀祥在国际学术界被尊称为"中国半矮秆水稻之父"。

兴国为怀，不断创新

"兴国为怀、两论引路、构想实践、不断创新"的座右铭，成为黄耀祥开展水稻遗传育种及其应用基础理论研究的强大精神动力。

"文化大革命"期间，黄耀祥为民造福的育种计划被迫停止。但黄耀祥毫不气馁，他把家里的阳台改成了育种场，偷偷将自己保留的"广秋矮"变异株的几十粒种子种在七个大瓦盆里，通过饿苗法、庭光处理、间苗筛选等方式，终于培育出两株良种——一株稻穗有150多粒，另一株稻穗有130多粒。他将这两株良种的种子秘密收藏，分别定名为"朝阳矮""向阳矮"。第二年春天，他把握住探望母亲的机会，把10多粒"朝阳矮"的种子送给家乡开平一位老农，又将100多粒种子送给开平县农科所，并教他们通过遮光处理，加速繁育。几经春秋寒暑，黄耀祥送出的100多粒种子在开平繁衍开来，以抗倒伏、抗白叶枯病、高产、适应性强的优点轰动四乡。黄耀祥闻讯，喜不自禁。到了20世纪70年代前期，"朝阳矮"成为广东省佛山地区的当家品种。

20世纪90年代到21世纪初，出现了世界粮食危机论。90年代后期，美国学者布朗撰写文章称：预计21世纪30年代中国人口将达到16亿，到时谁来养活中国，谁来拯救由此引发的全球性粮食短缺和动荡危机？这篇文章深深触动了黄耀祥的爱国心，他与其他专家共商解决办法，更加不辞劳苦地奔波于全国各地推广良种栽培种植经验（图9-12）。

黄耀祥有"捧着一颗心来，不带半根草去"的赤子之忧，以及和人民大众休戚与共的忧民之心，与农民的关系非常好，大家都亲切地称他"祥叔"。经常有农民寄信来要种子，他都会让同事们及时登记，并尽快把种子寄去。黄耀祥晚年时尽管视力下降，甚至无法看清稻穗，但仍要摸一下水稻才安心。他几十年如一日地从事科研，探索不止，年过八旬仍然经常深入田间。图9-13为黄耀祥院士查看水稻长势及自题座右铭。

/ 第九章 / 先贤伟业（以采访时间为序）

图9-12　黄耀祥院士耐心地为农民讲解推广优质稻种

图片来源：王丰主编：《半矮秆水稻之父黄耀祥》，广东科技出版社2023年版，第70页。

a　　　　　　　　　　　　　b

图9-13　黄耀祥院士查看水稻长势及自题座右铭

图片来源：王丰主编：《半矮秆水稻之父黄耀祥》，广东科技出版社2023年版，第1、5页。

鞠躬尽瘁，伟业永存

黄耀祥致力于水稻育种研究60多年，培育的推广面积较大的品种60多个，增产稻谷845亿千克。为此，黄耀祥先后获评全国劳动模范、全国先进工作者，广东省有突出贡献的专家、广东省人民政府记大功奖励等荣誉，当选广东省科学技术协会副主席,广东省种子协会名誉理事长,中国遗传学会广东分会名誉理事长,第五届全国人民代表大会代表,第五、第六届广东省人民代表大会常务委员会委员等。对于纷至沓来的荣誉,黄耀祥看得很淡。他说:"人人都有饭吃,这才是我想要的。"

新中国成立之初,我国的水稻产量极低,全国粮食总产量仅为1.13亿吨,人均只有209千克,当时全国很多人特别是农民常常吃不饱饭。如今,几十年过去了,在黄耀祥等育种专家的努力下,中国杂交水稻走出国门,为全球特别是发展中国家解决缺粮问题发挥巨大作用。中国科学家们改良的水稻品种,不仅养活了中国人自己,还帮助了世界人民缓解饥饿,为全世界的水稻科研做出了突出贡献。图9-14为农学院一行在黄耀祥校友事迹展板前留念。

图9-14　农学院一行在黄耀祥校友事迹展板前留念

第五节　侯过：绿化国土树丰碑

2023年11月17—18日，农学院党委程月华书记、周望副教授、彭宇涛博士等，应在梅州市承接项目的广东省城乡产业研究院李茹院长邀请，携手生态环境部华南环境科学研究所郑晶研究员、武大绿洲生物技术有限公司林春鸿董事长、中大地理科学与规划学院翁时秀副教授等校友专家，专赴梅州市梅江区寻访中山大学农学院早期办学杰出校友侯过先生故居，并调研了当地"三农"发展情况，就修缮活化侯过先生故居和推进农村产业振兴，与梅江区城北镇党委书记陈振江等负责人进行了座谈。

侯过先生故居位于梅江区城北镇上村村，已于2019年被列为梅江区文物保护单位。在当地领导的引领下，学院一行参观了侯过先生的故居（图9-15），并与上村村党支部书记古海斌、侯过先生的后人侯胜林老先生等，进行了交流。同时，借助村史等资料，学院一行较为深入地了解了侯过先生的求学与工作经历，以及他所做出的卓越贡献（图9-16）。

图9-15　学院一行与古海斌书记（前排左一）、侯胜林老先生（前排左三）在侯过故居前合影

图9-16 古海斌书记和侯胜林老先生介绍侯过先生的事迹

为祖国振兴而求学

1880年,侯过先生生于广东梅县,历任湖北省农务局局长、广东省森林局局长、国立中山大学农学院院长等职务,是中国近现代林业和林学教育事业的开拓者,以及中国水源林和防护林建设的奠基人之一。

1906年,侯过东渡日本求学于蚕桑学校,在此期间加入中国同盟会,曾任日本广东同盟会支部长、旅日广东同乡会会长等职,为中国独立和进步事业不懈努力;两年后,毕业回国执教于江苏昆山学校。1910年寒假,侯过先生回乡探亲,看到家乡山岭荒废光秃,决心学林治山。他于1911年3月考入日本东京第一高等学校,毅然再次东渡,一心修习林业。同年10月,辛亥武昌起义胜利的消息传至东京,他极为感奋,赋诗表达爱国爱乡之情:"胜利风声逐日来,晨昏而望气昂扬。恨无白鸽双飞翼,一举翱翔返故乡。"

为国土绿化而育人

1916年秋,侯过在日本东京帝国大学毕业回国,先后于江西农业专门学校、北京农业专门学校任教。1924年国立广东大学成立时,侯过到该校农科学院任教。此后,他历任国立中山大学农学院教授、院长达数十年,长期致力于林业的教学与科研工作,对专业的学制、课程设置、教学环节等都提出了具体意见。据《国立中山大学现状》(1935年)刊载,林学系设树木学、造林学、防沙工程学、桥梁学等10门专业必修课,成为当时中国高等林业院校的典范。

侯过先生自编多门教材,著有《森林经济学》《林业土木工程学》《水土保持学》《森林法规》《森林工学》等。其中,其1925年编著的《测树学》成为中国高等林业教育在该学科第一部正式出版的教材。侯过教学思想的核心是理论联系实际,他创办了林业院校首个实习、科研基地——九江庐山白鹿洞实习林场(中大林学系的实习林场是白云山模范林场),组织学生从三年级起,每周到林场实习,获取实践知识,学以致用。侯过重视教书育人,经常聘请外校和国外名师前来讲学,使学生丰富知识,增长技能,大受教益。

侯过先生言传身教,要求学生老实做人、勤恳做事、学林爱林,为振兴中华林业奋斗终身,培养了大批林业人才,展现了一代名师的风范。其间,他曾兼任广东省森林局局长、白云山林场主任,毕生致力于森林调查研究,足迹遍及神州各地,提出以营林为基础,合理开发利用的理念,注重水源林、水土保持林、防护林的建设,为改善自然生态环境付出了巨大努力,为我国造林事业的发展做出了不可磨灭的贡献。

新中国成立后,他上书毛泽东主席,建议发动组织农林、水利、地质土壤、土木工程专家,分赴冀、察、绥、宁等地进行调查研究;从华北平原到居庸关一带,做好拦阻风沙、防护京华的计划。为此,毛主席请人转达了对他学识和建议的赞赏与关怀。后来"三北"防护林体系的宏伟工程取得了很大成绩,仅1978至1988年十年间,"三北"地区的森林覆盖率已从5.05%上升到14.95%,计划到2025年全部完成。侯过先生在这方面的真知灼见具有举足轻重的指导价值。侯过先生被誉为中国现代防护林的开拓者之一。

为中华文明而奉献

1950年8月,侯过先生出席全国科学工作者会议,受到周恩来总理宴请。是年,他从中山大学农学院退休,继任广东省参事室副主任、广东省文物保管委员会副主任、广东省文史馆馆长,当选为广东省政协常委,广东省第一、第二、第三届人大代表,中国农工民主党广东省常委。

侯过先生擅长书法,功底深厚,苍劲有力,挥洒自如。每逢新春佳节,他会挥毫义卖。他的行书有独特风范,作品曾被选送英国伦敦和日本东京展出,深受好评。20世纪80年代,他的书法作品被国家珍藏。侯过一生文学著作颇丰,著有《约庐诗草》《嚶鸣集》《三万里游草》《蓬莱诗草》《归来研室词稿》及《侯过诗选》等,并搜辑整理了宋湘的《红杏山房集外集》。

侯过先生始终眷恋家乡的热土、关心家乡建设,专程为家乡引种了桂树(图9-17)、台湾红蔗。他积极为1933年创建梅州农业学校建言献策,并一直大力推动其发展,直至1974年病逝。如今,葱郁的桂树在家乡的土地上遮阴飘香,台湾红蔗种植推广面积近三百亩,保护绿水青山已被列入村规。梅州农业学校已发展成为国家级重点中职学校,为社会培养了两万多名毕业生,涌现出一大批党政领导干部和开拓型农技人才,被誉为培养领导干部的摇篮。

据史料记载,早在1941年9月,国立中山大学为他庆祝60寿辰,校长邹鲁赋长诗祝贺,农林学界同人撰文祝贺,《农声》出版专刊作为纪念。农学院院长丁颖教授作为代表赋诗致贺:"我公之言,渊博温暾,文质兼粹,中外同尊。我公之功,化育天工,宏垂棠荫,广被春风。我公之德,人伦表式,接物谦和,持躬刚直。立三不朽,承先启后,峇峇南山,天长地久。漪欤休哉,敬为公寿。"

侯过先生的不凡经历和不朽伟业,深深打动了学院一行。专家们认真调研了群

图9-17 侯过故居桂林茂盛

益村的枇杷地理标志产地、玉水村和干光村的古建筑群、扎上村果蔬种植基地和中小学劳动教育基地等,并与城北镇党政领导座谈,结合国家乡村振兴政策导向和当地自然与人文资源禀赋,提出了引进推广菌类-果蔬林下种植、强化农旅产业的红色与科普元素、注重特肥推广改善人居环境等建议,并表达了与当地合力推进产业与人才振兴的合作意向。

第六节 陈焕镛:舍生忘死护标本

2024年3月,学院党委书记程月华、团委书记陈素玲慕名走访了前身为国立中山大学农林植物研究所的中国科学院华南植物园,调研学习华南植物园的发展情况,寻访华南植物园创始人、杰出校友陈焕镛教授的事迹。华南植物园副主任叶清研究员、综合办公室黄瑞兰主任、彭玉香老师等接待了学院一行,并热情讲解、提供资料等。

陈焕镛祖籍广东新会,1890年7月生于香港。他的父亲陈言是清廷派驻古巴的公使。1912年,陈焕镛进入纽约州立农学院学习,1915年获学士学位后转入哈佛大学阿诺树木园攻读硕士学位,1919年硕士毕业,因表现出众,荣获校方奖学金。导师授意他继续攻读博士学位,并邀请他一起去非洲实地调查,但他心向祖国,婉拒导师后毅然回国,从此开始从事中国植物科学研究(图9-18)及教育事业。1928年,陈焕镛在国立中山大学农林科学院任教时,基于与同事采集的标本,再加上与国

图9-18 1919年秋在海南岛采集植物标本的陈焕镛

图片来源:由中国科学院华南植物园提供。

外交换的标本，建立起我国南方第一个具有一定规模的植物标本馆。标本馆建立伊始，陈焕镛便提出要尽力使之成为与世界著名植物标本馆相媲美的标本馆的设想。

因日寇大肆侵略，农学院农林植物研究所从1937年12月开始搬迁至香港九龙。为确保所珍藏标本的安全，由陈焕镛主任报请国立中山大学同意后，于1938年1月将所藏15万余号珍贵植物标本、4000余册中外文图书文献，以及各种仪器设备等，分批运往香港九龙保存。后来，陈焕镛教授个人出资于1938年9月在香港建成一幢三层楼房，作为该所香港办事处，使标本能较好地保藏，教学、科研工作亦得以继续进行。

1938年10月广州告急时，陈焕镛教授仍留在广州，试图对该所标本馆的植物做最后的营救。直到广州沦陷，他才匆忙奔赴沙面英租界避难。然而，他仍无法放下标本馆的植物，直到获知标本馆已遭日军蹂躏，而沙面也再无法安全留守，他才离穗赴港，继续主持研究所的工作。该所师生也于广州沦陷时迁到香港。研究所在九龙租得九龙码头围道陈家寓所314号作为职员宿舍，将码头围道290号作为办公室和标本室，码头围道288号作为标本室和图书室，布置就绪便继续开展研究和教学工作。

广州沦陷后，全所研究人员在香港继续进行研究工作，继续出版学术刊物。由于华北农林植物研究所已陷入敌手，中央研究院植物研究所、中国科学院生物研究所的图书、标本皆已损失，而国立中山大学农学院农林植物研究所当时的设备在全国达到一流水平，因此其在客观上成了全国植物研究机构中心。尽管如此，该所所需要的外汇仍得不到学校经常性经费的支持，在港经费极度困难。陈焕镛勉力支撑，他一方面用自己历年的积蓄垫支，另一方面赊欠商号账目上万元，使研究工作得以继续。1940年香港沦陷后，农林植物研究所亦沦落敌手。陈焕镛与全所工作人员千方百计保存这些标本、图书与仪器、设备，最后通过各种关系，从敌人手里把全部器物运回广州，使植物研究得以继续，且成为植物研究机构复兴的基础。

太平洋战争爆发后，日军占领香港，陈焕镛教授率领该所员工守着15万件珍贵的植物标本、4000余部中西文图书及仪器等物，下定了"物亡我亦随物亡，物存未敢先求去"的决心，坚决不离开香港。但因有人举报农林植物研究所是"重庆敌产",遂致日军搜查,所内15万件珍贵的植物标本、4000余部中外文图书和许多仪器陷于险境。因此,如何才能保护这批珍贵的科研资料,乃是陈焕镛当时最需要解决的燃眉之急。图9-19为1941年,远在美国的梅尔教授致信陈焕镛,希望农林植物研究所将留港标本和书籍送往美国以避战乱。

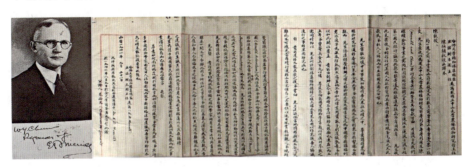

图9-19　1941年,远在美国的梅尔教授致陈焕镛的信(翻译件)
图片来源:中国科学院华南植物研究所主编:《陈焕镛纪念文集》,第11页。

正在这时,隶属汪伪政权的广东省教育厅厅长林汝珩来访,表示只要陈焕镛将农林植物研究所迁回广州,就可以继续从事研究工作。为此,陈焕镛召开全所会议,最终决定迁所回广州。陈焕镛考虑再三,在声明农林植物研究所纯属科学机构、不涉及政治的前提下,于1942年4月底将存港标本运回广州,安置在康乐路前岭南大学的校园内。

1942年4月底,在汪伪政府广东省教育厅的协助下,这批珍贵标本与图书终于从香港运回广州。对此,陈焕镛的同事何椿年在1952年的材料中叙述,当时陈所长表示:"目前只有先将本所物资设法脱离日寇掌握,将其运回中国大陆任何地方,才有归还祖国的希望。"他本人愿将名誉甚至生命孤注一掷,做最后努力。所中同仁,有愿留者则听之,但须准备杀头处分;不愿留者,设法筹集川资,送返内陆。

可见,当时陈焕镛面临着两难选择:困守香港,所中标本很可能会被日寇掠夺;返回广州,标本虽然能够保存,自己则会背上"汉奸"的罪名。就像忠孝不能两全一样,经过反复思考,他做出了牺牲个人名节、保护科研资料的选择。

香港沦陷后，虽经历了十分艰险曲折的过程，但终于在广州光复后，全部标本、图书完好地回归农学院。抗日战争期间，在北平、南京的植物研究机构悉遭日敌毁坏，该所是唯一能完整保存标本、图书、仪器的单位，并且是我国战后植物研究机构复兴的主要基础，对我国恢复发展植物分类学有着非凡的意义。

抗日战争胜利后，陈焕镛如释重负地与员工们一起清点公物，报请国立中山大学派人接收，岂料此时竟有人诬告他为"文化汉奸"。当时，如许崇清、金曾澄等教育、法律界知名人士，都出于正义联名上书陈述事实，并愿为他担保。同时，梅尔教授得知情况后亦写信给美国大使馆转交中国官方，特为陈焕镛澄清。1947年，法院当局迫于民意，以"不予起诉"了结这桩冤案。

此事在1945年12月31日农学院院长邓植仪给国立中山大学校长王星拱的报告中也有体现："查所称各节以及经过之记载，确属实情。该员忍辱负重，历尽艰危，完成本校原许之特殊任务——保存该所全部文物，使我国之植物学研究得以不坠，且成为我国植物研究机关唯一复兴基础，厥功甚伟。其心良苦。其志堪嘉。"①

图9-20 陈焕镛与匡可任教授联名发表的新物种——"活化石"植物银杉

图片来源：由中国科学院华南植物园提供。

图9-20为1956年，陈焕镛与匡可任教授联名发表的新物种——"活化石"植物银杉。

图9-21为1958年春，陈焕镛院士访问苏联柯马罗夫植物研究所期间，为勘定标本查阅文献。

创建于1929年的国立中山大学农林

---

① 政协广东省委员会办公厅、广东省政协文化和文史资料委员会编：《广东文史资料精编》下编第五卷，中国文史出版社2008年版，第210页。

植物研究所，后与中国科学院华南植物研究所合并为中国科学院华南植物园，现已集科学研究、植物保育、科学传播和植物资源利用于一体，成为世界上最大的南亚热带植物园。图9-22为2024年3月，中大农学院访谈者与华南植物园档案室负责人在陈焕镛先生雕像和由他命名的琼棕树前合影。

图9-21　陈焕镛院士为勘定标本查阅文献

图片来源：中国科学院华南植物研究所主编：《陈焕镛纪念文集》，第12页。

a

b

图9-22　2024年3月，中大农学院访谈者与华南植物园档案室负责人在陈焕镛先生雕像和由他命名的琼棕树前合影

第七节　蒲蛰龙：以虫治虫创伟业

进入21世纪以来，生物防治技术引起全球科学家和各国政要空前的关注并得到推广。而早在半个多世纪以前，蒲蛰龙先生就敏锐地洞察到了这一害虫防治新趋势，带领团队长期攻关，取得丰硕成果，被誉为"南中国

生物防治之父"。

学院复办以来,始终注重寻访搜集蒲先生的事迹,并在2024年5月24日,拜访了蒲蛰龙教授的学生、中山大学生命科学学院张文庆教授。张老师热情而翔实地介绍了蒲先生德高望重、严谨治学、谦和待人的事迹,细心订正、完善了学院搜集到的材料,令学院到访者获益良多。

锚定昆虫,刻苦求学

1928年秋,蒲蛰龙考进国立中山大学附属中学读高中和预科,三年后以优异成绩毕业,可以免试直升大学。当时,工科、法律、经济、医科等实用性科目成为热门,但因为热爱大自然和对中国农村贫穷落后状况的了解,他立志为中国农业的发展和农民的幸福做贡献,毅然违背父命报考了国立中山大学农学院。

1931年秋,19岁的蒲蛰龙开始了在农学院的读书生涯(图9-23),选择了将昆虫学科作为自己的主攻方向、蚕桑科作为副修专业。他认为,昆虫占动物总数的80%,有益虫,也有害虫,掌握昆虫的种类、构造、特性和功能等知识,必定大有作为。当时,国内的昆虫分类研究非常薄弱,国内估计有昆虫15万种,但通过鉴定的只有2万种,而且93%以上是由外国人鉴定分类的,我国从事昆虫分类研究的人员不足10人。

图9-23 就读国立中山大学农学院的蒲蛰龙

大学四年间,蒲蛰龙极少回家,将节假日等空闲时间都用来认真学习,查阅资料或去野外观察、做实验。他发现广东不少地方都饱受松毛虫危害,松树易枯死。他就直接跑到林区去捕捉松毛虫,带回学校边喂养边研究,在简陋条件下尽力认真观察、研究(图9-24)。他最后完成的毕业论文《松毛虫形态、解剖、组织及生活史的研究》成为广东乃至全国首篇在该专门领域内的重要文献。蒲蛰龙也因此在毕业时获得了国立中山大学农学院颁发的"毕业论文奖"和"优秀成绩奖",首开学校纪录。①

图9-24 蒲蛰龙在国立中山大学农学院简易的养虫棚里饲养松毛虫

图片来源:古德祥、冯双主编:《南中国生物防治之父——蒲蛰龙院士》,中山大学出版社2012年版,第7页。

1935年,24岁的蒲蛰龙考进燕京大学研究院生物学部,师从我国昆虫学科研事业开拓者之一胡经甫教授。两年间,他又相继在《北京博物》等杂志上发表不少论文,开始在我国昆虫学牙甲科分类研究领域崭露头角。在校期间,他已相继发现了30多个昆虫新种。由于1937年发生震惊中外的"七七事变",蒲蛰龙尚未来得及完成论文答辩,就不得不离开北平。回到广州后,他在母校国立中山大学农学院任讲师,1939年任副教授,1945年任教授。

以虫治虫,澄江起步

1938年10月,广州沦陷,国立中山大学随后迁往云南澄江办学。蒲蛰龙在抗战颠沛流离中坚持教研工作的同时,十分关注民生,他说:"科学实验一定要和生产实际紧密联系,如果在实验室里搞科研,得出成果不投入实际生产应用,那只是纸上谈兵。"于是,1940年蒲蛰龙在云南澄江开始

---

① 首开学校记录:是指成为学校首位"双优生"——首位同时获得优秀毕业论文奖和优秀成绩奖的毕业生。

了第一次"以虫治虫"的实验——以微生物防治菜青虫。取得成功后,他立刻在当地推广该技术,并完成了论文《云南澄江白粉蝶幼虫细菌防治之初步试验》,发表在《中山学报》1941年第2期。从此,"生物防治"和"关注民生"成了蒲蛰龙一生科学研究的关键词。图9-25为1946年8月蒲蛰龙与表弟在国立中山大学校园。

1946年,蒲蛰龙不满国民党政府的反动统治,于是到美国明尼苏达大学攻读博士学位兼做科学研究工作(图9-26),于1949年获得了博士学位。当听到新中国成立的消息时,他和妻子利翠英女士(获明尼苏达大学硕士学位)毅然谢绝美方的多次挽留,放弃了美国优渥的生活条件,回到百废待兴的祖国。此后,蒲蛰龙毕生从事昆虫学研究和应用,因为他觉得自己有责任通过科学研究解决中国的实际问题。

图9-25 1946年8月蒲蛰龙(右一)与表弟在国立中山大学校园

图片来源:古德祥、冯双主编:《南中国生物防治之父——蒲蛰龙院士》,中山大学出版社2012年版,第15页。

图9-26 1948年,蒲蛰龙(前排右一)、利翠英(后排右二)等中国留学研究生与导师C.E.Mickel教授(后排左三)夫妇在美国明尼苏达大学合影

图片来源:古德祥、冯双主编:《南中国生物防治之父——蒲蛰龙院士》,中山大学出版社2012年版,第18页。

新中国成立初期,多地发生严重农林病虫害。蒲蛰龙考虑化学农药对生态环境的危害,创新性地提出了用害虫天敌防治害虫的"生物防治"理念,首次应用赤眼蜂防治甘蔗螟虫并取得了巨大成功。

从20世纪60年代开始,他推广应用平腹小蜂防治荔枝的大害虫荔枝蝽象;70年代开始研究和利用质多角体病毒防治马尾松毛虫、利用核多角体病毒防治斜纹夜蛾等多种农林害虫,均取得良好效果。与此同时,他还在各地培养了一大批技术骨干。蒲蛰龙先后获得"全国劳动模范""全国高等学校先进科技工作者"等称号。蒲先生在生物防治研究中取得的成就,最大的亮点就是他的科学报国献身精神和超前的环保意识。

蒲蛰龙教授所做的众多试验,建立起一系列试验基地,以及其研究成果都引起了国内外普遍关注。1979年10—12月,蒲蛰龙先生曾应美国科学院美中学术交流委员会邀请,到美国5所大学讲学。他以高水平的演讲和学者风范赢得赞誉,有国际友人称他"不仅是杰出的科学家和教育家,更像一位风度翩翩的外交家"。1980年9月,美国明尼苏达大学授予蒲蛰龙先生"明尼苏达大学优秀成就奖",表彰他在教学和科研上的杰出贡献。此外,他作为中国昆虫学会副理事长、国际有害动植物防治组织东南亚分部理事及广东省科学技术协会主席,还多次率领中国代表团出席国际学术交流活动,或接待各国代表团来访,主持召开国际学术交流研讨会,为推动世界昆虫学研究及维护人类生态平衡做出了杰出贡献。

生物防治,开拓创新

1979年,中国政府正式派出改革开放后首批10位著名学者赴美国讲学,蒲蛰龙就是其中之一。1980年,蒲蛰龙当选中国科学院学部委员(院士)。蒲蛰龙提出了"以发挥天敌作用为主的害虫综合防治策略",即通过耕作防虫、育蜂治虫、以菌治虫、养鸭除虫等措施,大幅减少化学农药的使用,既保护了农田生态,又能有效防治害虫,取得了巨大的成功。这些成果受到了国内外学界的高度关注,获得了高度评价。联合国粮农组织有关专家认为,这是"模范的水稻综合治虫计划"。1991年,美国《有害生物综合防治实践者》杂志,破天荒报道了这位中国生物防治专家的事迹，并称他为"南中国生物防治之父"。

蒲蛰龙通过这些实践，结合国内外的研究成果，主编了《害虫生物防治的原理和方法》《昆虫病理学》等多部专著。"以虫治虫"策略使农药用量减少2/3，为中国大面积实施病虫害综合防治做出了卓越贡献，为世界各国的生物防治提供了有益参考。蒲蛰龙是现代中国"以虫治虫"的领航者，曾以繁殖赤眼蜂防治甘蔗螟虫的实验打响中国"现代生物防治第一炮"。虽然他研究的对象个体小，例如引进澳洲瓢虫防治柑橘害虫吹棉蚧、繁殖平腹小蜂防治荔枝蝽象、利用质多角体病毒防治松毛虫等，但却解决了增产、丰产、护林的大问题。

作为国际杰出的昆虫学家、中国生物防治的奠基人，蒲蛰龙常常奔走在田间地头（图9-27）。回到校园，他又埋首于实验室，创建中山大学昆虫学研究所，并任中山大学生命科学学院首任院长，为我国生物技术的创新与应用培养了众多高级人才。

图9-27　蒲蛰龙教授（居中者）在顺德沙深蔗地调查

图片来源：古德祥、冯双主编：《南中国生物防治之父——蒲蛰龙院士》，中山大学出版社2012年版，第44页。

蒲蛰龙将一生倾注于昆虫研究（图9-28），他创建的中山大学昆虫学研究所，之后发展成为"生物防治国家重点实验室"，2005年更名为"有

/ 第九章 / 先贤伟业（以采访时间为序）

害生物控制与资源利用国家重点实验室"，后重组更名为"水产动物疫病防控与健康养殖全国重点实验室"，继续聚焦农业有害生物的生物防治，为国家健康农业、乡村振兴和生态文明等重大战略需求贡献力量。

图9-28　蒲蛰龙院士在鉴定水生甲虫标本

图片来源：古德祥、冯双主编：《南中国生物防治之父——蒲蛰龙院士》，中山大学出版社2012年版，第36页。

第八节　庞雄飞：昆虫世界展雄才

2024年，是庞雄飞院士逝世20周年。作为著名昆虫学家、生态学家与高等农业教育家，以及中大农学院早期办学杰出校友，庞院士在昆虫学、生态学和害虫防治等领域深厚的造诣和卓著的成果，至今仍广为称道。在百年校庆将至之际，农业与生物技术学院党委书记程月华、团委书记陈素玲带着搜集整理的资料，拜访了庞雄飞院士之女、中大生态学院副院长庞虹教授。

庞虹教授深情地回忆了父亲半个多世纪人生经历的重要时段，特别讲述了父亲因新中国减免大学生学费才得以进入高校深造，表达了对党和

- 233 -

国家深切的感激之情,并将其转化为毕生在农业高教岗位深耕不辍的强大动力。

孜孜求学,与虫结缘

庞雄飞青少年时正逢日本侵华,常为生活奔波。1947年中学毕业后,他曾两度考上了大学,但都因无力支付学费而未能迈进大学校门。但他没有放弃求学深造的执念,边教书边为上大学做准备。1949年10月广州解放,国立中山大学又一次向他发出了入学通知书,这次不仅免收学费,还提供助学金。庞雄飞怀着对党和人民感激之情进入国立中山大学农学院学习。他非常珍惜这来之不易的学习机会,先是在蚕桑系学习,后转到病虫害学系,师从赵善欢教授、蒲蛰龙教授等著名专家,与昆虫学结下了不解之缘(图9-29)。

图9-29　庞雄飞教授夫妇(右三及左一)与他们的老师们:蒲蛰龙院士夫妇(左三及左二)、赵善欢院士夫妇(右一及右二)

图片来源:由庞雄飞院士之女庞虹教授提供。

1953年,庞雄飞以优异的成绩本科毕业并留校任教,在赵善欢教授指导下攻读在职研究生。他1954年加入中国共产党,1955年奉派留学苏联莫斯科季米里亚捷夫农学院，主要研究瑞典麦秆蝇、玉米蝇等玉米害虫的发生、危害规律及防治技术，发表了六篇研究论文。1959年，庞雄飞获苏联副博士学位后回国，由时任中国农业科学院院长和华南农学院院长的丁颖教授安排，回华南农学院任教。

潜心科研，报效祖国

庞雄飞在华南农学院任教后，倾其所学，报效祖国。在从事昆虫学教学工作的同时，开始系统研究害虫防治中的生态学和天敌昆虫的分类利用问题。1961年，庞雄飞作为主要编写人员，参加了赵善欢教授主编的《农业昆虫学》的编写和出版工作；发表了温度对昆虫呼吸强度的影响等方面论文，提出了昆虫呼吸恒定温区的新概念，为国内外同行所瞩目。1965—1966年，他奉派到古巴支援教育和经济建设。1966年，他在《动物分类学报》发表了在昆虫分类学领域的处女作《广东拱颏瓢虫新种记述（鞘翅目·瓢虫科）》。

"文化大革命"期间，在无法进行正常教学和科研工作的情况下，庞雄飞参与组织教学小分队，带领学生到农村去，把田间地头作为教室和实验室，在生产实践中传授昆虫学和害虫防治知识；他作为广东省生物防治工作队骨干，到农业生产第一线去研究和推广害虫生物防治与综合防治技术。他带领师生创立了广东海陵岛水稻害虫综合防治示范区，与蒲蛰龙教授在广东四会大沙建立的示范区相呼应，在国内外产生了重大的影响，培养了一批农业害虫综合防治的技术骨干，为农民增收和农业发展做出了重要贡献。同时，他不问昼夜、不分寒暑，全力开展天敌昆虫，尤其是瓢虫科昆虫的分类研究工作。在这段极其艰难的日子里，他发表了11篇学术论文，完成了科学专著《中国经济昆虫志·瓢虫科（二）》的写作和《天敌昆虫图册》的编写工作。"文化大革命"结束后，凭借在教学和科研中所取得的成绩，庞雄飞被破格晋升为教授。

科海遨游，勇立潮头

改革开放以后，庞雄飞教授敏锐地洞察到国际植物保护学科的两大进展：一是有害生物综合治理策略的提出，二是系统科学理论与技术在生物学研究的应用。庞教授深知这两大进展对未来植物保护工作的重要意义，决心把系统科学引进有害生物综合治理的研究，以开创我国植物保护工作的新局面。他带领自己第一位研究生以广东阳江海陵岛为基地，开始了这一开拓性的工作。

此后的20年间，他以高度的热忱、旺盛的精力投身这项事业。一方面自学系统科学的理论与方法，并将之应用于害虫综合治理的研究实践；另一方面与中国农业大学植物病理学曾士迈院士通力合作，成立全国植物保护系统工程专业委员会，多次召开全国植物保护系统工程学术研讨会以推动这一领域的发展。其间，他亦积极参与对外交流活动（图9-30）。1989年，他带领团队完成系统工程在害虫控制中的应用，分别获得广东省系统工程优秀成果一等奖和二等奖；1990年，与曾士迈院士合著出版了《系统科学在植物保护研究中的应用》；1994年，完成了专著《害虫种群系统的控制》，创立并系统阐述了害虫种群系统控制的理论。这一专著获得国内外专家的高度重视，于1995年由广东优秀科技著作出版基金资助出版，并被列入国家当代科技重要著作（农业领域）出版计划，于2001年获广东省自然科学奖二等奖。他的学生们应用和发展了这些理论与技术，在害虫防治、食品安全、生物入侵与生物安全及环境保护等领域为国家做出了重要的贡献。

图9-30　1981年12月，庞雄飞教授（右一）等访问美国佐治亚大学

图片来源：由庞雄飞院士之女庞虹教授提供。

行为世范,成就卓著

庞雄飞院士长期从事昆虫学、生态学和害虫防治理论与技术的研究和教学工作,学术造诣深厚、成就卓著。他在昆虫物种多样性研究与利用、害虫种群系统控制理论与技术、植物保护剂研究等多个领域,做出了开拓性的重要贡献,在国内外享有盛誉。他一生共发表学术论文150多篇,出版了学术专著和高校教材18部,其中《害虫种群系统的控制》一书被国家列为当代科技重要著作。他的科研成果共获国家自然科学奖、国家科技进步奖、省部级自然科学奖和科技进步奖15项,为推动科学发展和经济建设做出了重要贡献,他于1997年当选为中国科学院院士。

庞雄飞院士一生为人师表,呕心沥血为国育人,亲自指导培养了29名博士生、35名硕士生,曾两次获得广东省优秀教学成果奖。他培养的研究生大多已成为各工作单位的骨干。他学风严谨,注重理论联系实际,与深圳市龙岗区政府、香港生态视野有限公司(慈善)合作创办的科研教育基地龙岗碧岭生态村(图9-31),策划并推动建立的南岭国家级自然保护区(图9-32)和南岭国家森林公园等基地,均在国内外产生了深远影响。

鉴于庞雄飞院士在科学研究、人才培养和学科建设方面的卓越成就,他于1983—1989年被任命为华南农业大学副校长,曾被聘任为国务院学科委员

图9-31 1999年,庞雄飞(右)与时任华南农业大学校长卢永根在深圳市龙岗碧岭生态村

图片来源:由庞雄飞院士之女庞虹教授提供。

图9-32 庞雄飞教授(左)与著名植物学家、中山大学张宏达教授在南岭国家级自然保护区

图片来源:由庞雄飞院士之女庞虹教授提供。

会第二、第三届学科评议组成员,广东省第一届学科委员会委员,广东省科学技术协会副主席,中国昆虫学会和中国生态学会常务理事,中山大学生物防治国家重点实验室学术委员会主任等。同时,他受到党和国家多次表彰,荣获国家人事部"有突出贡献的中青年专家"、农业部"部属院校优秀教师"、教育部"全国模范教师""全国优秀科技工作者",广东省"南粤杰出教师"等荣誉称号。

庞雄飞院士热爱祖国,热爱教育事业和科学事业。庞虹教授提到,庞院士在病重期间仍念念不忘学科建设、教学科研工作,不忘培养和关心年青学者,表现了一位科学家和教育家的爱国情怀、共产党员的崇高品德,赢得了师生和社会的敬仰(图9-33)。

图9-33 庞虹教授(左二)与教研室同事张丹丹老师(左一)热情陪同程书记等参观了庞雄飞院士曾工作过的中山大学生物博物馆(国家二级博物馆)

/ 第九章 / 先贤伟业（以采访时间为序）

第九节　邓植仪：终生无悔耕沃土

在广东现代高等农业教育，特别是中山大学农学院创办和早期办学时期，始终闪耀着一位著名农业教育家、土壤学家的名字——邓植仪（图9-34）。在1917年至1949年间，从广东公立农业专门学校、国立广东大学农科学院到国立中山大学农学院三个阶段的33年发展历程中，邓植仪曾先后多次出任农专校长、农学院院长，共达21年；两次出任国立中山大学教务长，长达11年。他为广东现代高等农业教育从低层次向高层次、多层次发展，呕心沥血创下多个"第一""唯一"：1930年创建广东土壤调查所，率先在广东开展分县土壤调查；1935年创建国立中山大学研究院土壤学部，成为当时国内唯一培养土壤学科硕士研究生的机构；

图9-34　邓植仪

图片来源：胡宗刚：《华南植物研究所早期史——中山大学农林植物研究所史事（1928—1954）》，上海交通大学出版社2013年版，第143页。

同年与彭家元合著《土壤学》，成为高校选用最多、使用时间最长的教材之一，为广东现代高等农业教育的开创、巩固、发展做出了重要贡献。

为了更深入了解邓植仪先生的不凡事迹，2024年6月14日，中山大学农业与生物技术学院党委书记程月华、团委书记陈素玲拜访了华南农业大学农史研究室吴建新研究员（图9-35）。吴老师曾师从中山大学农学院早期办学杰出校友、著名农史学家梁家勉教授，求学期间及日后从事农史研究中，对邓植仪先生做了多方研究，并受东莞市文学艺术界联合会委托，出版了《邓植仪评传》一书。

吴老师热情地为学院到访者介绍了邓植仪先生的事迹，满怀敬仰地说道：邓植仪先生不仅是著名的土壤学家，更以其前瞻性思维和领袖素养影响后人，堪称不可多得的高等农学教育家。

图9-35 程月华书记（右一）向吴建新研究员（左一）了解邓植仪教授情况

关注民生，学农报国

邓植仪1888年出生于广东省顺德县大良镇，祖籍原东莞县桥头镇，青少年时期正值我国历史更替、社会变革的大动荡年代，民族灾难深重。他目睹了广大农民在封建统治阶级和帝国主义的双重压迫下，自耕不能自食、自织不能自衣，缺乏科学文化知识、生活贫穷饥饿、农村经济濒临破产的悲惨现实。对此，他万分忧虑，深感"中国以农立国，农业之盛衰，关系于国计民生至重且大"，从而萌生了"教育救国""以农兴邦，务农兴国"的思想，坚定地选择了爱农、学农、兴农的道路。

1909年，21岁的邓植仪冲破轻视学农的世俗观念，自费赴美学习农业科学。他先后在加利福尼亚州立大学、威斯康星大学学习土壤学，并获得威斯康星大学硕士学位。1914年，邓植仪学成归国后，立即付诸行动，坚守在农业教育和土壤调查研究领域40余载，成为我国现代高等农业教育的开拓者和土壤科学奠基人之一。

生产调查，推动发展

邓植仪认为农业的改进必须从调查研究入手，应"以调查所得资料，作为改良农业的根据"，以改变过去"缺乏详细之调查，无精确之统计，茫然无可考，无可凭借的状况"。因此，他十分重视农业情况的调查研究，提倡教学科研与生产紧密结合，并在试验场增设调查科，积极组织领导广东各县农业生产及农村教育概况的调查，并提出改进意见。他们历时12年，完成了广东全省94个县的调查任务，并出版了《广东农业概况调查报告书》和《广东农业概况调查报告书续编》（上、下卷）（图9-36）。至此，广东全省农林业之梗概始得较全面的介绍。这项工作在广东农业史上是空前的，也是发展广东农林业不可缺少的一项基础工作，为研究广东土壤改良和合理施肥奠定了基础。

图9-36　1925年出版的《广东农业概况调查报告书》及后续出版的《广东农业概况调查报告书续编》

图片来源：华南农大校史馆：《百折不挠，立志兴农。他是土壤学家邓植仪！》，见华南农业大学官方微信公众平台（https://mp.weixin.qq.com/s/9MrcsmfA_YvmzzDrrM5ggQ）。

20世纪20年代，我国蚕丝业、蔗糖业日渐衰落，特别是以产蔗糖闻名于世的广东不但不能出口蔗糖，反而要进口大量蔗糖。1921年，邓植仪开始组织科技人员对广东蚕丝、蔗糖主产区进行专题调查，编撰了《广东蚕业调查报告书》和《番禺增城东莞中山糖业调查报告书》。他分析了广东蔗糖业的盛衰史，呼吁当局立即切实改良甘蔗种植方法、蔗糖榨制法，充分发挥广东"土地之腴，气候之适，消费之多，人工之贱"的优势，以振兴广东蔗糖业。为扶助贫困地区发展蚕桑业，他成立了由他兼任所长的巡回蚕业讲习所，派教师下乡巡回讲授蚕桑应用技术，学制为半年。这种送科学技术下乡的办学形式，深受当地政府和农民的欢迎。

30年代，国外化肥大量输入，不仅造成大量金钱外溢，而且由于长期施用化肥不当，土壤性质和农作物品质下降。1932年，他派科研人员赴广东各肥料入口港埠调查其营业状况；赴使用化肥最广的地区调查其施用法。1933年，其出版了《广东化学肥料营业施用概况调查报告书》，为研究改良施用化肥的方法提供了依据，并提醒人们必须重视振兴土肥，降低施用化肥的风险。

1934年夏，邓植仪到西北地区进行土壤调查和农业考察，撰写了《发展我国西北农业之管见》一文，提出了以技术振兴农业和综合治理的七项颇具远见的建议，为发展西北农业献计献策。

创办农科，为国育才

邓植仪不仅是一位著名的土壤学家，还是一位有远见卓识的农业教育家。邓植仪先生1914年回国后，先后担任长沙高等工业学校教员、中央农事试验场技师、江苏高等师范农业专科学校教员。他对当年中国农业教育的落后状况极感忧虑，深知农业教育是发展农业的原动力，强调要改变我国农业之落后面貌，必须重视发展农业教育。

1920年，32岁的邓植仪脱颖而出，出任广东农林试验场场长、广东公立农业专门学校校长（图9-37）。在军阀混战、政局不稳的艰难时局下，他采取了向社会募捐增建校舍、改进招生办法扩大考生来源、增聘知名教授壮大师资队伍、改革教学体制等措施，使农专转危为安，打下了进一步发展的基础。

1924年，孙中山先生创办国立广东大学时，农专被改组为国立广东大学农科学院，邓植仪受聘为首任院长。1938年10月，日军入侵广州，国立中山大学奉命西迁（图9-38）。在邹鲁校长远在重庆的情况下，邓植仪以学校教务长、农学院院长身份克服艰难险阻，带领全

图9-37　1920年，邓植仪出任广东公立农业专门学校校长

图片来源：吴建新：《邓植仪评传》，广东人民出版社2014年版，第22页。

校七个学院搬迁,为使学生不致中断学业殚精竭虑,为我国培养了大批人才。图9-39为1940年,邓植仪、丁颖等同事在云南澄江。

图9-38　国立中山大学师生前往云南澄江途中
图片来源:吴建新:《邓植仪评传》,广东人民出版社2014年版,第106页。

图9-39　1940年,邓植仪(前排右一)、丁颖(后排右一)等同事在云南澄江
图片来源:吴建新:《邓植仪评传》,广东人民出版社2014年版,第119页。

邓植仪从教数十年间，在继承发展祖国优秀传统文化的同时，注重借鉴国外先进的办学经验，不断探索走中国式农业教育的道路。1935年，他借赴英出席第三次国际土壤学大会和世界教育大会之便，历时165天，考察了欧美和南洋各地的农业教育与农业概况，寻求解决我国农业高等教育和农业生产发展问题之良方。其间，他不仅访问了剑桥大学农学院、威斯康星大学农学院等著名院校，还对一些农业专门学校、中等农校、乡村农校等进行了考察。回国后，他详尽地记述了考察情况，以及改进我国农业和农业教育的意见，呼吁当局要重视发展农业生产和农业教育，复兴农村。

作为我国土壤学科的先驱，他知人善任、坦诚相待，使一批学术造诣专深、有远大抱负的知名教授，如丁颖、陈焕镛、张巨伯等长期稳定地在农学院执教，保证了农学院的稳定发展。1923年，他在担任广东农专校长时，就与东南大学农科、北京农业大学商定，建立教授交换及学生互转等合作协议，促进了三校良好协作关系。同时，他十分重视对学生的爱农教育，强调农业科学是应用科学，需要有坚不可摧的意志。新生入学后，都要先在实习农场（图9-40）从事一段时间的农场工作，培养其解决生产问题的能力和坚定热爱农业、献身农业的意志。

图9-40 广东公立农业专门学校实习农场

图片来源：《华南农业大学百年校庆丛书》编委会编：《华南农业大学百年图史》，广东人民出版社2009年版，第12页。

第九章 / 先贤伟业（以采访时间为序）

邓植仪与同仁经过多年努力，使在创建初期只有三个学系的国立中山大学农学院，至1949年发展成有八个学系且科研试验机构较完善的农学院，有力地推动了广东农业教育从低层次走向高层次、多元化。1945年，英国著名科学家李约瑟考察了战乱中的国立中山大学农学院，并在他的著名论著《科学前哨》中赞誉："也许这是我在中国游历期间，所见到的在研究和教学方面最大、最好的一所学院。"

重视科研，不倦攻关

邓植仪一向重视农业科研机构的建设，认为"欲科学化其农业，必首先建设有系统而充实之农业科学机关以为中枢"。1930年10月1日，经邓植仪建议，由广东建设厅农林局、农矿部广州农产物检查所及国立中山大学农科学院联合成立了广东土壤调查所，隶属农林局，挂靠在国立中山大学农学院。邓植仪受聘为首任所长，中高级科技人员主要由农学院教师兼任。该所在邓植仪的领导下，不仅摸清了广东土壤概况，而且为我国培养了第一批著名的土壤学专家，是我国建立最早、成绩卓著的土壤研究机构之一。

作为学术造诣专深的土壤学家，他深知土壤问题乃农业生产的根本问题，要发展农业生产，必须重视发展土壤科学。因此，他数十年如一日，不管是在战火纷飞的抗战艰苦岁月还是在和平时期，从未中断过土壤调查工作。1939年春，国立中山大学刚迁到云南澄江，邓植仪就与丁颖、侯过教授乘坐西南运输处货车，沿滇缅公路考察昆明至大理间的农林及土壤概况。1940年，土壤调查所随国立中山大学农学院迁到湖南宜章县栗源堡后，对粤北连县、乐昌、南雄、仁化、始兴等县，以及湖南莽山、阳明山等地的土壤进行详细调查。抗日战争胜利后，土壤调查所随校迁回广州石牌，仍赴粤北继续进行土壤调查，并进行全省土壤理化性质研究。图9-41为邓植仪在栗源堡的住宅。

图9-41　1940—1944年，邓植仪在栗源堡的住宅

图片来源：华南农大校史馆：《百折不挠，立志兴农。他是土壤学家邓植仪！》，见华南农业大学官方微信公众平台（https://mp.weixin.qq.com/s/9MrcsmfA_YvmzzDrrM5ggQ）。

　　邓植仪认为"高等农校所负之使命，不仅造就人才而已，尤负有改进地方农业之责"。为了促进全国土壤肥料科技工作者的学术交流，1934年，邓植仪与彭家元、陈方济等倡议，组建中华土壤肥料学会，发行会刊《土壤与肥料》季刊。该学会和会刊编辑处均设在国立中山大学农学院，邓植仪、彭家元等主持学会和会刊编辑工作。

　　邓植仪是一位民族自尊心很强的科学家，早年对第一、第二次国际土壤学大会没有中国科学家参加深感遗憾，并下定决心改变这种落后状况。他经过多年奋斗，使广东土壤调查研究工作取得了可喜的进展，积累了不少宝贵资料，为出席大会创造了条件。1935年7—8月，邓植仪应邀出席了在英国牛津大学举行的第三次国际土壤学大会，提交了论述广东省土壤调查工作和成就的论文，介绍了我国土壤科学的发展情况，促进了合作交流，提高了我国在国际土壤学界的学术地位，实现了他多年的夙愿。同时，他还代表国立中山大学出席了世界教育大会，提交了《中山大学近年来之发展》一文，交流办学经验。回国后，他建议组织全国教育联合会，以提高我国在世界教育大会上的地位。图9-42为1935年，邓植仪参加国际土壤学大会后赴美考察，与农学院园艺学家黄昌贤合影。

图9-42　1935年，邓植仪（右）参加国际土壤学大会后赴美考察，与农学院园艺学家黄昌贤合影

图片来源：吴建新：《邓植仪评传》，广东人民出版社2014年版，第85页。

老骥伏枥，壮心不已

1950年4月，农业部在北京召开我国有史以来第一次全国土壤肥料会议，年过花甲的邓植仪应邀出席，并为大会撰写了《广州三角洲土地的利用和沙田部分的生产改进意见》一文。会后，他满怀激情地先后受聘为农业部顾问，华北农业科学研究所、中国农业科学院研究员。他响应人民政府提倡整理祖国农业遗产的号召，整理古籍中有关土壤学的文献资料，探讨前人对土壤分类与土地利用方面所做的研究，撰写了论文《有关中国上古时代论文（唐、虞、夏、商、周五朝代）农业生产的土壤鉴别和土地利用法则的探讨》。

在华北农业科学研究所工作期间，邓植仪多次与中青年科研人员一起，翻山越岭深入基层工作，全力协助新建的国营农场和农业生产合作社进行土壤调查、勘测、科学鉴定。在土壤调查中，他不忘向农民群众学习我国传统的生产方法和辨认古称"垆土"的各种形态等。

1957年5月，年近古稀的邓植仪南返广州，任职于华南农业科学研究所，仍着手研究反酸田改良问题和规划红壤研究工作。同年10月18日，他在召集科研人员规划广东红壤研究工作时，由于过度劳累，突发脑出血，经抢救无效而辞世。他那种对祖国农业现代化建设无限忠诚、在生命最后一刻仍坚守岗位的献身精神，深受后人景仰。

- 第十章 -

复办重振

（2018年至今）

今日的中山大学（图10-1），由1952年院系调整后分设的中山大学和中山医科大学于2001年10月合并而成。通过省部共建，在国家、地方和社会的大力支持下，中山大学成为一所国内一流、国际知名的现代综合性大学，形成了综合性、研究型、开放式的办学特质。

在近百年的办学历史中，中山大学始终秉承孙中山先生的校训精神，汇聚了包括邓植仪、丁颖、蒲蛰龙等在内的一大批蜚声海内外的名家大师，学术文脉积淀深厚。近年来，中山大学吸引集聚了一大批海内外优秀的学术英才，奋斗在教学和科研第一线，在全国第四轮学科水平评估中，学校14个学科被评为A类；学科国际学术影响力突出，20个学科领域进入ESI世界前1%，入选学科领域数量在国内高校中并列第2位。

图10-1　中山大学怀士堂

/ 第十章 / 复办重振（2018年至今）

第一节　深圳校区建设

通过省部共建，中山大学已经成为一所国内一流、国际知名的现代综合性大学。现由广州校区、珠海校区、深圳校区三个校区、五个校园及十家附属医院组成。目前，学校正在努力推进由外延式发展向内涵式发展转变，由常规发展向主动发展转变，形成了文、理、医、工、农、艺综合发展的学科新格局。

一、"三校区五校园"办学格局

1999年9月，珠海市人民政府与中山大学正式签署合作建设中山大学珠海校区协议书；2000年1月，教育部批复同意建设中山大学珠海校区。2015年9月，深圳市人民政府与中山大学签署合作创办中山大学深圳校区的备忘录；同年12月，获教育部批复同意建设中山大学深圳校区。至此，中山大学形成了三校区五校园统筹发展的办学格局，在广州、珠海、深圳扎根办学，各校区统筹规划、错位发展，三校区五校园共同支撑中山大学高质量内涵式发展。

党的十八大以来，中山大学积极响应国家乡村振兴战略、保障粮食安全、加快科技自主创新等号召，在加强文、理、医传统优势学科的基础上，努力补齐工科短板。2018年，学校决定在深圳校区复办农学院，在广州校区创办艺术学院，填补了农学、艺术学空白，学科门类更加齐全，形成了文、理、医、工、农、艺综合发展的学科格局。广州校区重点提升文、理、医传统优势学科，珠海校区重点发展深海、深空、深地、深蓝学科群，深圳校区着力发展新医科、新工科、新农科。截至2024年初，学校已拥有70个院系，是教育部直属高校中学科门类最齐全的学校之一，综合性办学优势和特色愈发凸显，学科实力居于国内高校前列。"三校区五校园"的飞速建设与大刀阔斧的种种改革，无不昭示着这所屹立于岭南的百年学府身上发生着的深刻变化。站在新的起点上，中山大学正在努力建设成为"国内高校第一方阵、世界一流大学行列"的中国特色社会主义大学。

二、朝气蓬勃的深圳校区

2015年，深圳投资300亿元建设中山大学深圳校区及三所中山大学附属医院，并筹建临床医学院（深圳）、药学院（深圳）等20个院系，大力发展新兴高科技专业。中山大学深圳校区选址于深圳市光明新区，校园规划占地面积314.3公顷，一期建设用地144.82公顷，二期规划用地为基本农田169.48公顷。深圳校区以建设世界一流的大学校园为目标，校园规划设计坚持"神形兼备，和而不同"的设计理念，力求"中国文化、中大传统、地域特色、现代技术"相融合。2018年6月12日，校区建设全面动工（图10-2），2020年起分批交付使用，2023年6月一期建设全部完成。

图10-2　2018年6月12日，在深圳建设工程启动仪式上，时任教育部部长陈宝生、广东省省长马兴瑞等领导出席

深圳校区作为中山大学的主体校园之一，以医科、工科为主，拥有文、理、医、工、农相对齐全的学科体系，以及从本科到博士完整的人才培养体系，招生录取分数线和学位授予标准与中山大学广州校区一致，培

育和建设国家级重大科研创新平台,力争建成具有中国特色、传承中山大学办学传统,具有综合性学科优势的世界一流大学校区,成为支撑引领深圳经济社会发展、辐射粤港澳大湾区及亚太地区的高层次创新人才重要培养基地。深圳校区规划建设20多个学院,学生规模约2万人(其中本科生和研究生各1万人),教工规模约3000人(图10-3为深圳校区全景图)。

图10-3 深圳校区全景图

截至2023年11月,深圳校区紧密契合深圳未来产业发展和创新发展战略进行学科布局,已设立以下17个学院:医学院、公共卫生学院(深圳)、药学院(深圳)、材料学院、生物医学工程学院、电子与通信工程学院、智能工程学院、航空航天学院、农学院、生态学院、集成电路学院、先进制造学院、先进能源学院、网络空间安全学院、商学院、理学院、柔性电子学院。深圳校区校本部教职工已达1237人,其中专任教师526人,含两院院士2人、国家级高层次人才38人、省级人才46人、市级人才305人("旧孔雀计划"237人、"鹏城孔雀计划"获聘68人);专职科研人员和博士后共161人。在校学生13368人,在校生中,全日制本科生人数已达到8871人,研究生人数已达到4497人,其中硕士研究生3044人、博士研究生1453人。

深圳校区建成后,将为中山大学的未来发展提供强力的支撑,与广州校区、珠海校区统筹规划、错位发展、各具特色,形成三校区五校园的办

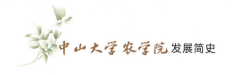

学格局，共同支撑中山大学建设中国特色世界一流大学和永续发展，为粤港澳大湾区和社会主义先行示范区的发展贡献中山大学的力量。

站在新时代的重大历史方位上，承载着中山大学下一个百年的重托，深圳校区将探索服务粤港澳大湾区和中国特色社会主义先行示范区发展要求的办学模式，努力建设成具有中国特色、传承中山大学办学传统，若干学科水平位居于国内、国际前列，具有世界一流水平的大学校区。

第二节　农学院复办重振

2018年，中山大学为了切实保障国家粮食安全，推进中国式农业现代化，决定在深圳校区复办农学院。办学目标定位为：三个安全（致力于国家粮食安全、食品安全、生态安全）、两藏（实现藏粮于地、藏粮于技）、一技术（攻克一批农业"卡脖子"技术）。

一、队伍建设

2019年3月，学校正式启动复办农学院，在广州校区东校园过渡办学（图10-4为2020年秋季，学院复办初期在广州东校园过渡办学时的教职员工合影），本硕博同时招生，同步启动教师招聘工作；设立直属党支部，调任深圳校区管理委员会副主任程月华副研究员为直属党支部书记。同年6月，学校聘任河南农业大学原副校长谭金芳教授、中山大学生命科学学院辛国荣教授分别为院长、副院长。

自此，学院将师资队伍建设与人才培养作为第一要务，积极引育人才，师资规模和党员队伍不断壮大。2020年，学院教职工达到24人，其中专任教师16人（另有校内双聘兼职教师10人），党政教辅人员8人；同年10月，学院成立分工会（图10-5为学院新当选的首届分工会委员、教代会代表团成员与学院领导合影）。2021年10月，学院直属党支部更名为党总支。截至2022年，学院共有党员108人，其中教职工党员28人，占比25.9%；同年6月，学院党总支更名为党委。截至2024年9月，学院有专任教师36人，含教授4人、副教授23人、助理教授9人，教师队伍中拥有国家杰青、国家级领军人才、教育部高等学校教学指导委员会和省部级人才计划人选者共10多人次。

图10-4　2020年秋季，学院复办初期在广州东校园过渡办学时的教职员工合影

图10-5　2020年10月，学院新当选的首届分工会委员、教代会代表团成员与学院领导合影

二、人才培养

学院根据国家战略需求和学校的战略布局，确定了以立德树人为根

本，以强农兴农为己任，建设以现代农业生物学为引领，融合前沿生物技术、信息技术和工程技术的新农科，像培育良种那样培养学生，培养具有突出创新能力、优良综合素养和广阔国际视野的现代农业交叉学科拔尖人才的办院理念。

为了早出人才、出好人才，学院自2019年3月正式启动复办后，即依托学校的生物科学专业招收本科生，依托植物保护和生态学学科点招收硕士研究生，依托农业昆虫与害虫防治、生态学学科点招收博士研究生。从2020年开始，依托新申报的农学专业招收本科生。随着师资队伍的逐步壮大，在学校和兄弟学院的支持下，学院分别于2022年7月成功申报资源利用与植物保护专业硕士点，2023年9月成功申报作物学硕士点，2024年3月成功申报植物保护博士点。表10-1为2019—2023年学院培养学生规模情况。2023年11月7日，学院举办作物学科学术交流会及学科发展研讨会（图10-6）。与办学方向高度契合的学科建设，有力推动了人才培养与科研工作。

表10-1　2019—2023年学院培养学生规模情况

单位：人

培养类型	2019年	2020年	2021年	2022年	2023年
本科生	54	62	54	41	51
硕士研究生	5	20	16	29	30
博士研究生	2	4	8	8	6
合计	61	86	78	78	87

图10-6　参加作物学科学术交流会及学科发展研讨会的与会人员合影

在老师们精心培养、同学们勤奋努力下，学院复办后的首届本科生、硕士研究生、博士研究生相继毕业，并得到高校、科研机构以及社会各界的普遍认可。

2020级硕士研究生麦祖齐发表四篇SCI论文，发现六个昆虫物种，提前半年毕业，入职中山大学博物馆，成为中山大学首位提前毕业的硕士毕业生。2019级博士研究生王健、2020级硕士研究生陈水清的毕业论文分别获评中山大学优秀博士学位论文、硕士学位论文（图10-7）。2019级本科生王宁、伍泳琳的毕业论文均获评中山大学优秀学士学位论文。

图10-7　学生优秀毕业论文封面

在第五届"广东省本科高校植物生产类专业毕业论文大赛"中，四位2019级本科毕业生获奖：戴智安和伍泳琳同学获得特等奖，王宁和王晓兰同学获得一等奖（图10-8）。

图10-8　带队教师辛国荣副院长（居中者）与获奖同学合影

三、科学研究

学院围绕小麦、玉米、水稻三大粮食作物，传承优势，继往开来，以基础研究为重点，"顶天""立地"并举，力争出理论、出品种、出规程、出技术、出人才。学院初步凝练了智慧农业、AI遗传育种、有害生物绿色防控、农业资源高效利用、生态农业与环境健康、食品安全与人类健康六大研究方向，全力打造以智慧农业为主体、AI遗传育种与有害生物绿色防控为两翼的"一体两翼"学科集群。

学院以农业全产业链的前沿问题和"卡脖子"技术为导向，依托与学校生命科学学院、生态学院共建共享的"水产动物疫病防控与健康养殖"全国重点实验室、"植物逆境生物学"广东省重点实验室，以及中山大学利亚湾智慧农创园产学研合作基地，积极开展科研攻关。

截至2024年9月，学院获批主持国家重点项目2项、国家自然科学基金17项、省市项目33项、横向项目13项，科研经费总额达5108万元；在 *Nature Genetics*、*Nature Communications*、*Molecular Plant* 等发表SCI论文68篇，中科院大类一区论文34篇，论文的数量和质量同步显著提升（图10-9）。

图10-9　2020年1月—2024年9月学院主要科研成果统计

其中，史俊鹏副教授课题组于2023年1月16日，在 *Nature Genetics* 上发表题为"De novo genome assembly and analyses of 12 founder inbred lines provide insights into maize heterosis"的研究论文,构建了12个代表性温带玉米自交系的高质量基因组,通过与B73和Mo17基因组的整合,构建了包含43000个基因家族的泛基因组图谱,并鉴定了自交系间广泛存在的结构变异。苏诗豪副教授课题组于2023年8月8日,在 Nature Communications 上发表了题为"A BLADE-ON-PETIOLE orthologue regulates corolla differentiation in the proximal region in Torenia fournieri"的研究论文,揭示了两个参与轴向发育的因子TfBOP2与TfALOG3通过形成复合体来调节夏堇花冠近轴端的分化。

同时,在老师们的引领、指导下,本科生、研究生都在各自的学术领域崭露头角,先后有学术论文等科研成果产出,成为教师科研团队的得力助手(图10-10、图10-11、图10-12)。

图10-10　2022年12月,本科生伍泳琳、陈虹宇和博士研究生吕韦玮等在国际学术期刊上发表研究成果

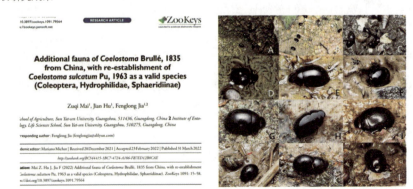

图10-11　2021—2022年,2020级硕士研究生麦祖齐等发现6个昆虫新物种、发表4篇SCI学术论文

图10-12　2022年5月16日，2021级博士研究生徐浩成等在国际期刊*ChemSusChem*上发表了综述论文

四、学生工作

学院践行"像培育良种那样培养学生"的育人理念，坚持德智体美劳"五育并举"，开设"青禾思政讲坛""光明农业讲坛""逸仙农业讲坛"，邀请知名专家、学者开展党性教育、形势政策、前沿动态、心理健康等方面的讲座，力求助力学生得到全方位的培养与提高。

（一）思想引领

通过挖掘、宣传红色校史院史，结合思想政治专项学习等活动（图10-13、图10-14），激励同学们关注国家战略、担负社会责任，立足当下的专业学习，积极参与社会实践，将来成为推动乡村振兴和国家农业现代化的生力军。

同时，学院积极引导、鼓励老师在课堂教学和专业实习中开展课程思政，帮助同学们筑牢学以致用、服务国家的志向（图10-15）。

/ 第十章 / 复办重振（2018年至今）

图10-13　学院师生以红色校史院史为素材创作的红色诗文《为了中国人民的饭碗》《耕耘在希望的田野上》，分别在学校2019年、2020年红色诗文诵读比赛中获得二等奖和三等奖

图10-14　2023年5月，学子们展现爱党爱国、兴农强国责任担当的节目《再一次出发》，获得学校"奋进新征程，建功新时代"合唱比赛二等奖

图10-15　2022年7月19日，2020级农学专业学生在生物学野外实习时参观邓小平手植树，感受国家的环境保护政策

（二）学业引领

学院为本科生设立学术导师，引导他们从大二开始进入科研团队实验室，参与科研工作，巩固课堂知识。学院借助学校的"相山讲坛"，以及学院的"光明农业讲坛""逸仙农业讲坛"，先后邀请50多位知名学者为师生们做现代农业前沿学术动态报告，帮助同学们拓展学术视野（图10-16）；借助"青禾思政平台"开设"家园有约""导师有约"活动，邀请研究生导师、优秀校友等与同学们交流分享，解答有关困惑，帮助同学们强化科学追求，积极升学深造。

学院复办后首届毕业的2019级本科免试保研生中，被中国科学院研究所录取5名，被浙江大学、复旦大学、中国科学技术大学、中山大学、武汉大学各录取1名，其中2名为直博生。2020级本科免试保研生中，2名被北京大学录取，1名被清华大学录取。

图10-16　从左往右、从上往下依次为国家级人才中国农业大学金危危、浙江大学陈学新、南京农业大学朱艳、中山大学仇荣亮做客"光明农业讲坛"

（三）实践引领

学院鼓励学术导师、研究生和本科生学长，组织、指导本科生积极参加全国性的专业竞赛，实践运用专业知识，创新解决实际问题，培养团结协作精神。近些年，同学们相继在各类赛事中获奖，不仅提高了学院的社会知名度，也锻炼了同学们的实践动手能力，进一步坚定了同学们的学业信心（表10-2）。2020级本科一班团支部长期坚持"学伴助学"活动，并将优秀同学的专业学习笔记汇编成册《禾易长亩》，助力低年级同学掌握专业技能，被评为学校"标杆团支部"。团支部书记王梓杰荣获中山大学2023年大学生年度人物称号，并获得免试到北京大学攻读研究生的资格，其事迹在《人民日报》刊出。2023年11月24—25日，2022级硕士研究生翁波洋、王丹霞受邀参加首届"一带一路"青年绿色低碳创新发展国际论坛，翁波洋在会上做学术交流报告（图10-17）。

表10-2　复办以来学院部分学生参加专业竞赛获奖情况

年份	获奖者	奖项	奖次
2023	翁波洋、王丹霞	第二届全国大学生低碳循环科技大赛	一等奖
	"卓'柚'成效"项目组	广东青年大学生"百千万工程"突击队行动	优秀品牌项目
2022	王奥成、王宁、黄韵锜、代湘杰	全国大学生生命科学竞赛	一等奖
	朱驭之、陈志坚、李佳和、蔡骏、鲁子毓		二等奖
	戴智安、袁榕蔚、席寒笑		三等奖
	王梓杰、杨骏宇、刘铸乐、李泓甫、邵鼎尊	全国2022智慧农业创意大赛	二等奖
	王梓杰、李泓甫、刘铸乐	美国大学生数学建模竞赛	Honorable Mention奖
	徐浩成、朱雅萌、周焕然、张诗涵	第五届"深水杯"全国大学生给排水科技创新大赛	三等奖
	胡文轩、郑子静、白顺达、刘婧雅		三等奖
	周焕然、张诗瀚、刘婧雅、徐浩成、胡文轩	首届"零碳未来创新大赛"	二等奖
	王梓杰、李泓甫、刘铸乐、	"丰农奖学金"	突出成果奖
2020	王奥成、戴智安、王宁、黄丽雯、李金洪、王健	粤港澳大湾区海珠湿地植被生态修复科考大赛	特等奖

图10-17 首届"一带一路"青年绿色低碳创新发展国际论坛,翁波洋做学术交流报告

(四)文化引领

为了更好地践行"为党育人,为国育才"的教育使命,学院通过组织庆祝"中国农民丰收节",举办"农耕文明大讲堂"、心理健康讲座、职场礼仪讲座、综合素养知识大赛等活动,陶冶师生的综合文化素养,推动校区文化建设(图10-18)。

图10-18 2022年6月2日,学院组织了"激情燃五月,青春献祖国"综合素养知识大赛

自2020年开始,学院连续每年组织庆祝"中国农民丰收节"活动(图10-19),邀请抗战办学老区、合作高新企业的代表交流"三农"工作新成就、新经验、新科技,密切加强校内外学术交流,搭建产学研合作交流的平台,共同推动国家乡村振兴战略实施和农业现代化的进程。

为进一步传承传播优秀农耕文化,涵养文化自信,丰富深圳校区校园文化生活,促进"新农科"学科交叉和跨院系交流合作,创新学生美育与智育结合新形式,农学院举办了"农耕文化讲堂"系列讲座(图10-20)。

图10-19　2021年9月23日,参加学院庆祝"中国农民丰收节"活动的部分嘉宾

图10-20　2023年12月8日,张雨副教授主讲农耕文化讲堂之"美好香遇·共赏香事"讲座

五、社会服务

学院复办后,秉持"不忘初心、牢记使命"的信念,在努力加快自身发展的同时,不忘担当社会责任,努力发挥专业特长为推动地方发展服务。学院师生多次寻访早期办学的抗战迁徙办学老区,挖掘红色基因,激励师生传承科学家精神,努力回报社会(图10-21)。2023年6月28日,学院在深圳校区举办了首届乡村振兴研讨会,抗战办学老区、党支部共建地区领导和合作高新企业专家,以及学院部分教师共近百人参会,时任中山大学党委书记陈春声教授(前排右六)到会指导(图10-22)。

a. 寻访澄江办学旧址　　b. 寻访湖南宜章办学旧址　　c. 寻访梅州五华办学旧址

图10-21　2020年以来,学院多次寻访云南澄江、湖南宜章、梅州五华抗战办学旧址,采访先辈杰出校友事迹,传承科学家精神

图10-22　首届乡村振兴研讨会与会嘉宾合影留念

学院新农科的发展目标、学科方向与深圳市"20+8"产业集群①、未来产业重点发展方向高度契合，不仅借助深圳校区蓬勃发展的新工科、新医科的协同支持，而且不断拓展与中山大学广州校区、珠海校区相关学科的错位发展，以及与深圳市农业促进中心、深圳农业基因组研究所、深圳市大疆创新科技有限公司、华为技术有限公司、深圳市丰农控股（集团）有限公司等单位的产学研合作，对粤港澳大湾区的支持力度逐渐加大。

　　近两年，学院老师先后参加了大湾区生物多样性调查项目，主持广东省乡村振兴战略专项种业振兴行动与科技兴农项目，成为第三次全国土壤普查广东省第三片区的技术支撑牵头单位，并承担了深圳、中山、茂名等地的土壤普查任务（图10-23）；在学校的统一部署下，学院与云南省凤庆县营盘镇开展党支部结对共建，开展党建交流互促、实用技术推广、中学科普教育与贫困生奖学助学等活动，正在逐步彰显深圳人才高地的集成效应，努力推动战略性新兴产业发展（图10-24、图10-25）。

图10-23　2022年7月以来，学院积极组织师生参加第三次全国土壤普查工作，被指定为广东省三个片区之一的技术支撑牵头单位，并承担了深圳、中山、茂名等地的土壤普查任务

---

　　① 20+8产业集群：指深圳市政府为了推动经济高质量发展，重点培育的20个战略性新兴产业集群和8个未来产业。

/ 第十章 / 复办重振（2018年至今）

图10-24　中山大学农学院开展实用技术应用及管护培训座谈会①

图10-25　2022年7月，学院师生携手合作企业武大绿洲生物科技公司赴学校结对帮扶点云南凤庆县红塘村开展"三下乡"系列服务

第三节　更名提升

经过五年的复办创建，学院引进培育了一支锐意进取、朝气蓬勃的师资队伍。至2024年9月，学院有专任教师36人，含教授4人、副教授23人、

---

① 2023年以来，学院党委与云南凤庆县营盘镇开展党支部共建，携手瑞丰生态科技公司，为当地开展食用菌养殖、农废物资转化为生物炭、生物水溶肥等实用技术推广，并为当地中学设立了奖助学金项目，多次被当地媒体宣传报道。

助理教授9人，其中，国家杰青、国家级领军人才、国家教指委委员和省部级人才计划人选者10多人次，全球高被引科学家2人。教师队伍平均年龄37.2岁，其中76.5%具有海外学习或工作经历。

在5年创建发展的基础上，学院经过多方调研论证、座谈研讨，以学校的综合学科布局为依托，面向国家粮食安全、乡村振兴等重大战略需求，深度对接深圳市战略性新兴产业集群和培育发展未来产业（即深圳市"20+8"产业集群）。

一、学科建设

2023年11月18日上午，学院在深圳校区召开院长肖仕同志上岗仪式暨离（上）任交接工作会议（图10-26）。高松校长对离任院长谭金芳同志带领学院复办发展所做出的重要贡献给予充分肯定，对新任院长肖仕同志的工作经历和主要业绩做了介绍，并对农学院领导班子和学院未来发展寄予殷切期望，提出了进一步加强党的建设、落实立德树人根本任务、聚焦国家重大战略需求、推动学科建设和科学研究等更高的要求。

图10-26　与会领导合影留念（左四为高松校长）

根据深圳市"20+8"产业布局和高松校长等校领导的指示，作为中山大学传统优势学科的植物保护学科迎来新的发展契机。学院领导班子经过深入调研、座谈交流、多方论证，决定将学科建设的重心调整为植物保护和生物学两个涉农一级学科（图10-27），进一步凝练出"基因组学与分子设计育种""生物防治与健康农业""大数据与智慧农业""合成生物学与资源利用"四个主攻方向，与学校相关兄弟院系错位发展，积极打造高水平科研平台和科研支撑体系。

图10-27　2023年12月，植物保护一级学科博士点申报论证专家合影

二、地方合作

为了进一步加快发展，学院强化了与深圳市农业、科技等职能部门和高新企业的交流合作。

（一）主管部门调研

2023年12月，学院邀请深圳市市场监督管理局农业科技促进中心主任陈子晟、副主任李志强、副总监刘斌等领导一行，两次到访学院，探讨合作机会，推动农业科技创新与发展（图10-28）。2024年2月26日，新学期的第一个工作日，肖仕院长等赴深圳市农业科技促进中心做了回访交流。双方聚焦基地建设、科研合作和人才培养三大方面，就推进农学院、水产动物疫病与健康养殖全国重点实验室、深圳市农业科技促进中心三方的基地共建，建设农业示范园区及助力中大作物新品种认定和推广；合作申请广东省和深圳市科研项目及重点实验室，并为农业科技促进中心的农业示范、培训、耕地长期监测等提供技术支持；共享科研仪器，推动种质资源的收集和保护，共同参与深圳市的种质资源库计划；为学生提供科研实习场地和就业机会，联合招聘博士后等方面达成合作意向。

图10-28　2023年12月27日，深圳市农业科技促进中心主任陈子晟（右六）、副主任李志强（左四）、副总监刘斌（右四）等领导到访学院

（二）与高新企业合作

学院全面贯彻习近平总书记关于"民企高校携手促就业行动"的重要指示精神，充分调动企业优质资源、凝聚促就业强大合力。2023年以来，学院先后在深圳市丰农控股集团、广东瑞丰生态环境科技股份有限公司、深圳市中佳生物医疗科技有限公司、碳原科技（云浮）有限公司设立了大学生教学就业实习实践基地，在学生培养、平台建设、科研攻关、社会服务等方面开展了一系列工作并取得成效。

2024年5月21日上午，学院联手前述四家企业举办了发展基金企业捐赠仪式暨学生就业推进会（图10-29）。在百年校庆即将到来之际，深圳市丰农控股集团在2022年为学院学子设立"丰农奖学金"的基础上，再向学院捐赠30万元；同时，广东瑞丰生态环境科技股份有限公司、深圳市中佳生物医疗科技有限公司、碳原科技（云浮）有限公司均分别向学院捐赠20万元，共同为学院事业发展基金奠定基础。会上，双方就科研合作、平台共享、人才培训和储备、推动毕业生就业等事项，进行深入具体交流，双方对进一步提升院企合作成效、实现共赢发展充满信心。

图10-29　学院领导与参会企业嘉宾合影

三、更名调整

中山大学农学院自2018年复办以来，在学科建设、科学研究、人才培养和社会服务等方面均已取得长足进展。2024年4月，经学校研究决定，农学院更名为"农业与生物技术学院"，以进一步契合深圳校区办学定位、促进现代农业科学与前沿生物技术、信息技术和工程技术等学科的交叉融合，推动学校"新农科"的高质量内涵式发展。

更名后，学院继续坚持以"四个面向"为指导，以现代农业科学为重点发展领域，利用学校综合学科优势，在强化自由探索的同时，不断凝练学科发展方向。在现有科研团队和已取得成果的基础上，学院聚焦"基因组学与分子设计育种""生物防治与健康农业""大数据与智慧农业"和

"合成生物学与资源利用"四个主攻方向，围绕国家重大战略需求和粤港澳大湾区总体发展规划，积极开展农业"卡脖子"核心技术的有组织创新和集体攻关，并深度服务于深圳市"20+8"产业集群中的细胞与基因、生物育种技术、大健康、合成生物等战略和新兴产业的发展。

在学科专业和人才培养等方面，学院结合学校学科布局和粤港澳大湾区产业需求，深入贯彻学校"加强基础、促进交叉、尊重选择、卓越教学"的人才培养理念，立足植物保护和生物学两个涉农一级学科，持续优化学位点建设、招生专业和人才培养方案；充分发挥学院师资75%以上拥有境外学习或工作经历的优势，加大与美国、德国、荷兰、日本等现代农业发达国家和地区的交流合作，着力培养农业基因组学、合成生物学、植物保护生物技术和智慧农业等领域的交叉型、创新型人才。

今日之中国，正昂首阔步地走在"仍大有可为"的改革新征程上；而今日之中大，在百年华诞之际，践行事业发展"两步走"的战略安排，努力建设中国特色世界一流大学。百年中大，百年复兴。这是一部中山大学的成长史，更是一部农科师生的奋斗史，中山大学农业与生物技术学院见证了所有的苦难与辉煌。

回眸过去，甘苦与共；展望未来，信心倍增。古老而年轻的中山大学农业与生物技术学院以建院百年作为发展契机和崭新起点，立足深圳这片改革开放与科技创新的沃土，谨遵"博学、审问、慎思、明辨、笃行"的校训精神，担当兴农强国使命，继往开来、砥砺前行，为加快实现农业现代化，保障国家粮食安全和农业可持续发展，促进粤港澳大湾区建设贡献智慧和力量。

- 第十一章 -

学院大事记

1908年，唐有恒创建广东农事试验场及其附设农林讲习所。

1909年，批准试验场和讲习所章程，并规定招生名额。

1910年，农林讲习所正式招生，并附设农业教员讲习所。

1911年，增设林业教员讲习所，与农业教员讲习所合并为农林教员讲习所，学制两年。

1912年，合并调整广东省农事试验场，附设高等农林讲习所，利寅任试验场场长，兼任高等农林讲习所所长。

1917年，扩建为广东公立农业专门学校，首任校长由试验场场长黄遵庚担任，开设农学科，试办四年制学校。

1920年，邓植仪接任广东公立农业专门学校校长及试验场场长。

1921年，增设林学科，学制四年。

1923年，广东公立农业专门学校取消预科，改设本科；广东省政府将所有造林场交由广东公立农业专门学校统一规划。

1924年，孙中山先生将广东公立农业专门学校与国立广东高等师范学校、广东法科大学三校合并，创建国立广东大学。广东公立农业专门学校易名为农科学院，邓植仪任院长，分设农艺系、农艺化学系、林学系。

1926年，为纪念孙中山先生，国立广东大学更名为国立中山大学，农科学院更名为农林科学院。

1927年，沈鹏飞任国立中山大学农林科学院主任兼林学系主任。

1929年，农林科学院改称农科学院。

1931年，农科学院改建为农学院，设农科研究所，与文科研究所、教育学研究所一起，助力国立中山大学1935年首批设立研究院（全国共三所）。

1932年，邓植仪任农学院院长。

1940年，丁颖接任农学院院长。

1942年，张巨伯接任农学院院长。

1943年，邓植仪继任农学院院长。

# 第十一章 / 学院大事记

1948年，农学院发展壮大为八个学系。

1950年，丁颖继任农学院院长。

1950年，农学院由国立中山大学农学院改称为中山大学农学院。

1952年，全国高校院系调整，农学院从中山大学调出援建华南农学院、华中农学院等；植物保护、草学等农科专业在中山大学生物系续办。

2018年8月，中山大学决定在深圳校区复办农学院。

2019年2月，成立中共中山大学农学院直属支部委员会。

2019年3月，农学院正式启动复办，在广州校区东校园过渡办学。此后，学院领导相继到任，程月华副研究员任直属支部委员会书记，谭金芳教授任院长，辛国荣教授任副院长。

2021年7月，农学院迁驻深圳校区办学。

2021年10月，农学院直属党支部委员会更名为农学院党总支委员会，胡罡任副书记。

2021年，共建共享"有害生物防控与资源利用"国家重点实验室、"热带亚热带植物资源"广东省重点实验室。

2022年6月，农学院党总支委员会更名为农学院党委。

2022年8月，农学院增设资源利用与植物保护专业学位硕士点。

2023年9月，农学院增设作物学硕士一级学科点。

2023年11月，肖仕教授接任院长。

2023年11月，共建共享"水产动物疫病防控与健康养殖"全国重点实验室。

2024年4月，农学院更名为农业与生物技术学院。

2024年4月，中共中山大学农学院委员会更名为中共中山大学农业与生物技术学院委员会。

2024年8月，郑凌伶副教授任副院长。

2024年10月，农学院增设植物保护一级学科博士点。

- 第十二章 -

校友印记

第一节　早期办学部分杰出校友

（按出生时间排序）

1. 利寅教授（1876—1954）

著名教育家、农业化学家，华南农科建设先驱之一。

利寅（图12-1），广州花县人。1904年公派赴英国伦敦大学自然科学化学和农业化学科深造。1908年参与筹办广东省农事试验场及农业讲习所，出任化学系、农艺化学系首席教授。1912年任试验场场长兼任高等农林讲习所所长。1917年广东公立农业专门学校成立，利寅教授首任农业化学系主任。1924年，参与国立广东大学农科学院筹建，后任农艺化学系主任并调整系名称为农业化学系。在国立中山大学农科学院任教期间，利寅教授数次担任院务委员，是学院资历最深的教授。

图12-1　利寅教授

2. 侯过教授（1880—1973）

农学院第三任院长，林学家、教育家、诗人、书法家，广东省参事室副主任、文物保管委员会副主任、文史馆馆长，广东省政协常委，广东省第一、第二、第三届人大代表。

侯过（图12-2），广东梅县人。1911年留学日本东京帝国大学，获林科学士学位，并加入中国同盟会。1923年任广东公立农业专门学校教授

图12-2　侯过教授

兼任黄埔军官学校日语教官，后任院长兼白云山林场主任等职数十年。编著了中国高等林业教育第一部正式出版的教材《测树学》，兼任广东省森林局局长期间创办了五个国营模范林场，为中国造林事业的发展做出了不可磨灭的贡献。他作为中国水源林和防护林建设的创始人与开拓者之一，毕生从事森林调查研究，得到毛泽东主席的赞赏和周恩来总理的宴请，并入选"广东历史文化名人"，被誉为"中国近代林业先驱"。

3. 唐有恒教授（1884—1958）

农业教育家、农业科学家，广东省近代农业科教事业开创者。

唐有恒（图12-3），广东省香山县人，康奈尔大学农科博士。1908年归国后筹办广东农林试验场、农林讲习所，1910年任广东农事试验场兼农业教员讲习所监督（场长、所长）。1912年调任北京农林部部员、技正，后担任农政专门学校校长、北京农科大学农艺系主任兼农场主任、上海暨南大学秘书长、广西大学农学系主任等职。抗战爆发后，唐有恒投笔从戎，先后任第四战区

图12-3 唐有恒教授

战时粮食管理处少将秘书、广东省政府赈济会查核处副组长。1940年任广东省政府和建设厅技正。1956年受聘为广州文史研究馆馆员，编写农业史。

4. 邓植仪教授（1888—1957）

著名农业教育家、土壤学家，农学院首任院长（1924—1926），农业部顾问。

邓植仪（图12-4），广东东莞人，美国威斯康星大学土壤学硕士。19世纪20年代初，出任广东农林试验场场长、广东公立农业专门学校校长；参与筹建国立广东大学和国立中山大学，长期担任两校教授、农学院院长、教务长之职。邓植仪于1930年创办广东土壤调查所，主持全省土

图12-4 邓植仪教授

壤调查工作；和彭家元合著我国第一部土壤学教材《土壤学》，创建中国近代土壤学学科体系；主持国立中山大学土壤研究所和土壤学部，于1935年招收了我国第一个土壤学科硕士研究生，是我国近代高等农业教育的开拓者和土壤科学奠基人之一。

5. 丁颖院士（1888—1964）

中国稻作科学主要奠基人、农业高等教育的先驱，中国科学院院士，农学院第四任院长，中国农业科学院首任院长，广东省政治协商会议副主席。

丁颖（图12-5），广东高州人，日本东京帝国大学农学学士。他筹建了中国第一个稻作专业研究机构——南路稻作育种场，系统研究稻种的起源、演变、分类；将中国稻作区域划分为六个稻作带，这对指导生产发挥了重要作用；在国际

图12-5 丁颖院士

上首次将野生稻抗逆境的种质转育到栽培稻种中，育成的"中山1号"种植生产达半个世纪；选育水稻良种60多个，创立了水稻品种多型性理论，为品种选育、良种繁育和品种提纯复壮奠定了理论基础，极大地推动了华南粮食生产。被周恩来总理誉为"中国人民优秀的农业科学家"，荣获新中国成立60周年"三农"模范人物称号。

6. 陈焕镛院士（1890—1971）

植物学家，中国近现代植物分类学奠基人之一，中国科学院学部委员（院士），华南植物研究所所长。

陈焕镛（图12-6），广东新会人，美国哈佛大学树木系硕士。1928年任教于国立中山大学农林科学院，创建了国立中山大学农林植物研究所，建成中国南方第一个植物标本室，创办中国第一份用英文出版的植物学刊物《中山专刊》，

图12-6 陈焕镛院士

对华南植物进行大量的调查、采集、研究，先后发现了100多个新种、10多个新属，其中为纪念植物学家钟观光而命名的木兰科孑遗植物"观光木属"和裸子植物"银杉属"在植物学分类上有重大意义，领导主编了《中国植物志》《广州植物志》和《海南植物志》等专著。

7. 杨邦杰教授（1891—1971）

蚕业教育家、蚕业科学家，华南地区蚕桑高等教育的创始人。

图12-7 杨邦杰教授

杨邦杰（图12-7），湖南省武冈县人，日本九州帝国大学农学学士。1928年末，杨邦杰回国，历任仲恺农工学校蚕桑部主任，国立中山大学农学院教授、蚕桑系主任。1952—1971年，任华南农学院教授、蚕桑系主任。曾先后当选中国蚕学会第一、第二届理事会副理事长，广东省蚕学会第一、第二届理事长，广东省第三届人大代表。他最先为广东育成优良白茧蚕品种，并在整理地方品种、蚕的遗传研究和改进温汤浸种等方面取得开创性成果。

8. 张巨伯教授（1892—1951）

农业昆虫学家、农业教育家，农学院院长，国际昆虫学会副主席。

图12-8 张巨伯教授

张巨伯（图12-8），广东鹤山人，美国俄亥俄州立大学昆虫学硕士。自1923年起，先后在广东公立农业专门学校和国立中山大学农学院任教。他作为中国最早的农业昆虫学教授之一，培养了我国第一批现代农业昆虫专业高级人才。1932年，他受浙江省政府之托，建立了当时我国最大的昆虫标本室，创建了我国第一份植物保护期刊《昆虫与植病》，并任主编。他一生为昆虫学事业和农业生产服务，创建了我国第一个治虫田间实验室，参与组织我国早期害虫防治专业行政机构，发起组织我国最早的昆虫学术团体"六足学会"（后改称"中国昆虫学会"），被推选为会长，并被誉为"中国昆虫学界的一位草创人"。

9. 沈鹏飞教授（1893—1983）

著名林学家、林业教育家，农学院第二任院长（1926—1932），广东省政协委员、人大代表、人大常委。

沈鹏飞（图12-9），广东番禺人，美国耶鲁大学林学硕士。曾任广东公立农业专门学校林科主任，北京农业大学森林系主任、副教务长，上海暨南大学校长，中南林学院院长，华南农学院森林经理研究室主任等职。编写了我国第一本橡胶经理学讲义和《森林经理学》，培育了几代林业科学技术人才，被誉为"中国现代高等农林教育的先驱"。他作为领队，组织开展了对西沙群岛的首次科学考察，编写了我国研究西沙群岛的早期文献《调查西沙群岛报告书》，为维护国家领土主权做出了不朽的贡献。

图12-9　沈鹏飞教授

10. 张农教授（1897—1963）

农业经济学家、教育家，广东省第一届人大代表。

张农（图12-10），湖南沅江县人。20世纪20年代初，他就读于广东公立农业专门学校，任学生会主席，推动和组织过多次爱国运动。1926年，赴法国蒙伯里大学深造，获农学博士学位。1931年，拒绝法国的高薪聘请，回国应聘上海劳动大学农学院院长，兼任农政教授、农场主任。1932年返回国立中山大学农学院任农政教授，兼推广部主任、农场主任，并主编《农声》月刊。

图12-10　张农教授

抗战胜利后，积极参加教师罢教与求生存斗争。1939年任农业经济学系主任，兼任农业推广部主任。新中国成立后，继续在中山大学农学院执教，作为全国农经教师代表，应邀出席了1953年国庆观礼，1954年当选为广东省第一届人大代表。

11. 彭家元教授（1897—1966）

土壤学家、土壤肥料学家、农业教育家，中国现代土壤肥料学的先驱与开拓者。

彭家元（图12-11），四川省金堂县人，美国依阿华州立大学农学硕士。1924年由美回国，先后在北平农业大学、厦门集美农学校、国立中山大学、国立武汉大学农学院任教，毕生从事农科教育和土壤肥料科学研究，在教学、科学研究、著述及培养人才方面均做出了开拓性的贡献。1929年与邓植仪共创的"广东土壤调查所"，是我国从事土壤调查较早的研究单位之一。1934年，与邓植仪等倡议成立了"中华土壤肥料学会"，共同主编《土壤与肥料》（季刊）。20世纪30年代中期编写了我国高校最早的教材《肥料学》和《土壤学》，长期为多所大学使用。

图12-11　彭家元教授

12. 谢申教授（1898—1990）

土壤学家、教育家，全国人大代表，广东省人大代表，广东省委委员、政协常委。

谢申（图12-12），广东电白人，国立广东大学农科学院1924级本科，美国威斯康星大学土壤学硕士。1920—1924年，在广东公立农业专门学校农业化学系学习，在《农声》上发表了《作物之轮栽》《绿肥之研究》等十多篇学术论文。1924年考入国立广东大学农科学院农化系，作为著名水稻专家丁颖的助手，进行水稻土地力试

图12-12　谢申教授

验和肥料试验，1927年成为国立中山大学第一届毕业生。1937年，谢申学成回国后，担任国立中山大学土壤调查所所长、农化系主任、院学部主任等职务。他长期从事土壤学研究和教育，以及土壤调查工作，足迹遍布广东、云南等地，成为中国土壤调查和红壤利用改良的先驱之一，为发展我国橡胶事业做出了重大贡献。

13. 蒋英教授（1898—1982）

著名植物学家，我国现代植物分类学的奠基人之一，全国人大代表和政协常务委员。

蒋英（图12-13），江苏昆山人，美国纽约大学林学学士。1928年起任教于国立中山大学农林科学院，并创立了植物实验室（中国科学院华南植物园的前身）。他采集植物标本超过20万份，木材标本上千份，发现我国植物新种230个、新属10个，发表论文75篇，著有《中国植物志》第63卷和第30卷二分册（除肉豆蔻科外）两卷书，参

图12-13　蒋英教授

与《中国高等植物图鉴》等十本专著的编写。他是夹竹桃科、番荔枝科等类群研究方面的世界权威专家，也为我国橡胶、麻产业和医药资源发展做出了卓越贡献，荣获"全国科学大会奖"。

14. 林亮东教授（1900—1974）

植物病理学家，广东省人大代表。

林亮东（图12-14），广东中山人。1927年在国立中山大学农林科学院任教，1937年获美国奥列贡大学研究院植物病理学硕士学位，并获美国植物病理学会金质奖章。回国后从事植物病理的研究和教学工作，致力于研究华南热带水果、水稻及甘蔗病虫害的防治。历任国立中山大学教授、华南农学院教授、广东省农林处处长、华南农学院植保系主任等职。

图12-14　林亮东教授

15. 黄承先烈士（1900—1927）

国立广东大学农科学院1924级本科校友，学生运动和农民运动领袖。

黄承先（图12-15），湖南岳阳人。1924年转入国立广东大学农科学院学习，担任学院学生自治会主席，主编《农声》，推动学生运动与农民运动相结合，并加入中国共产党，得到农民运动领袖彭湃的鼓励，被早期革命领导人陈赓等称为"才子"。1926年大学肄业时，他担任国民革命军第二军党部秘书，兼任黄埔陆军学校的政

图12-15　黄承先烈士

治教官，参加了北伐战争，任国民革命军第一军政治部主任。北伐平定福建后，他出任福建省农民协会秘书长、福州市公安局党部主任，开展农民运动，巩固革命秩序。1927年，他被派回国立中山大学，秘密宣传组织群众，支援北伐战争，同时准备应届毕业考试，不幸因叛徒告密被国民党军逮捕。他在狱中遭受酷刑，坚贞不屈，惨遭杀害，时年仅27岁。

16. 王仲彦教授（1904—1973）

中国农学会广东分会负责人，第三、第四届全国人大代表。

王仲彦，辽宁沈阳人，日本北海道帝国大学农学士，终身从事作物遗传育种研究。1940年任国立中山大学农学院教授兼农学系主任，并兼任岭南大学农学院、台湾大学农学院教授。1952年全国高校院系调整后一直任华南农学院教授、农学系主任，1958年任华南农学院院长兼汕头分院院长、汕头专区农科所所长。在此期间，被选为中国农业科学院学术委员会委员，被评为广东省和全国文教战线的先进工作者。临终前，他把自己的藏书与发明全部献给国家。

17. 黄维炎教授（1904—1988）

林学家、林业行政管理专家，第二、第三、第四届广东省政协委员。

黄维炎（图12-16），广东梅县人，慕尼黑大学林学博士。1938—1945年，任国立中山大学农学院教授兼广州白云山林场主任、广东省建设厅科

长、农林部乐昌林场场长等职。1945—1947年，任台湾省行政长官公署农林处林务局第一任局长兼林产管理委员会主任委员。1948—1953年，任国立中山大学农学院教授兼森林系主任及广州白云山林场场长，曾参加海南岛热带林及橡胶的开发工作，为发展海南热带林做出了显著贡献。1953年后历任华南农学院教授兼林学系主任及副总务长、广东省林学会常务理事等职。

图12-16　黄维炎教授

18. 何椿年研究员（1906—1968）

植物学家，师从陈焕镛教授。

何椿年，广东南海人。1926年考入国立中山大学预科，后进入生物系学习。1932年本科毕业，毕业后与国立中山大学同学黄季庄合股在广州龙眼洞开办农场（20亩）。1936年黄季庄撤股，何椿年独营。其间，受国立中山大学生物系主任董爽秋招聘，回生物系担任任国荣教授助教一年，后辞职回农场。抗战初期，何椿年到香港（其时陈焕镛教授已经把农林植物研究所搬迁至香港，并开始在香港招录研究生），考入农林植物研究所读研，师从陈焕镛教授，从事榕属植物研究。此后，他始终跟随陈焕镛，一直在植物研究所工作。1956年中国科学院兴建华南植物园，即选定何椿年早年经营的农场为园址，经过多年扩充始得今日华南植物园之规模。

19. 侯宽昭研究员（1908—1959）

植物分类学家。

侯宽昭（图12-17），广东梅县人。1931年毕业于国立中山大学，毕业后调入国立中山大学植物研究所。他对海南岛的植物种类、分布很熟悉，在海南岛共发现新种201种和1个新属 Merrillanthus；对茜草科、清风藤科、楝科等的分类学研究造诣尤深。发表了许多著作，主要著作有1951年出版的我国第一部地方植物志——《广

图12-17　侯宽昭研究员

州植物志》以及1958年出版的《中国种子植物科属词典》。

20. 梁家勉教授（1908—1992）

农史学家、图书馆管理专家，第四、第五届广东省政协委员，中国农史学科的开拓者和奠基人之一，中国农业历史学会名誉副会长，中国科技史学会名誉理事长，中国图书馆学会常务理事。

图12-18　梁家勉教授

梁家勉（图12-18），广东广州人。1929年进入国立中山大学农科学院，学习园艺和农艺。在丁颖、侯过、陈焕镛等的影响与指导下学习和研究中国农史。1941年后任国立中山大学农学院图书馆主管馆员。1952年任华南农学院图书馆长，相继创立院农业历史文献特藏室、农史研究室并任主任，以及广东省农史研究会并任会长，我国第一位农史专业硕士研究生导师。主持编辑国内首份农史专业刊物《农史研究》、中国第一部农业科技史巨著《中国农业科学技术史稿》等，荣获国家、部、省多项重大成果奖励。

21. 黄昌贤教授（1910—1994）

果树学家、园艺教育家，"无籽西瓜之父"，广东省政协常务委员。

图12-19　黄昌贤教授

黄昌贤（图12-19），广东汕头人，美国密歇根州立大学园艺系哲学博士。1933年获国立中山大学农学学士学位后，抱定振兴中华农业的宏愿，赴美留学。1938年，他在美读博时，以应用植物激素首次成功培育出无籽西瓜而轰动美国及欧洲生物学界，被誉为"无籽西瓜之父"，当选美国科学促进会（Americian Association for the Advancement of Science，AAAS）和西格马赛（Sigma Xi）科学荣誉学会会员，并获得金钥匙奖。他于1940年回国工作，

1942年任国立中山大学农学院教授，1963年兼任广东省农业科学院果树研究所所长等职。几十年来，他潜心园艺科学的教育和研究，对中国的热带亚热带果树生产的研究做出了巨大贡献。

22. 邝荣禄教授（1911—2001）

兽医学家、禽病学家、教育家，中国畜牧兽医界的先驱，广东省畜牧兽医学会、广东省家禽研究会的创始人。

邝荣禄（图12-20），原名邝焕光，广东台山人。1931年毕业于国立中山大学农学院，1939年获美国康奈尔大学兽医学博士学位，随后回国到西北参加抗日救亡工作至1946年6月。1949年2月，受国立中山大学之聘，担任农学院教授。曾任中国农业科学院学术委员，中国畜牧兽医学会副理事长及中国禽病研究会名誉理事长，国务院学位委员会畜牧兽医学科评议组第一届成员，主编的《禽病学》是全国禽病科第一版统编教材。

图12-20　邝荣禄教授

23. 陈兴琰教授（1911—2001）

茶学教育家和茶树育种专家，被誉为"现代中国十大茶学教育家"之一。

陈兴琰（图12-21），广东三水人，农学院1933级本科校友。于20世纪40年代多次到云南顺宁县（今凤庆县）考察，撰写了《云南省顺宁县茶叶调查》，为云南茶业的雄起奠定了理论基础。为了支持抗战，他深入调研，不断改进滇红茶生产工艺，为滇红茶出口创汇做出了重大贡献，被称为"凤庆滇红茶的伯乐"之一。此后，滇红茶名列"中国四大红茶"之一，被称为"茶之味精"，不断扩大对苏联以及欧洲国家的出口，为新中国建设和乡村振兴做出了巨大贡献。他于

图12-21　陈兴琰教授

1952年到湖南农学院任教,是湖南省茶学学科的主要创始人,并为中国茶树育种和茶学教育做出了重要贡献,被誉为"中国十大茶学家"之一。

24. 简浩然教授(1911—2007)

著名微生物学家,我国环境微生物学科奠基人,中国国民党革命委员会中央委员,湖北省人大常委会委员,中国环境科学委员会委员,美国纽约科学院院士。

简浩然(图12-22),广东南海人。1934年毕业于国立中山大学农学院农化系,1937年获国立中山大学研究院土壤微生物硕士学位,成为我国自己培养的第一位土壤微生物学硕士;之后被聘为国立中山大学农学院副教授、教授,代理院长。1946年赴美国威斯康星大学留学,1948年获得土壤微生物学博士学位;新中国成立前夕回国参加建设。先后任中国科学院武汉病毒研究所副所长、中国科学院水生生物研究所学术委员会委员、广东省微生物研究所副所长,在环境微生物领域取得多项开创性成就。

图12-22 简浩然教授

25. 梁宝汉教授(1911—1991)

植物学家。

梁宝汉,广东广州人,出身于海关职员家庭,自幼受到良好教育。1936年在国立中山大学农学院本科毕业后,考入农林植物学部,师从陈焕镛教授攻读硕士学位,毕业后留任。1941年随蒋英教授赴澄江,1942年到栗源堡,复员后一直在农学院任教,从事爵床科植物之研究,也曾从鸡血藤和毒鱼藤着手,做豆科有毒植物研究。为我国培养了大批专业人才,指导的研究生包括华南农业大学林学院原院长陈锡沐教授、华南农业大学林学院原副院长庄雪影教授、中国计量学院生命科学学院院长王兰州教授。

26. 陆发熹教授(1912—2001)

土壤学家,广东省第五、第六届人大代表,广东省综合自然资源调查和农业区划委员会委员，广东省农业顾问组成员。

陆发熹（图12-23），广西容县人。1936年获得国立中山大学农学院学士学位，1938年获得国立中山大学研究院土壤学部硕士学位。1948年9月，返回母校担任农业化学系副教授兼土壤研究所技师。1951年晋升为教授兼农业化学系主任。1952年全国高校院系调整时，参与筹建华南农学院，并被聘为该院教授兼副教务长、土壤系主任。在土壤调查、土壤分类及红壤开发利用研究等方面有丰富的经验和成果，为我国土壤科学的发展做出了重要贡献。

图12-23　陆发熹教授

27. 蒲蛰龙院士（1912—1997）

昆虫学家，中国害虫生物防治奠基人，中国科学院院士，全国人大代表。

蒲蛰龙（图12-24），农学院1931级本科生，美国明尼苏达大学哲学博士。曾任广东省农业试验场场长，国立中山大学昆虫学研究所所长、副校长。20世纪50年代末，他研究和利用赤眼蜂防治甘蔗螟虫取得成功，并广泛应用于生产，这项防治手段被国际学界誉为"中国独创"，而蒲蛰龙也被誉为"南中国生物防治之父"。他以虫治虫、以菌治虫、养鸭除虫等成果，是调节人类与生态环境和谐发展的重要支撑，入选"新时期全国侨界十大新闻人物"。

图12-24　蒲蛰龙院士

28. 利翠英教授（1912—　）

昆虫生理学家，第三至第六届全国政协委员。

利翠英（图12-25），广东防城（今属广西）人。1935年毕业于国立中山大学农学院，1949年获美国明尼苏达大学科学硕士学位。曾任国立中山大学农学院讲师、副教授、教授。其论文《十三种鳞翅目幼虫前胸腺的比较研究》首次提出幼虫前胸腺为内分泌腺。1961年发表论文《赤眼蜂的个体发育及其对寄主蓖麻蚕胚胎发育的影响》首次阐明赤眼蜂与寄主卵的相互关系，为大量繁殖赤眼蜂、以蜂治虫提供了重要理论依据。1980年发表论文《蓖麻蚕幼虫马氏管的超微结构》，填补了国内昆虫研究领域的一项空白。主编《中国农业百科全书·昆虫卷》（昆虫生理分支）。

图12-25 利翠英教授

29. 赵善欢院士（1914—1999）

美国康奈尔大学哲学博士，农业昆虫学家、昆虫毒理学家、农业教育家，中国科学院学部委员（相当于院士）。

赵善欢（图12-26），广东广州人。1939—1952年，历任国立中山大学农学院副教授、教授、副院长；1952年以后，先后任华南农学院教授、副院长、院长，中国科学院广州分院副院长。他对华南水稻主要害虫三化螟进行调查研究和防治试验，获农业部技术改进一等奖；对我国杀虫植物进行调查，发展了我国植物性杀虫剂科学，开辟了防治害虫的新途径。他率先提出"杀虫剂田间毒理学"的学术观点，发展了昆虫毒理学理论，对在田间防治害虫起到了指导作用。被誉为中国昆虫毒理学、农业昆虫学和植物化学保护学科的创始人之一。

图12-26 赵善欢院士

30. 黄耀祥院士（1916—2004）

水稻遗传育种及应用专家，中国工程院院士，广东省农业科学院副院长。

黄耀祥（图12-27），广东开平人，农学院1935级本科校友。他师从丁颖教授，主攻作物遗传育种学，开创水稻矮化育种，育成一系列矮秆高产良种，不少品种处于国际先进水平，累计种植面积115亿亩以上，中国栽培的大部分水稻都是他育出的良种，为中国南方水稻增产做出了重大贡献，引领了人类水稻史上一场革命。荣获"全国科学大会奖""有突出贡献专家"等多项荣誉。被国际专家誉为"半矮秆水稻之父""世界上最有经验的水稻育种专家"。

31. 张守敬教授（1917—2003）

图12-27　黄耀祥院士

台湾大学教授，"中华农学会"理事，台湾土壤学会理事长，台湾《科学农业》杂志发起人。

张守敬，浙江平湖人。1941年毕业于国立中山大学农学院，1943年获得国立中山大学土壤学硕士学位。抗日战争胜利后，赴台接收日本人创立的农业研究所，任技正之职。1957年，获威斯康星大学土壤学博士学位。20世纪60年代，作为联合国粮农组织土壤专家赴菲律宾、伊朗、泰国，协助开展农业研究和新技术推广工作。1975—1979年，任亚洲及太平洋经济社会委员会粮肥技术中心主任，与Jacksonr提出的土壤中无机磷盐之分级定量法，成为土壤磷素研究的一个里程碑。著有《台湾省土壤肥力概述》《土壤化学》《水稻之培植及施肥》等。

32. 谭景燊教授（1918—2011）

植物分类学家。

谭景燊，广东省开平人。1943年从广西大学农林学院毕业后，即考入国立中山大学农林植物研究所，师从蒋英教授，主攻中国茄科植物分类学研究。1946年毕业后，随蒋英教授赴台湾植物研究所工作，后到华中师范大学任生物系教授，成为该校植物学科的开创者之一。

33. 莫强教授（1919—1984）

茶学家、茶学教育和茶树栽培专家，《广东茶叶》创刊人。

莫强（图12-28），广东广州人。1946年毕业于国立中山大学农学院农学系。1948年，在台湾农业试验所农艺系水稻育种实验室任技士，同年加入中国水稻学会和中华农学会。1953年后在华南农业大学任教，曾任华南农业大学经济作物教研室主任、农学系副主任。1978年成立广东省茶叶学会，任首届和第二届理事长。1979年创办《广东茶叶》期刊，并任主编。曾参编全国高等农业院校统编教材《茶树栽培学》《广东茶叶》，均任副主编。

34. 冯淇辉教授（1919—2011）

图12-28　莫强教授

我国兽医药理学奠基人，中国兽药典委员会副主任委员，中国畜牧兽医学会常务理事，兽医药理学和毒理学分会理事长，"新中国60年畜牧兽医科技贡献奖（杰出人物）"。

冯淇辉（图12-29），广东广州人。1943年7月毕业于国立中山大学农学院畜牧兽医系，1952年取得联邦德国汉诺威兽医学院博士学位回国后，应丁颖院长的邀请，回到华南农学院任教，致力于兽医药理学及家畜生理学的教学和科研工作。在兽医药物代谢动力学领域成果丰硕，为中国兽医药物代谢动力学的教学、科研奠定了坚实的基础，填补了中国在兽医药物代谢动力学这一领域的空白，获国家教育委员会科技进步奖三等奖两次。

图12-29　冯淇辉教授

35. 华孟教授（1919— ）

著名土壤学家。

华孟（图12-30），北京人。1938年被国立中山大学农学院森林学系录取，后转入农业化学系学习。1942年考入国立中山大学研究生院土壤学部，攻读农学（土壤学）硕士学位，主要从事土壤团粒结构与水稻生长关系的研究。1945年秋，

图12-30　华孟教授

被调任台湾省农业试验所农化系技正。于1946年夏回广东补行论文答辩，获得硕士学位，然后返台继续工作。1947年秋，应母校之聘，重新担任国立中山大学农学院农业化学系的教学工作，任讲师，并继续进行红壤团聚体和团聚的研究。1948年夏，北上受聘于北京大学农学院。1949年以后，历任北京农业大学（1995年更名为中国农业大学）土壤农业化学系讲师、副教授、教授。他多年主讲土壤学，特别受同学们欢迎，还编写、翻译了《土壤学》《土壤物理学》等教材。

36. 徐祥浩教授（1920—2017）

植物学家、植物分类学家。

徐祥浩，从事中国梧桐科研究，毕业论文为《中国梧桐科植物之研究》。1943年，考入国立中山大学农林植物学部读研究生，师从蒋英教授，是在栗源堡办学期间培养的研究生。著名的丹霞梧桐就是徐祥浩教授于1987年在丹霞山发现的新种。1952年院系调整后，他一直在华南农学院、华南农业大学从事植物学研究。

37. 杨奎章同志（1921—2009）

广东省政协原副主席，民盟中央原常委，民盟广东省委原主委，第七、第八届全国政协委员。

杨奎章（图12-31），广东梅州人，1946年毕业于国立中山大学农学院农学系。长期从事新闻、文化工作，十分关心国脉民运、文化兴衰和知识分子的发展。先后担任过粤赣边区《大众报》总编辑、香港《光明报》编辑、《文汇报》评论员、广州《联合报》主笔、《广州日报》编委兼秘书长，著有《杨群杂文选》、粤海诗词丛书《片叶集》等，是一位名副其实的文化界名人。改革开放时期，任广州市教育局副局长，广州市文化局副局长、局长、党委副书记。杨奎章同志逝世后，时任中共中央政治局常委、国家副主席习近平等领导表示哀悼。

图12-31 杨奎章同志

38. 贾良智研究员（1921—2004）

我国著名竹类研究专家，师从陈焕镛教授。

贾良智，四川成都人。1946年6月毕业于华西协合大学生物系，随后留校任助教；1948年考取国立中山大学植物研究所就读研究生，毕业后留所工作；1954年起，在中国科学院华南植物研究所先后任助理研究员、副研究员、研究员。专门进行植物分类学研究，出版了多部著作，发表了多篇论文。其中，由他主编的《中国油脂植物》于1990年获中国科学院自然科学奖二等奖，1991年获国家自然科学奖三等奖。曾任广东省植物学会理事兼副秘书长、广东省政协委员等。

39. 黄成就研究员（1922—2002）

我国芸香科和壳斗科专家，全国自然科学名词审定委员会委员。

黄成就，广东新会人。抗战时在国立西南联大读书两年，1947年毕业于北京大学，同年考取国立中山大学农林植物所研究生，师从陈焕镛教授，1950年获硕士学位。1951年在中国科学院华南植物研究所工作，长期从事植物分类学研究工作，专长于芸香科和壳斗科。先后被国外同行邀请到英国、意大利、瑞士、法国等地做学术访问、演讲。承担《中国植物志》的编委工作，并作为该书英文版本的编委；参与编写的《中国植物志》获中国科学院科技进步奖特等奖。参加广东、广西及海南橡胶宜林地调查，为我国引种巴西橡胶的事业做出了成绩。

40. 李灏同志（1926— ）

历任国务院副秘书长，广东省副省长兼深圳市市长，深圳市委书记，全国人大财政经济委员会副主任，全国人大常委会委员、人大代表。

李灏（图12-32），广东电白人。1946年考入国立中山大学农学院农学系，师从丁颖教授；1947年参加地下学联，秘密出版进步刊物，多方筹款、筹物运送到茂电信游击区，成功策动国民党少将副师长陈赓桃起义，相继调任粤桂边区和电白县工作。1953年，他奉调进京工作32年，经

图12-32　李灏同志

历了农业、工业交通、基本建设、对外经济贸易等岗位,后任国务院副秘书长。1985年,受调至深圳工作,是深圳经济特区历史上任期最长的市委书记,1992年全程陪同邓小平同志视察,2012年陪同习近平总书记在莲花山视察。当选"中国改革开放30年30名杰出人物""中国改革开放30年30名社会人物"。

41. 庞雄飞院士(1929—2004)

著名昆虫学家、生态学家、高等农业教育家,中国科学院院士,"全国优秀科技工作者""广东省南粤杰出教师""全国模范教师"。

庞雄飞(图12-33),广东佛山人。1949年考入国立中山大学农学院蚕桑系学习,后转到病虫学系,师从赵善欢、蒲蛰龙等著名专家。长期从事昆虫学、生态学和害虫防治理论与技术研究,造诣深厚,成果卓著。他发现了一批瓢虫科、赤眼蜂科和缨小蜂科的新种,在瓢虫科分类保护利用方面的新见解获国内外同行公认;创立害虫种

图12-33 庞雄飞院士

群系统控制理论与技术,为有害生物生态控制、食品安全与生态环境保护奠定科学基础;提出植物免害工程和植物保护剂概念,开创了植物保护学的全新研究领域;通过对我国南岭地区生物多样性及其保育和环境保护的论证,促成国家级森林公园和自然保护区的建立。

42. 黄枯桐教授(生卒年不详)

农林专业权威专家,曾任农学院院长。

黄枯桐(图12-34),广东梅州人。曾任国立中山大学农科研究所所长。14岁留学日本,后考入日本东京帝国大学农林专业。1920年前后,赴法国里昂大学攻读经济学。1924年从法国回到广州,在广东高等师范学校任教之余,应彭湃的推荐到广州农民运动讲习所上课。第一次国内革命战争后,赴浙江大学任教,继续学术和教育生涯,后担任国立中山大学农学院院长、教授10多年,是农林专业研究的权威之一。

图12-34 黄枯桐教授

第二节 复办后师生名录

（以到岗时间、毕业时间为序）

一、教职工（含博士后）

（一）教职工

程月华　谭金芳　辛国荣　胡　罡　陈宏鑫　刘兴基　姜晓谦
胡　建　陈素玲　杨水波　魏　蜜　何春桃　史俊鹏　吕乐福
李晓云　刘婧娜　陈景光　周潇峰　汪　雷　梁　栋　徐晨阳
黄晓辰　朱冠恒　谢若瀚　柳淑蓉　苏诗豪　孙宇飞　李秀花
陈　昊　刘　佳　姜洪真　彭宇涛　张　雨　高梓涛　孙宇晴
郭俊杰　袁超磊　王东皓　蔡高潮　周　望　夏忆寒　贾春颖
陈玥如　傅业芝　杨　芳　肖　仕　谢　鹏　郑凌伶　汤红婷
周　倩

（二）博士后

白珊珊　刘　健　高　翔　王　娟　毕　胜　王雅美　何　海
石纹碹　马　杰　张　雨　黄雅楠　尹俊慧　林晓龙　肖继斌
李慧君　李柯婷　胡　志　王　璠　李青云　朱克森　何　彦
刘　砥　项　瑶

二、毕业生

（一）2022届（复办后首届硕士毕业生）

2022届硕士毕业生见图12-35。

图12-35　2022届硕士毕业生

（从左到右：杨爽、杨政乐、孙嘉伟、马莹、蒋淑娇）

（二）2023届（复办后首届本科、博士毕业生，第二届硕士毕业生）

2023届毕业生及学院教师代表见图12-36。

图12-36　2023届毕业生及学院教师代表

从左到右，从上到下依次为：

叶笑雨　陶宥西　王　博　任烁瀚　江　畅　蔡元适　陈水清　王志恒　国振华　谢安晟　张　扬　邹建辉　郑永杰　谢嘉杰　张天旭

陈菁华　李羿辉　贾贵轩　廖宇轩　江应平　王贺真　胡夏馨　李双驰　张泽源　张玉容　张拂石　王廷旭　杨浩财　王奥成　伍泳琳　张　雨

陈　雨　戴智安　邓文健　吴漫莹　李　雯　黄诚意　孔倩倩　梁文星　付海云　张宇慧　赖柳如　谢舜仟　袁榕蔚　张　泓　杨彩婷　张晓艳

王　宁　陈丽雯　黄丽雯　廖双巧　李金洪　王文青　甘苑娴　王　健　张楚婷　杨想霞　翟　悦　周焕然　朱雅萌　王晓兰　张晓慧　胡　罡

夏忆寒　苏诗豪　孙宇飞　魏　蜜　史俊鹏　陈景光　胡　建　谭金芳　程月华　辛国荣　朱冠恒　谢若瀚　姜晓谦　何春桃　陈宏鑫

（三）2024届（复办后第二届本科、博士毕业生，第三届硕士毕业生）

2024届毕业生及学院教师代表见图12-37。

图12-37　2024届毕业生及学院教师代表

从左到右，从上到下依次为：

邵鼎尊	刘畅	陈焕	伍泽权	戴传顺	鲍逸天	杨子恺	胡文轩	李寿浩	李率	黎汕	白顺达	刘思辰	刘点康	刘岩	臧一介
梁栋	陈熙炜	王梓杰	袁胤骞	张诗瀚	代湘杰	李佳和	谭萱桐	石芸蕾	刘欣桐	邓浩晖	张鹄宇	朱永航	张瑞功	马骁午	胡罡
	杨骏宇	李泓甫	蔡骏	王浩宇	周赞陈	朱素云	于欣玄	胡夏鑫	范舒婷	李炎阳	白璐	汪逸凡	郑祺泓	汪雷	
陈志坚	叶锡宇	宋靖宇	刘婧雅	葛一霏	朱俊安	赵安闽	刘玉亭	王雨禾	陆雪	刘超颖	廖梦珍	郑子静	陈自黎	刘俊伟	陈昊
陈宏鑫	鲁子毓	蔡丹妮	王钰彬	陈依琪	黄韵锜	何仪	项瑶	曾凯	夏小语	席寒笑	周云凤	姚冬坦	黄晓辰		
谢若瀚	苏诗豪	谢鹏	陈景光	史俊鹏	胡建	程月华	肖仕	辛国荣	朱冠恒	郭俊杰	姜晓谦	刘婧娜	李晓云	何春桃	

后　记

清代思想家、文学家龚自珍有这样一句名言：欲知大道，必先为史。唯有不忘来时之路，方知创业寻路之难，方知建设拓路之苦，方知改革闯路之险，方能在复兴之路上行稳致远。中山大学农学院自2019年正式启动复办后，积极组织师生巡访调研抗战办学老区，挖掘寻访杰出校友。在多次互访、座谈交流、查阅文献的过程中，笔者渐渐明晰了农学院早期办学的发展轨迹，走近了诸多杰出校友的学术天地。同时，笔者深深地为农学院早期办学在逆境中破土、在迁徙中逢生、在复原中茁壮成长的顽强斗志与精神品格所感动，渐渐萌发了编撰《中山大学农学院发展简史》的想法，在回首峥嵘岁月、重温红色记忆，在传承红色基因、赓续红色血脉的同时凝聚奋发前进的精神力量。

然而，在没有充足史料积累、没有专门编写人员，特别是在停办70余年、无法采访亲历者的情况下，编写此书的难度可想而知。幸得华南农业大学中国农业历史遗产研究所和图书馆保留了较齐备的中山大学农学院早期办学史料，并得到了华南农业大学中国农业历史遗产研究所所长倪根金教授、图书馆刘月秀书记、农学院副院长王少奎教授、农史研究室吴建新研究员，以及华南植物园副主任叶清研究员、综合办公室副主任黄瑞兰等专家的大力支持和帮助；幸得中山大学生命科学学院张文庆教授、生态学院副院长庞虹教授等专家的具体指导和帮助。另外，在本书的编写过程中，学院党政领导始终给予关注和鼓励，李秀花、陈素玲、高梓涛、陈玥如等同事在完成日常党政管理工作的同时，对本书的编写校对、资料采集等倾注了大量的心血和高昂的热情；2023级本科生董政恺同学在协助院史资料搜集与初稿编辑方面，做了大量细致工作，并提出了可行性建议。在本书编辑出版过程中，得到了中山大学出版社粟丹副总经理、各位编校人员的支持和指导。为此，对前述领导、专家、同事、同学的倾力支持、多方配合、共同努力，在此一并表示衷心的感谢！

  由于编者的水平、时间、资源所限，编写本书虽尽心竭力，但仍未能全方位记载中山大学农业与生物技术学院的发展历程，未能全方位彰显先贤们的丰功伟绩和高尚品行，尚有许多不尽如人意和疏漏之处。本书出版正值中山大学世纪华诞和农学院创建百年之际，唯愿本书能够作为校庆和院庆薄礼，作为师生院史教育和课程思政的辅助读本，勉励后人不忘来时路、薪火永传承，始终保持蓬勃朝气、昂扬斗志，在推进中国特色农业现代化的征途上奋力再前行，书写新华章。

编　者

2024年8月于广州

编撰鸣谢

a

b

附图1　华南农业大学中国农业历史遗产研究所所长倪根金教授（图a右三）团队、农学院党委副书记林轩东（图a左二）、副院长王少奎教授（图a左三）等给予指导帮助

a

b

附图2　华南植物园副主任叶清研究员（图a右二）、综合办公室副主任黄瑞兰（图a左一）等给予指导帮助

a　　　　　　　　　　　　　　　　b

附图3　蒲蛰龙院士的学生、中山大学生命科学学院张文庆教授（图a）追忆蒲先生的事迹

附图4　庞雄飞院士的女儿、中山大学生态学院副院长庞虹教授（左一）追忆庞先生的事迹

附图5　2023级本科生董政恺同学协助院史资料搜集与初稿编辑工作